서당 이덕수 문학세계에 대한 접근의 일단

사람이 이 세상에서 진정으로 행복하기 위해
필요한 것은 단 세 가지이다.
사랑할 누군가, 해야 할 어떤 일, 그리고 희망하는 무엇.

They say a person needs just three things to be truly happy in this world: someone to love, something to do, and something to hope for.

(Tom Bodett)

기획연구총서 6
텍스트연구소
한국한문학

서당 이덕수 문학세계에 대한 접근의 일단

윤재환 외 5인 지음

이 책은 2024년 단국대학교 교내연구소 연구 지원비의 지원에 의한 단국대학교 부설 한국고전문학텍스트연구소의 기획연구 결과물로 간행된 도서임.

기획연구총서 간행사

한국고전문학텍스트연구소는 창조와 혁신이라는 인문학의 정신을 바탕으로 대중들의 관심에서 버려져 있는 우리 고전의 가치를 새롭게 밝혀, 현대를 살아가는 사람들에게 삶의 지표와 미래의 희망을 제시하기 위해 설립되었습니다.

현대 사회를 인문학의 종말기라고 할 만큼 우리 주변에서 고전에 대한 관심은 찾아보기 어렵고, 인문학에 대한 흥미는 점점 옅어져 가고 있습니다. 그러나 현대 사회에 팽배한 인문학에 대한 폄하나 고전에 대한 그릇된 인식은 그 연원이 오래되었습니다. 인류의 역사를 되돌아보면 고전이 그 자체로 가치와 의미를 인정받았던 시기를 찾기 어렵고, 인문학이 위기가 아니었던 시대가 없었습니다. 하지만, 만약 그와 같은 인식이 진실한 것이라면 우리 사회에서 고전과 인문학은 이미 자취를 감추었어야 하지만 사회가 첨예해지고 기술 문명이 발달할수록 고전과 인문학에 대한 대중들의 갈망은 커지기만 합니다. 이와 같은 모습은 고전과 인문학이 우리 사회에서 결코 소외될 수 없는 본질적이고 중차대한 것임을 보여주는 것입니다.

한국고전문학텍스트연구소는 고전에 대한 왜곡된 인식과 인문학에 대한 그릇된 편견을 교정하는 마중물이 되고자 설립된 연구소입니다. 본 연구소에서는 인문학 고전을 다양한 사회의 변화에 부응할 수 있도록 새롭게 가공하여 현대인들에게 고전과 인문학의 가치를 일깨우고 흥미를 부여하고자 합니다. 이를 위해 본 연구소에서는 번역 가공과 개인 학술 연구, 연구소 기획 연구라는 세 방향에서 우리 고전과 인문학에 접근하고자 합니다.

이번에 간행하는 기획연구총서 제6권은 이와 같은 본 연구소의 운영 방침에 따라 발간되는 책입니다. 기획연구총서의 5권까지에서 다루었던 것과 같이 조선후기 소론계열의 대표 문인 중 한 사람인 서당 이덕수를 대상으로 1년에 걸친 공동 연구와 기획 발표를 진행한 뒤 그 결과를 묶은 것입니다. 서당 이덕수는 당시 문단에서 높은 위상을 지니고 다양한 활동을 하였지만, 아직까지 학계에서 그에 대한 접근은 이루어지지 않았습니다. 이제 이 책을 통해 학계와 대중에게 이덕수를 알리고 그에 대한 관심을 이끌고자 합니다.

다양한 가치에 대한 고려를 바탕으로 한 연구 대상의 선정과 집단 연구를 통해 이루어지는 엄밀하고 정치한 연구 진행 과정은 개인 학술 연구와는 또 다른 의미를 지닐 것입니다. 그런 만큼 이와 같은 방법에 따라 산출된 연구 결과물로 이루어지는 기획연구총서는 인문학 관련 전문 연구자뿐만 아니라 일반 대중들에게도 우리 고전과 인문학의 가치와 의미를 알려 고전에 대한 왜곡된 인식과 인문학에 대한 그릇된 편견을 교정하는 일에 적지 않은 도움이 될 것이라 생각합니다.

이후로도 이와 같은 기획 연구 활동이 충실하게 이루어지기를 기대하며, 기획연구총서의 간행에 물심양면으로 도움을 주신 단국대학교와 학자원 출판사의 김병환 사장님께 다시 한번 깊은 감사의 마음을 전합니다.

2024년 10월
단국대학교 부설 한국고전문학텍스트연구소장

책을 펴내면서

서당西堂 이덕수李德壽(1673~1744, 현종14~영조20)는 조선 후기 소론 계열의 대표적인 문인이자 관료 중의 한 사람이다. 본관은 전의全義, 자는 인로仁老, 호는 벽계蘗溪 · 서당, 시호諡號는 문정文貞이다. 조부는 이만웅李萬雄(1620~1661)으로 1649년 과거에 급제하여 동래부사 · 연안부사 등을 지냈으며, 부친은 이징명李徵明(1648~1699)으로 1684년 정시 문과에 급제하여 예조좌랑 · 병조좌랑 · 대사간 · 황해도 관찰사 등을 역임하였다. 모친은 심약한沈若漢(1623~1650)의 따님이다. 이덕수는 박세당朴世堂 · 김창흡金昌翕의 문인으로 알려져 있다.

가문의 영향과 사승관계를 바탕으로 이덕수는 문학 방면에서 뛰어난 성취를 이루었고, 현달한 관직에 올랐다. 실록의 졸기에서 문장이 박아하여 일대의 종장으로 일컬어졌다고 하였으며, 그의 행장에서는 그가 어릴 때 『사기史記』와 『논어論語』에 통달하였고, 김창협金昌協이 그의 글을 보고는 자신의 묘지명墓誌銘을 지어주기를 바랐다는 내용이 있는데, 이런 기록들은 이덕수가 학문뿐만 아니라 문학적으로도 뛰어났음을 보여준다.

그러나 이러한 능력에도 불구하고, 이덕수의 관직 생활은 상대적으로 늦은 편이었다. 이덕수는 1713년 증광문과에 병과로 급제하여 문의현감에 임명되었고, 경종이 즉위한 뒤에 지평이 되어 내직으로 옮겼다. 그 뒤 홍문관의 수찬 · 부수찬 · 부교리 · 부응교와 이조좌랑

등을 역임하였으나 1722년 집의로 있으면서 호조판서 김연金演을 구하려다 김창집金昌集과 같은 역당逆黨으로 몰려 탄핵을 받았으며, 이듬해 간성군수로 임명되어 외직으로 나갔다.

경종이 운명한 뒤 이광좌李光佐의 추천으로 이진망李眞望과 함께 실록청 당상이 되었고, 이후 이를 계기로 당상관으로 승진했다. 1732년 경종의 행장을 찬진하고 『경종실록』을 완성하였으며, 1734년 왕명을 받아 당나라의 『여사서女四書』를 한글로 풀이해 민간에 반포하였고, 1741년부터 유수원柳壽垣의 참여 아래 『국조오례의』의 수정작업에 착수했는데, 1744년 이덕수가 죽은 뒤에 이종성李宗城이 『국조속오례의』를 찬수했다.

이덕수는 내직으로 대사성 · 대제학 · 제학 · 수찬 · 교리 · 대사헌 · 동지의금부사 · 동지경연사 · 좌우부빈객 · 좌우참찬 · 이조참판 · 이조좌랑 · 이조판서 · 공조참판 · 공조판서 · 형조판서 · 부총관 등을 지냈고, 외직으로 개성유수를 지냈으며 1735년 동지 겸 사은부사로 청나라에 다녀왔다.

이덕수는 문장이 출중해 홍문관과 예문관의 관직에 여러 차례 올랐으며, 성품이 조심스럽고 온후해 당론에 뛰어들지 않았다. 이덕수는 1737년 이현필李顯弼이 영조를 비방한 사건으로 탄핵받았을 때나, 이광의李匡誼가 김복택金福澤의 일을 거론해 화를 입었을 때 이광의를 비호한다고 탄핵받았으나 무사했는데, 이는 이덕수가 이러한 성품으로 영조의 두터운 신임을 받았기 때문이다. 저서로 『서당집』과 『서당사재西堂私載』 등이 있다.

현재까지 이덕수에 관한 연구는 문학을 중심으로 다양한 성과를 보이고 있는데, 문학론과 시, 문장 등 한 분야에 치우치지 않고 다양한 분야에서 폭넓은 성과를 이루었다. 하지만 이와 같은 연구 성과 모두 이덕수의 한 부분만을 대상으로 하여, 아직까지 이덕수의 전체적인 면모를 살펴보기에는 부족한 부분이 적지 않다. 그런 점에서 이 책은 이덕수의 문학을 전체적으로 다루는 최초의 연구서가 된다. 그러나 한국 고전문학 텍스트 연구소 기획 연구의 여섯 번째 연구 대상으로 이덕수를 선정한 것은 이덕수라는 한 인물의 가치만을 밝히기 위한 것이 아니라 조선 후기 소론 계열이라는 하나의 집단이 지닌 문학적 특성을 확인하기 위해서이다.

물론 앞서 언급한 것처럼 아직까지 이덕수에 대한 문학 방면의 종합적인 연구가 이루어지지 않았다는 것이 이 책을 기획한 기본적인 이유가 되겠지만, 이와 같은 개별 연구의 가치보다 한국 고전문학 텍스트 연구소의 기획연구가 그 자체로 명확한 의미를 가지고 또 학계에 일정한 기여를 하기 위해서는 단편 연구보다 하나의 주제에 대한 지속적인 공동 연구가 이루어져야 한다는 생각이 한국 고전문학 텍스트 연구소의 여섯 번째 연구 대상으로 이덕수를 선정하게 된 본질적인 이유가 될 것이다.

한국 고전문학 텍스트 연구소에서는 기획연구를 통해 그간 학계의 중심에서 한 발 빗겨나 있었던 대상에 대한 집단 공동 연구를 진행해 보고자 하였다. 2015년 9월 문을 연 이후, 연구소의 활동이 우리 학계에 조금이라도 실질적인 기여를 하기 위해서는 연구소 나름의 체계적인 연속 연구가 이루어져야 하고, 연구의 대상은 다양한 이유에 의해 학계의 중심에서 빗겨난 인물이나 집단이 되어야 한다고 의견을 모았다. 이에 따라 선정한 집단이 조선 후기 소론 계열 문인 집단이고, 그 여섯 번째 인물이 이덕수이다.

이덕수에 대한 접근으로는 처음 이루어진 기획연구이자 집단 연구인 이 연구는 남구만 · 최석정 · 최창대 · 조태억 · 최석항의 뒤를 이어 진행된 것으로, 1년여의 연구 기간 동안 다양한 논쟁을 통해 수많은 시선의 교정을 이끌었다. 그러나 여섯 번째 기획연구였기에 연구 경험이 충분히 갖추어졌다고 생각했지만, 여전히 부족하기만 한 지원과 함께 적지 않게 이루어진 선행 연구와 다른 연구 결과 그리고 선행 연구와 중복된 논의의 극복이라는 어려움은 연구를 진행하는 새로운 장애가 되었다.

이런 상황에서 매달 이어진 소규모 발표회와 분기별로 진행된 연구 발표회, 그리고 학술 대회는 연구소 구성원들의 일방적인 희생을 강요할 수밖에 없는 것이었다. 하지만 그와 같은 어려움에도 불구하고 연구소 구성원들의 치열한 비판과 토론은 우리 스스로의 학문에 대한 열정을 확인하게 하는 계기가 되었으며, 개별 연구를 넘어선 집단 기획 연구의 필요성과 존재 이유를 다시 한번 선명하게 각인시키는 것이었다. 하나의 대상에 대한 공동의 문제의식은 토론과 비판의 날을 예리하게 세우는 숫돌이 되었고, 지속적인 발표는 논지와 서술을 가다듬는 호흡이 되었다.

그러나 이와 같은 의미에도 불구하고 이 책은 다른 한편으로 많은 아쉬움과 새로운 어려움을 던져준다. 그것은 이 책이 그동안의 경험과 노력을 온전히 담지 못하고 있다는 아쉬움뿐만 아니라 기획연구에 대한 인식과 연구 방법론의 부족이라는 근원적인 문제를 극복하지 못한 상태에서 형식적이고 관례적으로 변해가는 연구 활동에 대한 고민이라는 새로운 걱정이 다가왔기 때문이다.

하지만 그럼에도 불구하고 이 책이 이덕수라는 인물을 대상으로 한 최초의 기획 공동 연구의 결과물이자, 지난 한 해 동안 우리 연구소의 구성원들이 들인 노력과 흘린 땀을 담고 있다는 소박한 의미는 여전히 사라지지 않는다. 그런 점에서 여러 면에서 소략하고 부족하지만, 이 책은 적지 않은 의미를 지닌다.

부족하다는 것을 잘 알고 있으면서도 이 책을 출간하면서 기획연구 총서 7권의 출간을 준비하고 있다. 기획연구총서로 이어 나오는 만큼 앞으로 간행되는 책은 지금보다 조금이라도 더 나은 책이 되지 않을까 기대해 본다. 그리고 그렇게 조금씩 또 하나씩 계속하다 보면 언젠가는 우리 스스로가 만족할 수 있는 책을 간행할 수 있지 않을까 생각한다.

다시 한번 이 책을 출간하기까지 연구소 구성원들이 바쳤던 노력을 되돌아보면서, 이 책을 접하는 모든 분들에게 이 책이 소소하더라도 값있는 책이 되기를 기대한다. 이 책이 출간되기까지 최선을 다해준 연구소 구성원들과 도움을 주신 단국대학교 그리고 학자원 출판사의 김병환 사장님께 감사의 마음을 전한다.

2024년 10월
죽전 연구실에서
저자들을 대표하여 쓰다

윤재환

차례

제2부

서당西堂 이덕수李德壽의 문학文學에 대한 단상

제1부

서당西堂 이덕수李德壽 논의論議의 전제前提

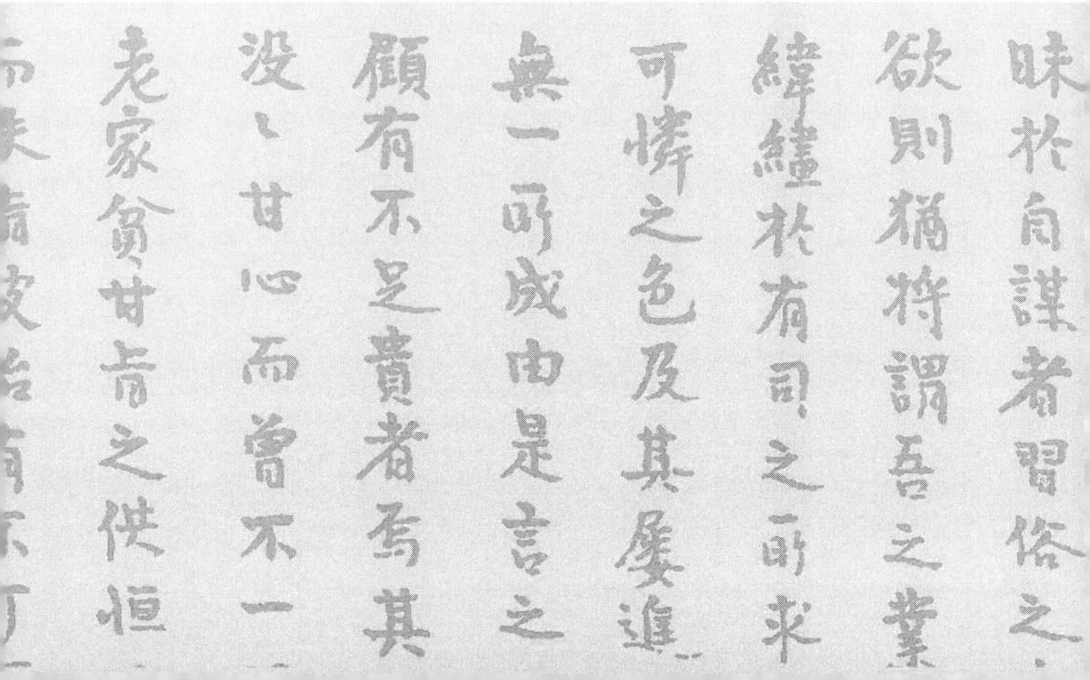

Ⅰ. 서당 이덕수의 생애와 문집 검토

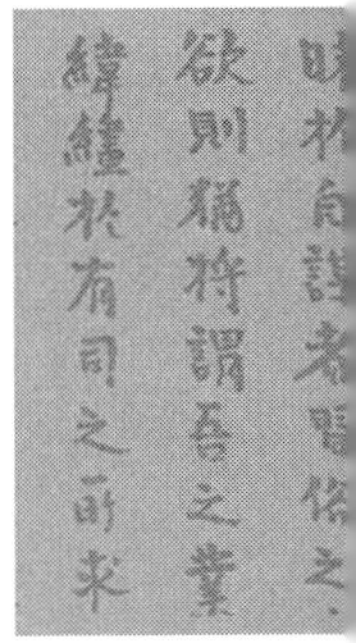

최수완

1. 서당 이덕수의 생애

이덕수李德壽는 1673년(현종14)에 태어나 1744년(영조20)에 사망한 조선 후기의 문신이다. 본관은 전의全義, 자는 인로仁老, 호는 벽계蘗溪·서당西堂, 시호諡號는 문정文貞이다. 그의 조부는 이만웅李萬雄(1620~1661)으로 그는 1649년(효종1) 과거에 급제하여 동래부사·연안부사 등을 지냈다. 아버지 이징명李徵明(1648~1699)은 1684년 정시 문과에 급제하여 예조좌랑·병조좌랑·대사간·황해도 관찰사 등 여러 관직을 역임한 인물이었다. 이덕수의 모친은 심약한沈若漢(1623~1650)의 따님이다.

이러한 가문의 영향을 받아 이덕수 또한 문학으로 이름났으며, 현달한 관직에 올랐다. 실록에 실린 그의 졸기에서는 문장이 박아하여 일대의 종장으로 일컬어졌다고 언급하고 있으며,[1] 그의 행장에는 그가 어릴 때 『사기史記』와 『논어論語』에 곧바로 통달하였고, 김창협金昌協(1651~1708)이 그의 글을 보고 자신의 묘문墓文을 지어주기를 바랐다고 언급하였다는 기록이 있다.[2] 이러한 기록들은 이덕수가 학문적으로도, 문학적으로도 능력이 뛰어났던 인물임을 알게 한다.

한편 이러한 뛰어난 능력에도 불구하고, 그의 본격적인 관직 생활은 비교적 늦게 시작했다고 할 수 있다. 그는 1696년(숙종22)에 진사시에 합격하였고, 그로부터 10년 뒤인 1706년(숙종32) 현릉참봉을 시작으로 의릉봉사, 예빈시 봉사가 되었다. 이후 1713년(숙종39)에 증광문과에 합격하였다. 합격한 후 이덕수의 첫 번째 관직은 1716년(숙종42) 3월에 임명된 문의 현령이었다. 이보다 두 달 앞선 2월에 분관되어 승문원 권지부정자, 성균관 전적, 병조좌랑이 되었으나 병으로 나아가지 못했기 때문이다. 이후 1719년(숙종45)에는 병조 좌랑이 되었고, 같은 해 9월에는 병조정랑이 되었다. 경종景宗이 즉위한 후에는 지평을 비롯해 부수찬, 이조좌랑, 부응교 등을 지냈다. 1724년(경종4) 8월에는 영의정 이광좌李光佐(1674~1740)의 추천을 받아 『경종실록景宗實錄』 찬수纂修의 임무를 맡기도 했다.

영조英祖 즉위 후 노론老論 중심의 정권 체제 속에서 여러 소론少論계 인물들은 정치적 부침을 겪었다. 그러나 이덕수는 소론계 인물임에도 비교적 활발한 정계 활동을 이어나간다. 1725년(영조1)~1727년(영조3)까지는 주로 양근楊根에서 지냈으나, 1729년(영조5) 8월에는 형조참의, 대사성이 되었고, 1731년(영조7)에는 4월 홍문관 제학, 5월

1 『英祖實錄』卷59, 영조 20년 5월 28일 을사 3번째 기사, "德壽以文章博雅, 稱爲一代宗匠."

2 李裕元, 「吏曹判書西堂李公行狀」, 『嘉梧藁略』 冊19, "公生而穎異, 纔語, 日解百餘字. 見人受學, 從傍暗誦, 不錯一字. 參判公喜, 授史記及論語, 公一覽輒通, 時年四歲矣. …중략… 金農巖昌協許以大君子氣像, 遺以筆墨曰, 爾當作吾墓文, 其期待如此."

예문관 제학, 10월 대제학을 거쳐 11월에는 이조참판을 지내기도 했다. 그 이듬해인 1732년(영조8)에는 경종의 행장行狀을 지어 올렸다. 물론 그가 경종의 행장을 지은 데에는 여러 요인이 있었을 것이나 앞서 그가 『경종실록』의 찬수를 맡았다는 점과 함께 고려해 볼 때, 이러한 그의 행적을 통해 이덕수의 문학적 역량이 상당히 뛰어났음을 짐작해 볼 수 있다. 다만 이 일로 이덕수는 여러 소척疏斥을 받게 된다. 1732년 4월에는 행장에 박상검朴尙儉의 사건을 넣지 않았다는 이유로 유복명柳復命의 소척을 받아 파직되었고,[3] 같은 해 7월과 8월에는 행장의 문구 문제로 민진원閔鎭遠의 소척을 받았다.[4] 비록 민진원의 상소는 무시되었으나 이덕수는 얼마 지나지 않아 양근으로 내려가 잠시 시간을 보낸다. 그러나 몇 달 뒤인 1733년(영조9) 5월에는 공조참판이 되어 다시 활발한 관직 활동을 이어나가기 시작했고, 1736년(영조12) 12월에는 대제학이 되었다. 이듬해에는 예조참판을 거쳐 대제학, 병조참판 등이 되었고, 1740년(영조16) 1월 다시 대제학을 거쳐 대사헌, 좌참찬, 예문제학을 지냈다. 2년 후인 1742년(영조18)에는 기로소耆老所에 들었고, 1744년(영조20) 우참찬이 되었으나 그해 5월에 생을 마감하였다. 그는 40대에 본격적인 관직 생활을 시작하여 약 30년간 활발한 활동을 펼쳤는데, 이상에서 서술한 그의 관력을 볼 때 그가 비록 늦은 나이에 관직에 진출하였음에도 주목할 만한 이력을 가진 인물임을 알 수 있다. 특히 문형文衡을 여러 차례 지낸 것은 그의 문학적 역량이 뛰어났음을 보여주는 부분이다. 그의

3 『英祖實錄』 卷31, 영조 8년 4월 11일 무술 1번째 기사 참조.

4 『英祖實錄』 卷32, 영조 8년 7월 2일 병술 1번째 기사; 『英祖實錄』 卷32, 영조 8년 8월 17일 신미 1번째 기사 참조.

문학에 대한 평가와 관련해서는 이규상李圭象(1727~1799)의 언급을 아울러 참고해 볼 수 있다. 그는 『병세재언록幷世才彦錄』에서 이덕수를 비롯해 오원吳瑗(1700~1740) · 이천보李天輔(1698~1761) · 남유용南有容(1698~1773) · 황경원黃景源(1709~1787) · 조최수趙最壽(1670~1739) · 조귀명趙龜命(1692~1737) · 임상원任相元(1638~1697)을 팔문장八文章이라 지칭했다고 언급하였다.[5] 이를 통해 조정뿐만 아니라, 다른 문인들 사이에서도 당시 이덕수의 문학을 뛰어나다고 평가했음을 알 수 있다.

이덕수의 교유관계는 주로 소론계 인물들과 활발히 이루어졌다.[6] 다만 생애 초기에는 노론계 인물들인 김창협, 김창흡金昌翕(1653~1722)과도 잠시 교류하였다. 이는 집안 간의 친분에서 비롯된 것으로, 아버지 이징명은 노론계 영수인 송시열宋時烈(1607~1689)의 제자였다. 이들은 서인西人계 인물들로, 정치적 당파가 같았기 때문에 가까워진 것으로 보인다. 이러한 관계를 바탕으로 이징명은 김창협, 김창흡과도 가까운 관계에 있었다. 그는 이덕수를 데리고 김창협 · 김창흡과 유람한 바 있으며, 김창협은 이징명의 청으로 이덕수의 자를 지어주기도 하였다.[7] 또, 김창흡은 이덕재李德載(1683~1739)의 장

5 李奎象, 「文苑錄」, 『幷世才彦錄』, "當時世目八文章, 吳瑗 · 李天輔 · 南有容 · 黃景源 · 李德壽 · 趙最壽 · 趙龜命 · 林相元."

6 이덕수의 교유관계와 관련해서는 다음의 두 논문을 참고하였음을 밝힌다. 이승수, 「西堂 李德壽의 師友 관계」, 『한국고전연구』 8, 한국고전연구학회, 2022.; 이황진, 「서당 이덕수의 교유관계 고찰」, 『동양고전연구』 86, 동양고전학회, 2022.

7 김창협은 축사(祝辭)와 함께 이덕수의 자(字)를 지어주었는데, 해당 내용은 「李生德壽字仁叟祝辭」(『農巖集』 卷26)에서 확인할 수 있다.

인인데, 이덕재는 이덕수의 사촌이다. 이덕수 또한 36세에 김창협의 만시挽詩를 지었는데, 여기에는 이러한 집안 간 교류가 바탕에 깔려 있었던 것으로 보인다. 다만 이들과의 관계는 박세당朴世堂(1629~1703)과 김창협을 비롯한 노론계 인물들과의 갈등이 심화되면서 멀어지게 되었다.[8]

이후로 이덕수의 교유관계는 주로 소론계 인물들과 이루어졌다. 먼저 그의 스승은 소론계 대표적인 인물로 일컬어지는 박세당이다. 이들이 만나게 된 것은 집안 간의 세교世交에서 비롯되었던 것으로 보인다. 박세당이 이덕수의 아버지인 이징명에 대해 쓴 신도비명神道碑銘에서 집안 간 3대의 교유가 있었음을 밝힌 바 있기 때문이다.[9] 한편 이덕수는 자신이 박세당에게 본격적으로 수학하게 된 시기를 그의 약관弱冠 때라 하였다.[10] 이후로도 이덕수가 박세당과 관련해 남긴 글이나 행적을 보면 그에게 박세당은 상당히 큰 의미를 가진 인물이었던 것으로 보인다. 특히 박세당 사망 후에 그는 박세당의 묘갈墓碣을 썼으며, 그의 시호를 '문절文節'로 내리는 것에 대해 강한 반대를 표하기도 했다.[11] 또 정호鄭澔(1648~1736)가 박세당의 집안이

---

8 이와 관련해 김창흡이 이덕수에게 보낸 편지인 「與李德壽」(『三淵集』 卷22)가 있는데, 이 편지에서 김창흡은 박세당이 송시열을 배척하였고, 그의 「思辨錄」에서는 주자를 모욕하였다고 비판하였다.

9 朴世堂, 「京畿道觀察使李公神道碑銘」, 『西溪集』 卷12, "世堂於公有三世之懽, 今德壽具狀屬銘, 不敢辭, 據狀敍次."

10 李德壽, 「西溪朴先生墓碣銘」, 『西堂私載』 卷7, "德壽弱冠之年, 遊於先生之門, 先生奬掖備至."

11 李裕元, 「吏曹判書西堂李公行狀」, 『吏曹判書西堂李公行狀』 冊19, "時議朴西溪謚以文節, 公陳疏以爲文節不足盡其行誼, 請改議."

박세당의 사후에 유훈遺訓을 따라 졸곡卒哭 후에 조석상식朝夕上食을 하지 않은 것을 비판하자,[12] 이덕수는 「대유생심한수소代儒生沈漢叟疏」를 올려 이를 반박했다.

그의 교유관계에서 주목할 만한 또 다른 인물로 이광좌가 있다. 그와 이덕수 또한 집안 간의 교유를 통해 가까워진 것으로 보인다. 이덕수는 〈송북백이상보시送北伯李尙輔詩〉를 통해 이광좌를 전송하는 시를 썼다. 또 이들은 문학적으로도 교유했을 뿐 아니라 정치적 측면에서도 가까웠다. 특히 이광좌는 영의정 시절 이덕수를 추천하여 그가 『경종실록』의 찬수를 맡도록 하였다. 실록 찬수 이후 이덕수가 대사성, 예문관 제학 등을 지냈으며, 경종의 행장을 작성하기도 했다는 점을 고려하면 이광좌의 이러한 추천은 이덕수가 문인 관료로서 중요한 업무를 맡거나 조정의 요직으로 나아가는 데 상당한 역할을 했다고 볼 수 있다. 이외에도 서종태徐宗泰(1652~1719), 최창대崔昌大(1699~1720), 조문명趙文命(1680~1732), 조현명趙顯命(1690~1752), 이태좌李台佐(1660~1739), 윤순尹淳(1680~1741) 등 문학적으로 이름난 여러 인물들과 교유했던 양상을 확인할 수 있다.

이덕수가 활동했던 시기가 노론과 소론의 갈등이 매우 극심하였던 때였음에도 불구, 이처럼 여러 당파의 인물들과 교유할 수 있었던 것은 그의 가문이 노론 및 소론 계열의 인물들과 관계가 있었고, 이덕수가 소론 계열의 입장을 드러내었지만 완론緩論의 입장을 취했던 인물이었기 때문으로 생각된다. 또한 그와 함께 지냈던 인물들은 정치적으로 현달하거나 문학적으로 뛰어난 능력을 갖추고 있었던 인물이었다는 점에도 주목할 필요가 있다. 이는 가문 외의 측면에서도

12 『肅宗實錄』 卷48, 숙종 36년 6월 12일 병오 4번째 기사 참조.

이덕수가 문학적으로 영향을 받을 수 있는 환경이었음을 보여준다.

2. 서당 이덕수의 『서당사재西堂私載』[13]

이덕수는 생전에 자신의 시문詩文을 정리하고 자편自編한 것으로 보인다. 그는 신도비명神道碑銘과 묘갈명墓碣銘의 경우 권5에 1736년 전후로 창작한 작품을 실어 놓았으며, 권6~7에는 1739년 이후 지은 것을 수록해 두었다. 이를 볼 때 65세 전후로 시와 문을 정리하여 자편하였을 것으로 보인다.

다만 그의 정리에도 불구하고 그의 문집은 실제 간행으로까지 이어지지 못하였다. 현재 이덕수의 문집인 『서당사재』는 정식 간행이 되지 않은 채 필사본의 형태로만 전해지고 있다. 그의 문집이 정식 간행이 되지 않은 것은 그가 문집을 간행하지 말 것을 유언으로 남겼기 때문이기도 하나,[14] 그가 소론 계열 문인이었다는 점, 또 아들인 이산배李山培(1703~1732)가 이른 나이에 사망하여 사후 그의 시문을 정리해 문집을 만들 만한 인물이 없었다는 점 등도 영향을 미쳤을 것으로 생각된다. 이덕수의 문집 간행이 본격적으로 추진되기 시작했던 시점은 이덕수의 사후 약 백 년이 지난 1800년대 후반으로 보인다. 1800년대 후반 이덕수의 행장을 지은 이유원李裕元(1814~

---

13 이덕수의 문집 개관과 관련한 내용은 한국고전종합DB의 『서당사재』 해제와 다음의 논문을 참고해 서술하였음을 밝힌다. (유정열, 「서당(西堂) 이덕수(李德壽) 산문 연구」, 서울대학교 박사학위논문, 2019.)

14 李裕元, 「吏曹判書西堂李公行狀」, 『吏曹判書西堂李公行狀』 冊19, "公易簀, 誡家人勿請謚勿徵銘, 勿刊遺藁."

1888)이 그의 작품들이 몇 권으로 간행되었다고 언급하였으며,[15] 그의 아들 이석영李石榮(?~?)의 인기印記가 찍힌 필사본 『서당집西堂集』(장서각4-6119)이 현재 전해지고 있기 때문이다. 물론 이때 간행이 이루어졌다는 언급은 정식 간행이 아닌, 간행이 이루어지고 있는 상황을 고려한 표현으로 보인다. 현전하는 『서당집』을 보면, 그 형태가 간행을 위한 작업 중이었음을 확인할 수 있다. 『서당집』은 시를 제외한 문만 수록되어 있으며, 교정校訂의 흔적이 남아있다. 『서당사재』와 비교하여 책1의 응제록과 책8의 묘지명 18편, 책10에 수록된 작품 전체는 새로 수습된 부분이고, 신도비명과 묘갈명은 각기 합쳐졌다. 또, 『서당사재』 권10 묘지명墓誌銘의 맨 끝에 실렸던 「성균진사권군묘갈명成均進士權君墓碣銘」을 『서당집』에서는 책5의 묘갈명으로 옮겼다. 또 『서당사재』 권4 기記에 실려있는 「기최판관사紀崔判官事」를 『서당집』에서는 제외하였다. 한편 책8의 묘지명墓誌銘에서는 11편의 작품이 빠지고 새로 18편의 작품이 들어갔으며, 이삼李森(1677~1735)과 조태억趙泰億(1675~1728)에 대한 행장이 빠지고, 책冊11의 서序 2편, 책冊12의 기記 3편이 각각 줄었다.

규장각에 소장된 『서당사재』(古3428-380)는 정확한 필사연도가 불분명하나, 일제강점기 때 규장각 내 전적 정리 사업의 일환으로 제작된 것으로 보인다. 이외에 『서당석갈록西堂釋褐錄』 2권 2책이 규장각에 소장되어 있는데, 1711년부터 1743년까지 이덕수의 행력行歷과 상소上疏, 비답批答 등을 적어 놓은 것이다.

한편 전의이씨청강공파화수회에서 영인된 『서당선생집西堂先生集』

15 李裕元, 「吏曹判書西堂李公行狀」, 『吏曹判書西堂李公行狀』 冊19, "所著碑版誌銘最多, 爲十數卷, 其餘詩序記雜著若干卷行于世."

도 이덕수의 문집으로 전해진다. 이는 이덕수의 8대손인 이명호李明浩가 소장하고 있던 것을 전의이씨청강공파화수회에 기증한 것으로, 2000년에 영인되었다. 이 문집은 본래 총 20책이었던 것으로 보이나 현재는 17책만 전해지고 있는데, 1책에 기록된 문집 전체 체재에 따르면 응제록應製錄 1책, 『파조속록罷釣續錄』 한 책, 묘갈명 한 책이 일실된 것으로 확인된다. 1책에 기록되어 있는 전체 문집의 편차는 다음과 같다. 1~2책에는 시, 3책에는 서書와 서序, 4책에는 응제應製, 5책에는 기記, 제발題跋, 잡저雜著, 6책에는 애사哀辭, 제문祭文, 비명碑銘, 탑명塔銘, 명찬게銘贊偈, 7책~10책에는 『석갈록釋褐錄』 권1~4까지가 수록되어 있으며 11책에는 『파조록罷釣錄』, 12책에는 『파조속록』, 13책에는 묘표, 시장, 행장, 행록, 14책~16책에는 묘지명, 17책~18책에는 묘갈명, 19책~20책에는 신도비명이 실려 있다. 다만 본 장에서는 규장각 소재 『서당사재』를 중점적으로 살피고자 한다. 이는 규장각 소재 『서당사재』가 현전하는 이덕수의 문집들 중 가장 초고본의 형태로 여겨지고, 이덕수가 자편한 문집이라는 점에서 그의 문학세계를 살피기에 가장 적절한 자료로 생각되기 때문이다.

구체적으로 규장각 소재 『서당사재』에 수록된 작품을 살펴보도록 한다. 본집은 총 12권 12책의 분량으로, 문집에 붙인 서발序跋과 응제문應製文이 한 편도 실리지 않았으며 서書는 4편 뿐이다. 맨 앞에 총목록總目錄이 있고, 권별과 문체별로 목록이 따로 달려 있다. 권1~2에는 시가 수록되어 있다. 총 450여 제題의 시가 수록되어 있는데, 각 시는 창작연대 순으로 편차되어 있다. 권1에는 초년부터 1722년(경종2)까지 창작한 시가, 권2에는 1723년(경종3)부터 1744년(영조20)까지 창작한 시가 수록되어 있다. 김창협, 남구만南九萬(1629~1711), 신정하申靖夏(1680~1715)에 대한 만시 등 다수의 만시가 수록되어 있으며, 이덕부李德孚(1675~1773), 김창협, 홍태유洪泰猷(1672~1715), 이광좌 등과의 차운시次韻詩도 많은 비중을 차지하고 있다. 이외에 이덕수가 두 차례 관동지역 유람을 한 뒤 창작한 시도 수록되어 있다.[16] 그는 1714년과 1724년에 관동지역을 유람하고 시를 창작하였는데, 권1에는 1714년에 〈장안사長安寺〉, 〈정양사正陽寺〉 등 금강산을 유람하고 쓴 시와 〈대호정帶湖亭〉, 〈우제일절又題一絶〉 등 강원도 고성을 다녀온 뒤 쓴 시가 수록되어 있다. 권2에는 1724년 간성군수 재임 시절 〈설악雪嶽〉, 〈성인대聖人臺〉 등 설악산을 다녀온 뒤 쓴 시와 〈추유풍악秋遊楓岳〉, 〈백하담소좌百霞潭小坐〉 등 금강산을 다녀온 후 쓴 시가 수록되어 있어 당시 이덕수가 유람한 양상과 그곳에서 느낀 감회를 살필 수 있다.

『서당사재』는 시에 비해 문의 수록 비중이 높다. 권3에는 서書 4편과 서序 37편이 수록되어 있다. 서 4편은 각각 최창대崔昌大(1669~1720), 서종태徐宗泰(1652~1719), 홍제유洪濟猷(1689~1721), 미상의 인물에게 쓴 편지이다. 최창대와 홍제유에게 보낸 편지에는 문장론과 관련한 내용이 담겨있으며, 서종태에게 보낸 편지에는 정승 제수에 응할 것을 바라는 내용을 담았다. 미상의 인물에게는 어묵語默에서 중도를 지킬 것을 바라는 내용을 담았다. 한편 서 37편 중에는 송서送序와 증서贈序가 가장 많은 비중을 차지하고 있다. 이외에 『풍애집楓崖集』, 『내재집耐齋集』, 『심적당집心適堂集』, 『화은집和隱集』, 『시천집詩川集』 등에 대한 서문이 있다. 권4에는 기 · 제발題跋 · 잡저

16 이덕수가 관동지역 유람 후 창작한 시와 관련한 부분은 김효정의 논문을 참고하여 서술하였다. (김효정, 「西堂 李德壽의 東遊 체험과 詩的 形象化」, 『동양한문학연구』 61, 동양한문학회, 2022, 69~99쪽.)

가 수록되어 있다. 기는 주로 「강거소루기江居小樓記」, 「제승루기制勝樓記」 등 건물에 대해 쓴 글이 가장 많고, 이외에는 풍악楓岳을 유람하고 지은 「풍악유기楓岳遊記」, 최효일崔孝一(?~1644)에 대한 기사紀事 등이 있다. 한편 제발은 『춘곡집春谷集』, 『성재집省齋集』, 「구본능엄경舊本楞嚴經」에 대한 발문跋文, 이외에 서첩書帖에 대한 것 등이 있다. 잡저에는 다양한 문체의 작품들이 수록되어 있다. 당화黨禍를 경계하는 내용의 「자혹咨惑」, 「붕당론朋黨論」을 비롯해 박세당 졸곡 후 그의 후손이 조석상식을 올리지 않는 것을 비난하는 데 대해 반박하는 글인 「대유생심한수소代儒生沈漢叟疏」, 벗인 김광수金光遂(?~?)에 대해 쓴 전傳인 「상고당김씨전尙古堂金氏傳」이 실려 있으며, 「가외유인부可畏惟人賦」, 「송기부頌己賦」, 「차이백석여춘부次李白惜餘春賦」 등의 부賦도 있다.

권5~8에는 신도비명과 묘비명墓碑銘, 묘갈명이 있다. 신도비명은 권5와 권6에 수록되어 있는데, 권5에 수록된 신도비명은 총 6편으로 서종헌徐宗憲(1656~1712), 이정겸李廷謙(1648~1709), 송징은宋徵殷(1652~1720), 홍수주洪受疇(1642~1704) 등에 대한 것이다. 권6에는 신도비명 5편이 수록되어 있다. 이태좌李台佐(1660~1739), 임영林泳(1649~1696), 최석정崔錫鼎(1646~1715) 등에 대한 것으로 신도비명의 묘주는 대개 이덕수와 가까운 관계에 있었던 인물들이다. 한편 권5에 수록된 「예조판서증좌찬성서공묘비명禮曹判書贈左贊成徐公墓碑銘」과 권6의 「병조참판윤공묘비명兵曹判書尹公墓碑銘」은 신도비명으로 분류되어 있어 현재의 산문 문체 분류 체계와는 다소 차이가 있다. 묘갈명은 권5에 15편이 수록되어 있으며 조정례趙正禮(1664~1725), 정복선鄭復先(1658~1729), 권두상權斗相(1642~1718) 등에 대한 것이다. 권7에는 28편이 수록되어 있고, 장세량張世良(1623~1699), 조형보趙衡輔

(1659~1697), 송이석宋以錫(1634~1706), 스승인 박세당에 대한 것 등이 있다. 권8에는 19편의 작품이 수록되어 있는데, 이우흠李友欽(1673~1715), 이평李坪(1648~1703), 김두명金斗明(1644~1704) 등에 대한 것이 있다.

권9~10에는 묘지명 72편이 수록되어 있다. 죽은 아내 해주최씨海州崔氏와 진주강씨晉州姜氏, 동생 이덕해李德海(1689~1715), 어머니 청송심씨青松沈氏, 아들인 이산배 등 가족을 대상으로 한 글과 조태수趙泰壽(1658~1715), 강제상姜濟相(1672~1719), 서종태徐宗泰(1652~1719) 등에 대한 것이 있다. 이처럼 묘갈명과 묘지명의 작품 수가 많고 다양한 인물들에 대해 작성된 것은 이덕수가 당시 문인들에게 묘도문자를 잘 쓴다는 명성이 있었고, 그가 문인 관료들에게 명망높은 관직이었던 문형을 지냈기 때문으로 생각된다.

권11에는 묘표 23편과 시장 4편이 수록되어 있다. 묘표는 아버지 이징명, 서종태의 종조부從祖父인 서정리徐正履(1617~1678), 이행원李行遠(1592~1648), 윤세희尹世喜(1642~1689) 등에 대한 것이 있다. 시장은 이경징李慶徽(1617~1669), 세종世宗의 아들인 화의군和義君 이영李瓔(1425~?), 신수근愼守勤(1450~1506), 선조宣祖의 아들인 인성군仁城君 이공李珙(1588~1628)에 대한 것이다.

마지막 권12에는 행장 4편과 행록行錄이 부기되어 있다. 아버지에 대한 행장과 이세재李世載(1648~1706), 이삼李森(1677~1735), 조태억趙泰億(1675~1728)이 있으며, 마지막 부기된 행록은 어머니인 청송심씨에 대한 것이다. 이를 통해 보면, 이덕수는 시와 문 다수의 작품을 창작한 인물로, 작품의 형식 또한 다양하여 그가 문학 전반에 뛰어난 인물이었음을 알 수 있다. 또 그의 문집은 시보다 산문의 비중이 높은데, 그중에서도 묘갈명과 묘지명을 아우르는 묘도문자가 많은 수를 차지하고 있어 그의 문학적 역량뿐만 아니라 당시 이덕수의 문학적 명성까지도 짐작해 볼 수 있다.

이상으로 서당 이덕수의 문집인 『서당사재』의 간략한 편찬 및 간행 사항과 문집 내용을 개관하였다. 다음으로는 현재까지 진행된 서당 이덕수에 대한 연구들을 살피고, 이덕수 연구의 전망을 논하고자 한다.

II. 서당 이덕수 연구의 현황과 전망

최수완

1. 서당 이덕수 연구 현황

현재까지 진행된 이덕수에 대한 연구는 그의 문학과 관련해 많이 이루어졌는데, 특히 한 분야에 치우치지 않고 이덕수의 문학론 · 시 · 문 등 다양한 분야에 대해 골고루 이루어졌다는 점이 주목된다. 먼저 이덕수의 문학론과 관련해 가장 먼저 논의한 연구는 강민구의 연구이다.[17] 그는 크게 이덕수의 문학관을 문학과 도道의 관계에 대한 이덕수의 인식, 제자백가의 수용, 작문의 요결이라는 세 가지 측면에서 다루었다. 이를 통해 이덕수는 도에 접근하기 위한 수단으로 문학을 인식하였으나, 반드시 도학을 성취해야 하는 것은 아니며, 문학 자체로도 충분한 가치가 있다고 보아 문학의 독자적 가치를 인정하였다고 보았다. 또 그가 제자백가서를 수용하는 모습을 보였다고

17 강민구, 「서당 이덕수의 문학론 연구」, 『한문학보』 1, 우리한문학회, 1999, 223~264쪽.

하였다. 한편 문학 창작에 있어서는 화려한 수식을 지양하고 문장의 의意와 기氣를 중시하였다고 보았다.

박은정은 이덕수의 고문론을 그의 독서론讀書論, 작문론作文論, 문법론文法論을 통해 살폈다.[18] 먼저 이덕수의 독서론과 관련해서는 그가 독서에 무젖음을 통해 글의 깊은 이치를 궁구하는 정밀한 독서를 강조하였다고 보았다. 두 번째 작문론에서는 내용의 정확한 전달과 지나친 수식의 자제를 중요하게 보았다고 하였다. 마지막 문법론에서는 문장에서 법의 존재를 인정하되, 이 법은 문장을 짓는 사람에 따라 그 양상이 조금씩 달라질 수 있다고 보았다. 나아가 이덕수의 고문론은 뜻을 중심으로 한 고문론이고, 그 배경에는 당시 사장학詞章學과 과거학科擧學의 병폐에 대한 인식이 있었음을 말하였다. 또 이러한 이덕수의 고문론은 앞서 김창협 대에 확립된 고문론과 이덕수의 후대 고문론 간의 다리 역할을 하였다고 보았다.

이후 장유승은 이덕수의 시론詩論과 시세계詩世界를 고찰하였다.[19] 이를 통해 이덕수는 시에서 정경情景이 조화를 이루고 함축과 여운을 통해 시인의 의사가 표현되는 것을 중요하게 보았으며, 형식미를 통해 문예적 성취를 이루는 것을 중요하게 여겼다고 하였다. 그리고 이러한 그의 시론을 바탕으로 『서당선생집西堂先生集』에서 평어가 부기된 23수의 시를 '정경情景의 교융交融', '경발警拔한 시상詩想', '시어詩語의 단련鍛鍊' 등의 측면에서 분석하였다.

18 박은정, 「서당(書堂) 이덕수(李德壽)의 독서론과 주의론적 글쓰기」, 『동방학』 11, 한서대학교 동양고전연구소, 2005, 66~83쪽.

19 장유승, 「이덕수(李德壽)의 시론(詩論)과 시세계(詩世界)」, 『한국한시작가연구』 14, 한국한시학회, 2010, 171~203쪽.

윤재환은 이덕수의 시론과 문장론을 아울러 다루었다.[20] 이를 통해 이덕수는 작가의 뜻이라는 시의 내용을 중시하였으나, 그 뜻이 시어와 적절히 조화를 이루는 시가 좋은 시라고 보았다고 하였다. 특히 시의 정밀함과 공교로움을 추구하였다는 점에서 이덕수는 시의 문예적 · 미학적 독립성을 인정하였다고 보았다. 한편 이덕수의 문장론과 관련해서는 뜻을 위주로 하되 문장의 기세를 통해 이를 말로 잘 드러내는 문장을 좋은 문장으로 보았다고 하였다. 그리고 이러한 논의를 통해 이덕수는 시와 문장 모두 뜻의 확립뿐만 아니라 이를 표현하기 위해 함께 사용한 말의 적절성 또한 중요하게 여겼다고 하였다. 이러한 연구들은 이덕수의 문학론을 다룸으로써 이덕수 문학 연구 분석의 여러 틀을 마련하는 데에 기여하였다.

문학론 외에 이덕수의 실제 문학 작품을 다룬 연구들도 있다. 특히 그의 시에 대해 연구자들의 다양한 논의가 있었다. 먼저 그의 시 작품을 살핀 논의로 유호선의 연구가 있다.[21] 그는 이덕수의 불교관과 그의 불교시 양상을 살폈다. 그는 이덕수의 친불교적親佛教的 성향에는 제자백가의 탐독을 즐겼던 이덕수의 독서습관과 스승 박세당이 영향을 미쳤을 것으로 보았다. 또한 그의 시를 수행과 깨달음이 드러난 시와 불교적 인생관 및 생사관이 드러난 시 두 부류로 나누어 살폈다. 나아가 이러한 이덕수의 불교시 창작은 사대부들과 승려들 간의 교유 활성화와 기존 주자주의적 풍토에 회의를 느끼게 된

20 윤재환, 「西堂 李德壽의 詩論과 文章論의 再檢討」, 『동양고전연구』 85, 동양고전학회, 2021, 88~113쪽.

21 유호선, 「서당 이덕수의 불교관과 시문학 연구」, 『한문교육논집』 18, 한국한문교육학회, 257~283쪽.

사회의 분위기에 영향을 받은 것으로 보았다. 유호선의 연구는 이덕수의 불교관에 집중하여 이러한 사상이 반영된 그의 시 작품 실제를 살피고, 나아가 그의 불교시가 문학사적 측면에서 갖는 의의를 다루었다.

이외에 특정 내용을 다룬 시를 논의의 대상으로 삼은 논의들도 있다. 먼저 김효정은 이덕수의 유람시遊覽詩를 다루었다.[22] 그는 이덕수가 1714년과 1724년에 관동지역을 두 차례 기행하고 남긴 시 작품에 주목하였다. 먼저 그는 이덕수가 해당 지역을 유람한 뒤 창작한 시를 개관하였다. 이를 통해 이덕수는 유람 후 51제 60수의 시를 창작하였고, 그중 7언절구가 가장 많은 비중을 차지하고 있다고 하였다. 이후 그는 이덕수가 유람 후 남긴 시를 '초연超然한 삶의 추구'와 '선계仙界로의 청류淸遊', '적극적인 탐승探勝의 의지와 유람의 흥취', '도불道佛에 대한 포용과 긍정적 시선'의 측면에서 살펴보았다. 이를 통해 당시 이덕수가 정치적 좌절감을 경험하고 있었음에도 작품에서는 세속에 얽매이지 않는 삶을 추구하고 절경을 찾으며 흥취를 만끽하는 모습을 보인다고 하였다. 또 성리학자임에도 도교와 불교에 대해 포용적인 태도를 취하고 있다고 보았다.

한편 이승용은 이덕수를 비롯한 오광운吳光運, 홍세태洪世泰의 경도팔경시京都八景詩를 다루었다.[23] 이들의 경도팔경시는 월과月課에서 지은 것으로, 7언율시의 형식을 취해 한양의 전체적인 모습을 형

22 김효정, 「西堂 李德壽의 東遊 체험과 詩的 形象化」, 『동양한문학연구』 61, 동양한문학회, 2022, 69~99쪽.

23 이승용, 「경도팔경시(京都八景詩)의 창작과 한양 도성의 형상화 - 이덕수(李德壽), 오광운(吳光運), 홍세태(洪世泰)의 시(詩)를 중심으로 -」, 『東方漢文學』 90, 동방한문학회, 2022, 41~65쪽.

상화한다는 측면에서 공통점이 드러난다. 특히 이덕수의 경도팔경시에서는 한양의 전경과 팔경八景을 중점에 두고 묘사하는 데 힘쓰되, 다른 두 문인과 달리 민심에 귀를 기울여야 한다는 권계와 태평성대의 분위기를 가진 한양의 모습을 칭송하는 면모가 잘 드러난다고 하였다. 또 그가 시에 권계와 태평성대인 한양을 칭송하는 내용을 넣은 것은 당시 이 작품이 월과에서 제출해야 하는 작품이었음을 고려한 것이라 보았다. 이상의 연구들은 이덕수의 시 작품 실제를 살핌으로써 이덕수의 시세계를 파악하는 데에 기여하였다.

이황진은 이덕수가 단명한 망자를 대상으로 남긴 시문을 통해 그의 천도天道와 천명天命에 대한 인식을 살펴보았다.[24] 먼저 이덕수의 천도에 대한 인식을 그가 남긴 만시挽詩, 애사哀辭 등을 통해 살폈다. 이를 통해 그의 천도에 대한 인식은 기본적으로 유가에서 바라보는 천도에 대한 관념을 바탕으로 하나, 그것이 그대로 실현되고 지켜지는 것은 아니라고 생각하였다고 보았다. 또한 이덕수가 유가적 사상을 가지고 천도를 해명하지 않는 모습도 확인할 수 있다고 하였다. 한편 그의 천명에 대한 인식과 관련해서는 요절한 사람에 대한 것과 운명으로서의 '천명'에 대한 것으로 나누어 살폈다. 먼저 요절한 사람에 대한 천명의 측면에서는 그가 남긴 묘지명, 묘갈명, 애사 등을 통해 그 양상을 살폈다. 이를 통해 요절한 사람들의 죽음이 하늘의 뜻임을 밝혀 죽음에 대한 충격을 완화하는 역할을 했다고 하였다. 이후 운명으로서의 '천명'에 대한 것과 관련해서는 아들에 대해 남긴

24 이황진, 「서당 이덕수의 天道와 天命에 대한 인식-短命한 亡者를 위해 지은 시문을 중심으로-」, 『한민족어문학』 96, 한민족어문학회, 2022, 127~158쪽.

묘지명을 통해 그 양상을 살폈다. 이를 통해 이덕수는 운명의 존재를 받아들이고 인식하였으며, 이는 장자의 '안명安命'과 가까운 것이라 하였다.

또한 이덕수가 산문에 특장이 있었다는 평가를 고려하여, 그의 산문에 대한 연구도 진행된 바 있다. 먼저 유정열은 이덕수의 산문 전반을 다루었다.[25] 그는 이덕수가 당파 간 갈등이 극심했던 상황 속에서 이를 해결하기 위해 힘썼고, 다양한 신분 계층의 사람들에게도 관심을 가졌으며 자연 속에서 마음의 수양을 실천하는 것을 중요하게 여긴 인물이라 하였다.

특정한 산문 문체를 살핀 연구로는 이덕수의 묘도문자墓道文字와 증서류贈序類 산문에 대한 논의가 있다. 특히 이덕수의 묘도문자와 관련된 논의들이 많이 진행되었다. 이는 그가 다수의 묘도문자를 창작하였으며 묘도문자 창작에 뛰어났다는 평가[26]를 받았던 인물이었기 때문으로 생각된다. 이덕수의 묘도문자와 관련해서는 세 편의 연구가 진행되었다. 가장 선행된 연구로는 강성숙의 논의가 있다.[27] 그는 이덕수의 비지류 산문 중 여성을 묘주로 한 글을 논의의 대상으로 삼았다. 이를 통해 이덕수의 비지류 산문에서 딸, 아내, 어머니는

---

25 유정열, 「서당(西堂) 이덕수(李德壽) 산문 연구」, 서울대학교 박사학위논문, 2019, 1~209쪽.

26 李裕元, 「吏曹判書西堂李公行狀」, 『吏曹判書西堂李公行狀』 冊19, "凡爲墓道餙者, 必趍於公, 門庭如市. 公輒應之, 所著碑版誌銘最多, 爲十數卷, 其餘詩序記雜著若干卷行于世."

27 강성숙, 「기억을 통해 드러나는 18세기 사대부의 여성상 - 서당(西堂) 이덕수(李德壽)의 어머니, 아내, 딸을 중심으로 -」, 『겨레어문학』 38, 겨레어문학회, 2007, 79~109쪽.

각각 총명한 모습, 자신을 이끌어 주는 모습, 친척과 이웃에게 칭송받는 모습에 중점을 두어 서술되고 있음을 살폈다. 이후 장윤선은 이덕수의 비지류 산문 중 신도비명과 묘지명을 살폈다.[28] 그는 먼저 이덕수의 문학관을 정리한 후, 그의 신도비명과 묘지명을 객관적 서술과 주제의식의 관점에서 논하였다. 주제의식 측면에서는 구체적으로 가족·친지를 향한 그리움, 사회비판의식 및 역사증언의식으로 나누어 작품을 살폈다. 이를 통해 이덕수의 비지류 산문은 내용의 사실성을 중시하였고, 잘 알지 못하는 묘주의 경우에도 그와 관련한 사람의 언급을 인용하여 글의 사실성을 높이기 위해 힘썼다고 하였다. 또 묘주와 관련된 일화를 상세히 서술하며 그리움의 정서를 표현하거나, 당대의 정치적 상황을 묘주의 행적과 관련지어 글에 녹여냈다고 하였다. 마지막으로 최수완은 이덕수의 신도비명을 중점적으로 다루었다.[29] 그는 이덕수가 비지류 문장에 대해 논한 부분을 살피고, 그가 비지류 산문에서 묘주의 행적과 사적을 간명하게 서두에서 드러내는 서술 방식을 중요시하였다고 보았다. 그리고 이를 바탕으로 이덕수의 신도비명 11편 중 「호조참판송공신도비명戶曹參判宋公神道碑銘」과 「좌의정이공신도비명左議政李公神道碑銘」을 고찰하였다. 해당 작품들은 글의 서두에서 자신이 강조하고자 하는 묘주의 인물됨을 간명하게 드러내고, 이후 묘주의 행적을 서술하는 방식을 활용하였다. 이는 다른 문체에 비해 엄격한 체재가 요구되는 신도비명의 일반

28 장윤선, 「西堂 李德壽의 碑誌類 散文 研究」, 경북대학교 교육대학원 석사학위논문, 2008, 1~75쪽.

29 최수완, 「서당(西堂) 이덕수(李德壽) 신도비명의 인물 형상화 양상 일고」, 『온지논총』 80, 온지학회, 2024, 10~41쪽.

적 체재와는 차이가 있는 것으로, 이러한 변격의 서술 방식을 통해 이덕수는 자신이 드러내고자 하는 묘주의 면모가 더욱 잘 드러나게 하였으며 나아가 글의 문학성을 더욱 높였다고 보았다.

이덕수의 묘도문자 외에 김묘정은 이덕수의 증서류 산문을 고찰하였다.[30] 그는 이덕수의 증서류 산문을 '사적 관계를 중심으로 한 서정적 서사 양상', '비유와 예시를 통한 우화적 교훈 제시', '당론에 대한 직설적인 의론 개진 면모'라는 세 측면으로 나누어 살폈다. 이를 통해 사적 관계에서 작성된 증서류 산문의 경우 진실한 관계를 기반으로 한 서술을 특징으로 보았다. 비유와 예시를 통한 우화적 교훈 제시 측면에서는 이덕수의 글이 피증서인과 자신의 관계, 당시 상황에 맞춰 교훈을 제시하고 있다는 점을 특징으로 보았다. 마지막으로 당론에 대한 직설적인 의론 개진 면모 측면에서는 당론에 대한 직설적인 의론을 개진하는 모습을 많이 보인다고 하였다. 이 연구는 이전에 제대로 주목받지 못하였던 이덕수의 증서류 산문을 중점적으로 다루었으며, 이를 통해 이덕수의 설득적 글쓰기 양상을 살폈다.

이덕수의 문학 외에 그의 교유관계에 주목한 연구도 있다. 먼저 이승수는 이덕수의 교유관계를 스승 및 정치선배와 벗, 후배 및 제자로 구분하여 살펴보았다.[31] 먼저 스승의 측면에서는 박세당을 비롯해 이덕수와 사제관계로 알려져 있던 김창협, 김창흡과의 관계를 살펴보았다. 또 서종태徐宗泰(1652~1719), 이태좌李台佐(1660~1739),

30 김묘정, 「서당(西堂) 이덕수(李德壽)의 증서류(贈序類) 산문 일고찰 : 글쓰기 기법과 주제 구현 양상을 중심으로」, 『한국민족문화』 79, 부산대학교 한국민족문화연구소, 2021,

31 이승수, 「西堂 李德壽의 師友 관계」, 『한국고전연구』 8, 한국고전연구학회, 2002, 31~56쪽.

이조李肇(1666~1726), 최규서崔奎瑞(1650~1735), 임영林泳(1649~1696), 최석정崔錫鼎(1645~1715), 윤지인尹趾仁(1656~1618) 등과 이덕수의 관계를 살폈다. 한편 선배와 벗의 측면에서는 이양한李亮漢(1677~1745), 홍태유洪泰猷(1672~1715), 윤유尹游(1674~1737), 윤순尹淳(1680~1741), 조문명趙文命(1680~1732)과 조현명趙顯命(1691~1752), 이광좌李光佐(1674~1740) 등과 교유하였던 내용을 살폈다. 마지막 후배 및 제자의 측면에서는 홍제유洪濟猷(1689~1721), 김도수金道洙(1701~1733), 정광은鄭光殷(1698~1733) 등과 교유했던 내용을 살폈다.

이황진은 그의 교유관계에서 이덕수에게 상당한 의미를 갖는다고 생각되는 주요 인물 44명을 위주로 살폈다.[32] 그는 44명의 인물들을 '이덕수의 주요 교유인물과 그 교유관계의 특징', '당색이 다른 인물과의 교유 및 그 한계'의 측면으로 나누어 보았다. 먼저 이덕수의 주요 교유인물과 그 특징을 살피는 부분에서는 이덕수의 생애에서 주목할 만한 시기인 1716년 이후에 교유가 이루어진 인물들을 중심으로 교유관계 양상을 살폈다. 특히 이때 교유했던 인물들은 이미 아버지인 이징명과 가까운 관계로 세교世交가 있었던 집안의 인물들이었다는 점에 주목하였다. 또한 이덕수는 다양한 인물들과 폭넓은 교유를 했던 것은 아니나, 이들과 대체로 오랜 기간 지속적인 교유를 이어왔다고 하였다. 한편 당색이 다른 인물과의 교유 및 그 한계의 측면에서는 홍태유洪泰猷(1672~1715), 홍치중洪致中(1667~1731), 홍제유, 이현익李顯益(1678~1717), 채팽윤蔡彭胤(1669~1731), 오광운吳光運(1689~1745), 이병연李秉淵(1671~1751), 이병성李秉成(1675~1735),

32 이황진, 「서당 이덕수의 교유관계 고찰」, 『동양고전연구』 86, 동양고전학회, 2022, 164~196쪽.

김재로金在魯(1682~1759), 유척기兪拓基(1691~1767) 등의 인물과 이덕수가 교유한 양상을 살폈다. 다만 이러한 관계가 당색을 초월한 관계라고 보기는 어렵다고 하였다. 이는 이덕수가 조정에 나아가 벼슬을 하기 위해서는 당파의 영향을 피할 수 없음을 인식하고 있었으며, 그 자신 또한 교유할 때 당론의 영향을 일정 부분 받은 모습이 보이고, 다른 정치적 당파의 사람들과 교유했던 경우라도 관직에 나가기 전부터 가까웠던 관계였기 때문이라 하였다.

이상으로 서당 이덕수에 대한 최근까지의 연구 현황을 살펴보았다. 다음으로는 서당 이덕수 연구의 전망 및 과제를 다루고자 한다.

2. 서당 이덕수 연구의 전망과 과제

이상에서 살펴본 바와 같이, 서당 이덕수에 대한 연구는 시, 산문, 문학론, 독서론, 교유관계 등 다양한 방면에 걸쳐 논의가 진행되었다. 물론 다수의 선행연구를 통해 이덕수의 문학세계가 많은 부분 밝혀졌다고 할 수 있다. 그러나 현전하는 이덕수의 문집이 『서당사재』 외에도 여러 판본으로 존재한다는 점, 『서당사재』 또한 12권 12책의 분량으로 다수의 작품이 수록된 문집이라는 점에서 다양한 논의가 가능할 것으로 생각된다.

현재까지 이루어진 이덕수와 관련해 논의한 선행연구를 대별해 보자면, 크게 이덕수의 문학론에 대한 것과 그의 시, 그의 문장에 대해 논의한 것이 있다. 특히 그의 문학론과 관련해서는 그의 문학론 전반, 그의 시론과 시세계, 그의 시론과 문장론을 아울러 다루는 선행연구들의 논의가 있었다는 점에서 이덕수의 문학론은 상당 부분

밝혀졌다고 할 수 있다. 다만 한 개인의 문학론을 살피는 데 있어 그의 문학론과 실제 작품 간의 거리를 규명하는 작업은 작가의 문학적 역량을 가늠하는 데에 기여할 수 있다는 점에 주목할 필요가 있다. 작가가 가진 문학론과 실제 그가 창작한 작품은 일정 정도의 거리가 있을 수밖에 없는데, 그 거리가 가까울수록 그 작품은 작가의 진정성과 문학성을 평가하는 요소로 기능하기 때문이다.[33] 이러한 논의를 바탕으로 보면, 선행연구들에서 밝힌 이덕수의 문학론 또한 실제 그가 남긴 작품들과 연결하여 살핀다면 이덕수의 문학세계를 밝히는 데에 더욱 기여할 수 있을 것이다.

또한 이덕수는 다수의 만시와 차운시, 기문, 제발, 논, 신도비명, 묘비명, 묘갈명, 묘지명, 묘표, 시장, 행장 등을 남겼다. 이외에 『서당집』과 『서당선생집』에는 응제록, 『파조록』 등이 수록되어 있어 그가 다양한 문체의 작품들을 남겼음을 확인할 수 있다. 이를 통해 보면 그의 시와 문에 대한 더욱 넓은 범위의 논의 필요성이 제기된다. 또한 이덕수가 여러 인물과 교유했던 만큼, 그의 작품 중에도 만시, 차운시, 묘도문자 등 교유양상을 확인할 수 있는 작품이 많다. 물론 이러한 논의는 이덕수의 교유양상을 비롯해 각 문체를 다룬 선행연구들에서 상당 부분 논의된 바 있다. 다만 이덕수가 여러 인물들과 교유하며 다양한 문체의 작품들을 남겼고, 그의 생애의 측면에서도 그가 문형을 비롯해 예조판서 · 좌참찬 등의 지위에 올랐던 현달한 관료문인이었음을 고려할 때, 그의 교유관계와 관련 작품에 대해서는 앞으로도 더욱 많은 논의가 이루어질 수 있을 것으로 생각된다.

---

33 권진옥, 「손와 최석항의 문학론과 창작의 실제」, 『동양고전연구』 90, 동양고전학회, 2023, 57~58쪽.

한편 이덕수의 문집은 정식 간행의 형태가 아닌 필사본의 형태로 다양한 문집들이 전해지고 있다. 각 문집은 일부 작품의 출입이 있는 등 다소간의 차이가 있다. 이는 앞으로도 더욱 다양한 작품을 통해 이덕수의 문학세계를 살필 수 있음을 시사하는 것이다.

이덕수는 소론 계열 인물로서 그 문학적 역량을 인정받은 관료이자 문인이었다. 특히 노론 위주의 정국 운영 체제 속에서도 문형에 오르는 등 자신의 문학적 역량을 발휘할 수 있었던 것은 그의 문학적 역량과 함께 당대 인물들의 이덕수에 대한 평가가 어떠했는지를 가늠하게 한다. 또 그는 팔문장八文章으로 일컬어지는 등 후대에도 문학적 측면에서 이야기되었다. 이러한 그의 문학적 영향력을 고려하였을 때, 앞으로 이덕수에 대한 연구가 끊임없이 진행된다면 이덕수 개인의 문학세계뿐 아니라 그가 주로 활동했던 17~18세기 조선 후기 문단의 양상을 살피는 데에도 기여할 수 있을 것으로 생각된다. 앞으로도 이덕수에 대한 다양한 차원의 논의가 이루어지기를 기대한다.

Ⅲ. 서당 이덕수의 교유관계 고찰

이황진

1. 서론

한 작가에 대한 연구는 작품론, 작가론을 위시로 하여 철학, 사상, 정치관, 종교관 등 다각적인 측면에서 진행된다. 그리고 그 작가의 교유관계를 살펴보는 것도 그 작가나 작품에 대한 이해를 돕는 요인이 되기에 유명한 문인일수록 그의 교유관계나 교유시에 대한 연구가 이루어진 경우가 많다. 이는 그것을 통해 그 작가가 살다 간 당대의 시대적 · 정치적 상황 속에서 그가 어떠한 위치와 상황에 있었는지를 엿볼 수 있게 해주며, 문학적으로는 그가 어떠한 환경과 영향 속에서 어떠한 경향의 작품들을 창작해 내었는지를 엿볼 수 있게 하는 단서를 제공해 주기도 한다.

본고에서는 18세기 전반 소론계를 대표하는 관료문인 서당西堂 이덕수李德壽(1673~1744, 자字 인로仁老, 호號 서당西堂, 시호諡號 문정文貞)의 주요 교유인물과 그 교유관계의 특징에 대해 고찰해 보고자 한다.[34] 주지하다시피 17세기 후반부터 18세기 전반에 이르는 시기는 정치적으로 노소 갈등이 갈수록 심화되던 시기였다. 그런데 이덕수는 소론에 속하긴 하되 당파에 매몰되지 않은 '비판적 중간자'로서의 면모를 지닌 정치인이었다고 평가되므로,[35] 그가 노소대립이 격렬해지던 18세기 전반에 주로 어떠한 인물들과 교유를 해왔으며 그 교유관계의 특징은 무엇인가를 찾아보면 이덕수의 삶과 그의 문학을 이해하는 데에도 적잖은 도움이 될 것이다.

이덕수의 교유관계에 대해서는 이승수와 유정열에 의해 연구가 진행된 바 있다. 이승수는 「17세기 후반 노소분기의 고민과 선택 - 서계 박세당의 고제자 서당 이덕수」에서 이덕수와 김창협, 박세당과의 관계에 대해 깊이 있는 분석을 한 바 있으며,[36] 「서당 이덕수의 사우師友 관계」에서는 이덕수의 인간관계를 '학문의 스승 및 정치 선배', '일상의 붕우 및 정치 동료', '후배와 제자'로 나누어 각각에 해당하는 인물들을 자세히 정리하였다.[37] 유정열은 「서당 이덕수의 산문 연구」의 '생애와 교우' 부분에서 이덕수의 교유관계를 시간의 흐름에 따라 해당 시기의 주요 교유인물들에 대해 서술하였다.[38] 이들의 연

34 본고에서 자료로 삼은 이덕수의 문집은 『西堂私載』(한국문집총간 186. 한국고전종합 DB https://db.itkc.or.kr/)와 『西堂先生集』(전의이씨청강공파화수회, 2000.)이다. 『西堂私載』가 주 자료가 되며, 거기에 수록되어 있지 않은 자료의 경우 『西堂先生集』을 참조하였다.

35 유정열, 「서당 이덕수의 산문 연구」, 서울대학교 대학원 박사학위논문, 2019, 56면.

36 이승수, 「17세기 후반 노소분기의 고민과 선택 - 서계 박세당의 고제자 서당 이덕수」, 『문헌과 해석』 16, 문헌과해석사, 2001.

37 이승수, 「서당 이덕수의 사우 관계」, 『한국고전연구」 8, 한국고전연구학회, 2002, 31~56면.

38 유정열, 앞의 논문, 2019, 23~45면.

구는 이덕수의 교유관계 전반을 개괄하며 그 교유인물을 거의 총망라해 놓았다는 점에서 의미가 크다. 하지만 이덕수의 교유관계의 특징에 대한 고찰이 이루어지지 않은 아쉬움이 있다. 이에 본고에서는 선행연구의 바탕 위에, 이덕수의 문집에서 직접적인 교유가 확인되는 교유시와 비지문의 대상 중 오랜 기간 교유가 유지되었거나 이덕수에게 의미를 갖는다고 여겨지는 주요 교유인물 44명을 위주로 교유관계를 고찰하며 그 특징을 찾아보고자 한다.

『서당사재』에는 총 454제의 시가 수록되어 있는데, 권1에 1693년(21세)부터 1722년(50세)까지의 시 269제, 권2에 1723년(51세)부터 1744년(72세) 세상을 떠날 때까지의 시 185제가 창작시기순으로 편차되어 있다. 454제의 시 중 교유시로 분류할 수 있는 시는 245제(만시 포함)이며 교유인물은 대략 150명에 달한다. 이 중에서 필자는 우선 그 교유인물과 관련한 시가 2제(만시 포함) 이상인 인물이면서 이름과 생몰연대가 분명한 인물을 우선적으로 정리하였다. 그리고 교유인물에 대한 시가 만시 밖에 없어도 문집에 그 인물에게 준 글이나 그 인물에 대한 제문이나 비지문이 있는 경우,[39] 그리고 그 교유인물의 문집을 통해서도 상호 교유를 확인할 수 있는 시문이 있는 경우는 본고의 대상에 포함시켰다. 그런 후에 오랜 기간 교유가 지속된 인물, 비지문 등을 통해 친분이 두텁다고 인정되는 인물, 이덕수의 교유관계에서 다룰 만한 의미가 있다고 여겨지는 인물 위주로

39 이덕수는 당대의 명망 높은 문장가였기에 그에게 비지문을 부탁하는 사람들이 많았고, 실제로도 상당히 많은 비지문을 작성하였다. 『西堂私載』에는 약 170편의 비지문이 수록되어 있다. 이덕수의 비지문에 대해서는 장윤선의 「서당 이덕수의 비지류 산문 연구」(경북대학교 교육대학원 석사학위논문, 2008.) 참조.

다시 선별하였다. 본고에서는 그렇게 선정된 주요 교유인물 44명을 대상으로 논의를 전개하도록 한다.

2. 이덕수의 주요 교유인물과 그 교유관계의 특징

이 부분에서는 이덕수의 문집을 통해 확인할 수 있는 주요 교유인물들을 정리하여 먼저 간단히 표로 제시한 후, 이덕수의 교유관계 양상의 특징이라고 볼 수 있는 요소들을 포착하여 제시하도록 하겠다. 다만, 당색이 다른 인물과의 교유는 좀 더 주목해 볼 만한 부분이라 여겨지므로 이는 다음 장에서 살펴보도록 한다.

1) 이덕수의 주요 교유인물

[표 1]의 '수록 작품' 부분에는 교유를 확인할 수 있는 작품 중 창작 시기가 가장 이른 것과 가장 늦은 것 위주로 제시하여 그들 간의 교유가 있었던 시기와 교유 기간 등을 짐작해 볼 수 있는 1차 근거로 삼도록 한다.[40] 그리고 비지문 등의 내용을 통해 교유의 시기, 친분 정도, 그 교유의 성격 등을 보충하도록 하겠다. 이 부분에서는 교유인물에 대한 소개는 [표]로 대신하고, 다음 부분에서 그 교유관계의 특징 몇 가지를 중심으로 논의를 펼치도록 하겠다.

40 [표 1]의 '수록 작품'에서 시는 〈 〉, 문은 「 」로 구분함. *는 『西堂私載』에는 수록되어 있지 않고 『西堂先生集』에만 수록된 작품임. 교유인물의 문집에 수록된 작품은 괄호 안에 그 문집명을 명시함.

[표 1] 이덕수의 주요 교유인물

	교유인물	字/號 『문집』	수록작품	挽詩 碑誌	비고
1	朴世堂 (1629~1703)	季肯/西溪 『西溪集』	「西溪朴先生墓碣銘」, *「祭朴西溪文」, *〈論西溪諡號疎〉 ; 「與李仁老德壽」(『西溪集』)	유	世交, 이덕수의 스승
2	金昌協 (1651~1708)	仲和/農巖 『農巖集』	〈奉贈農岩台丈〉(1698), 〈金農岩挽詩〉 ; 「李生德壽字仁叟祝辭」(1688)(『農巖集』)	유	世交, 노론, 부친이징명의 知己
3	崔奎瑞 (1650~1735)	文叔/艮齋 『艮齋集』	*「領議政艮齋崔公墓誌銘」	유	世交, 최상건의 숙부
4	徐宗泰 (1652~1719)	魯望/晩靜 『晩靜堂集』	「議政府領議政徐公墓誌銘」, *「領議政徐公神道碑銘」; 〈杜門悄寂甚懷李弟仁老…〉(1690) 등 4제 5수, 「贈李弟仁老小序」(1691)(『晩靜堂集』)	유	世交, 이덕수의 中表兄
5	秋鵬上人 (1651~1706)	-/雪巖	〈贈秋鵬上人〉(1697), 〈悼秋鵬師〉 (1706), *「雪巖禪師塔銘」	유	姓金氏, 父應素
6	崔尙健 (1668~1714)	而順/- -	〈甲午四月廿三日…〉(1714) 등 2제 2수 「崔而順墓誌銘」, 「崔而順墓表」, 「祭崔而順文」	유	知己, 사돈 (父:崔翼瑞)
7	鄭錫祚 (1673~1714)	胤卿/- -	〈鄭高山胤卿挽〉2수(1714) 「大丘判官鄭君墓碣銘」(子:鄭愼儉,)	유	세교(父:鄭是先), 친구, 사돈
8	沈命哲 (1688~1726)	明叔/- -	〈送松禾倅沈明叔〉5수(1726) *「祭沈松禾文」	유	(父:沈若漢), 사돈
9	尹游 (1674~1737)	伯脩/晩霞 -	〈七月旬有二日…〉(1708), 〈待尹伯修不至〉(1725) 등 4제 6수 「送尹伯脩序」, *「祭尹伯脩文」 「司憲府持平贈左贊成尹公墓表」(父)	유	(父:尹世喜), 죽마고우, 동료, 사위 尹得輿의 생부
10	尹淳 (1680~1741)	仲和/白下 『白下集』	〈暮春之旣望　尹伯脩兄弟…〉3수(1709), 〈風月亭 次尹仲和〉(1723), 〈次尹仲和〉(1727), *「祭尹仲和文」	유	죽마고우, 知己, 동료 사돈, 윤유의 弟
11	李景奎 (1673~1703)	文甫/- -	〈李文甫挽〉10수(1703) 「李文甫墓誌銘」	유	(父:李樟), 죽마고우, 知己
12	朴亮漢 (1677~1746)	子龍/梅翁 『梅翁閑錄』	〈贈朴子龍〉(1696), 〈朴友子龍在公山…〉(1738) 등 5제 6수, 〈朴榮川挽〉 2수(父), 「芝浦朴公墓誌銘」(父), 「尹淑人墓誌銘」(母)	-	(父:朴鐔), 知己, 진사시 동년(1696), 尹趾完의 外孫
13	趙正禮 (1664~1725)	和仲/- -	「善山府使趙公墓碣銘」, *「趙和仲哀詞」	유	(父:趙聖期), 知己
14	李台佐 (1660~1739)	國彦/鵝谷 -	〈送李評事序 台佐〉, 「左議政李公神道碑銘」, 「龜川李先生墓誌銘」(父)	유	世交(父:李世弼), 이광좌의 재종형
15	李鼎佐 (1663~1726)	仲受/醒齋 -	〈仲受訪余於江村留宿…〉(1696) 등 2제 2수, 「繕工監副正李公墓碣銘」	유	世交, 이태좌의 弟

16	李光佐 (1674~1740)	尙輔/雲谷 -	〈李掌憲養窩丈遷葬挽〉(父)(1708), 〈送北伯李尙輔詩〉(1712), 〈李尙輔之使燕 …〉, 「送李尙輔按察湖南序」(1707)	무	世交(父:李世龜), 동료, 박양한의 姨子
17	申聖夏 (1665~1736)	成甫/和菴 『和菴集』	〈申兄聖夏女挽〉2수(1706), 〈送申潭陽聖夏赴官〉(1718)	무	世交(父:申琓)
18	申靖夏 (1681~1716)	正甫/恕菴 『恕菴集』	〈申正甫以晒史…〉2수(1709), 〈申正甫挽〉(1716), 「送申正甫序靖夏」(1715)	유	世交, 신성하의 弟
19	金東翼 (1675~1718)	子明/- -	〈金子明子直母夫人挽〉(1709), 〈金稷山子明挽〉(1718), 「贈貞敬夫人洪氏墓誌銘」(母), 「戶曹佐郎金公墓誌銘」	유	(父:金濡), 친구
20	金東弼 (1678~1737)	子直/樂健堂	〈送金子直宰金城〉(1708), 〈送金子直赴燕〉(1727), 「樂健亭記」(1726)	무	친구, 동료, 김동익의 弟
21	趙文命 (1680~1732)	叔章/鶴巖 『鶴巖集』	〈趙叔章內挽〉(1710), 〈水原旼路 有懷叔章 追次前韻 却寄〉 등 9제 11수 ; 〈試院與李行臺仁老…〉8수(1719) 등 4제 11수(『鶴巖集)	무	세교(父:趙仁壽), 知己, 동료
22	趙顯命 (1690~1752)	時晦/歸鹿 『歸鹿集』	〈又贈趙時晦〉(1735) 등 2제 2수 ; 〈奉贐李台仁老之燕〉(1735), 「與李參議仁老德壽書」(1729)(『歸鹿集』)	-	세교, 후배, 동료 조문명의 弟
23	洪重聖 (1668~1735)	君則/芸窩 『芸窩集』	〈暮春之旣望…〉(1709), 〈送洪叔君則宰石城〉(1719); 〈僧軸和李西堂仁老德壽詩幷序〉(『芸窩集』)	무	(父:洪萬恢), 친구
24	宋成明 (1674~1740)	君集/松石 -	〈宋君集築亭…〉(1726), 〈宿松石軒次君集韻〉(1727), 〈宋留守正明挽〉(1718), 「戶曹參判宋公神道碑銘」(父)	무	(父:宋徵殷), 兄:宋正明, 동료
25	趙泰億 (1675~1728)	大年/謙齋 『謙齋集』	〈送趙大年赴鐵原府〉(1709), 「議政府左議政趙公行狀」; 〈送李仁老德壽赴杆城郡〉2수(1723) (『謙齋集』)	유	(父:趙嘉錫), 친구, 趙泰耉·趙泰采의 從弟
26	趙尙慶 (1676~1733)	子餘/- -	〈趙子餘聞名而未之見…〉(1706), 〈答趙子餘〉(1708)	무	(父:趙衡輔), 친구
27	李眞源 (1676~1709)	子深/盤公 -	〈贈李子深〉(1696), 〈李子深挽〉(1709) 등 3제 3수, 「翊衛司侍直李公墓誌銘」	유	(父:李德成), 친구
28	宋瑱 (1676~1741)	仲潤/耻菴 -	〈次宋仲潤瑱…〉(1738), 〈仲潤又有詩見寄…〉(1738)	무	(父:宋廷澤), 동료
29	徐命維 (1686~1759)	持卿/	〈與徐持卿…〉(1739) 등 5제 5수, 「始定堂記」, 「恭陵參奉徐公墓表」(父)	-	(父:徐宗沂), 양주집 이웃
30	鄭羽良 (1692~1754)	子揮/鶴南 -	〈試院 次鄭子揮韻〉5수(1735), 〈年來離合無常…續吟一詩 示時晦子揮〉(1735)	-	(父:鄭壽期), 동료
31	鄭光殷 (1698~1733)	質夫/- -	〈鄭質夫在湖中〉(1727), 〈次鄭質夫寄示韻〉2수(1730) 등 4제 5수, 「處士鄭公墓誌銘」(祖父), 「祭鄭質夫文」, 「司憲府持平鄭君墓誌銘」	유	世交(祖父:鄭純陽), 亡子 이산배의 知己, 이덕수의 제자

32	金道洙 (1699~1733)	士源/春洲 『春洲遺稿』	〈金士源集中 有見懷之作 漫次却寄〉(1725), 「送金士源序」, *「祭金士源文」; 〈偶吟得音字 懷西堂李公德壽〉, 〈上西堂李公隱居〉, 〈訪西堂隱居〉, 「祭李士寅山培文」(『春洲遺稿』)	무	金佑明의 庶孫, 亡子 이산배의 知己, 이덕수의 제자
33	洪泰猷 (1672~1715)	伯亨/耐齋 『耐齋集』	〈次伯亨兄韻〉(1698), 〈呂湖洪伯亨亭子偶…〉(1715) 등 9제 12수, 「贈洪伯亨序」, 「耐齋集序」, *「祭洪兄伯亨文」, *「贈司憲府持平洪公墓誌銘」; 〈舟中 次李友仁老德壽韻〉2수, 〈李達卿德孚 用仁老韻… 〉2수, 〈與李仁老李達卿…〉, 「與李仁老書」(『耐齋集』)	유	(父:洪致祥), 知己, 노론, 숙부 이징하의 사위
34	洪致中 (1667~1732)	士能/北谷 -	〈送洪侍郎致中使日本〉 3수 (1719) 「贈洪叔士能序」	무	(父:洪得禹), 노론 홍태유의 종숙
35	洪濟猷 (1689~1721)	仲經/愛懶子 『愛嬾子稿』	〈洪仲經挽〉 4수 (1721) 「與洪仲經書」, 「愛嬾子文稿序」, 「愛懶子墓表」	유	(父:洪致中), 노론, 이덕해의 知己, 이덕수의 제자
36	李顯益 (1678~1717)	仲謙/正菴 『正菴集』	〈感懷贈李仲謙〉(1701), 〈李仲謙挽〉(1717) 등 3제 5수, 「送李仲謙序」(1703) ; 〈憶李仁老德壽〉, 〈題仁老蘗溪精舍〉, 「與李仁老」, 「答李仁老」 9편(『正菴集』)	유	(父:李泓), 노론, 知己
37	蔡彭胤 (1669~1731)	仲耆/希菴 『希菴集』	〈贈襄陽倅蔡仲耆〉(1724), 〈挽蔡仲耆〉 3수(1731) 등 6제 11수, 「送蔡仲耆序」 ; 〈次韻酬杆城李使君德壽見寄〉十疊, 〈戲投李大司成仁老〉三疊(『希菴集』)	유	(父:蔡時祥), 남인, 知己, 동료
38	吳光運 (1689~1745)	永伯/藥山 『藥山漫稿』	*「吳大觀哀詞」, *「兵曹佐郎 吳君墓誌銘」(子:吳大觀, 1711~1734)	-	(父:吳尙純), 남인 채중기의 제자
39	李秉淵 (1671~1751)	一源/槎川 『槎川詩抄』	〈送李子平赴任杆城〉 9수 (1731) ; 〈贈別李仁老出宰文義縣〉(1716)(『槎川詩抄』)	-	(父:李涑), 노론, 동료
40	李秉成 (1675~1735)	子平/順庵 『順菴集』	〈次三陟倅李一源韻〉 (1732)	무	노론, 동료 이병연의 弟
41	金在魯 (1682~1759)	仲禮/清沙 -	「送金仲禮序」(1718)	-	(父:金構), 노론 동료
42	兪拓基 (1691~1767)	展甫/知守齋 『知守齋集』	〈兪淸州君四挽〉(父)(1718) 「贈兪生拓基序」(1713)	-	(父:兪命岳), 노론 후배, 동료
43	鄭亨益 (1664~1737)	時偕/ - -	〈穆齋郎鄭時偕…〉(1707), 〈次答時偕〉(1707)	무	(父:鄭濟先) 노론, 친구, 동료
44	崔宗周 (1683~1737)	文吉/紫峰 -	〈安岳使君崔文吉 有詩賀兒子登第 漫次其韻以見志 …〉(1730)	무	(父:崔慶壽), 노론 동료

2) 이덕수 교유관계의 특징

(1) 교유관계 전환점으로서의 1716년

이덕수의 교유인물 및 교유관계를 살펴보는 데 있어 1716년은 상당한 의미를 가지며 교유관계의 전환점이 되는 해라고 볼 수 있다. 그 이유는 다음과 같다.

첫째, 이덕수가 44세인 1716년에 정식으로 관직 생활을 시작했다는 점이다. 이덕수는 24세(1696년)에 진사시에 합격하였지만, 41세(1713년 10월)가 되어서야 증광 문과에 합격하고, 44세에 비로소 정식으로 관직에 오른다. 관직에 나아가고 나서는 여러모로 그 교유인물의 범위가 확대되기 마련이며, 관료로서 여러 가지 정치적인 문제와 상황 등에 의해 그 교유관계에도 변화가 일어나고 복잡해질 수 있는 여지가 커진다는 점 등을 고려해보면 관직 생활의 시작은 그의 삶과 교유에 일대 전환점이 되었다고 볼 수 있다.

둘째, 1716년(숙종 42)은 송시열과 윤증 간의 회니시비에 대해 숙종이 윤증의 잘못으로 판정한 병신처분이 있었던 해라는 점이다. 이는 노론과 소론 사이에 정치적 입지에까지 영향을 미쳐 정국에서 소론 세력의 입지가 크게 위축된다. 이후 노소대립이 더욱 증폭되고 정권 다툼이 더욱 격렬해지며 당쟁이 더욱 치열해진다. 즉, 이덕수는 그 이전까지는 그나마 교유하는 데에 있어 당색과 주변의 시선에 크게 개의치 않아도 되었을 테지만, 관직에 오른 1716년 이후에는 그것이 자신이 생각해 왔던 것보다 훨씬 복잡한 문제라는 것을 체감할 수밖에 없었다.

셋째, 이덕수는 1715년까지 그가 친애하는 가족과 벗을 여럿 떠나보냈는데, 특히 1714년과 1715년 두 해 동안에 그에게 유달리 더 큰

아픔으로 다가온 죽음이 여럿 있었다는 점이다. 이덕수는 그전에도 21세(1693년)에 첫 번째 부인 해주최씨를, 27세(1699년)에는 부친을 떠나보낸 슬픔을 겪은 바 있다. 그런데 1714년 3월엔 첫 번째 부인 해주최씨의 오빠이면서 절친한 벗이자 사돈(첫째 딸의 시부)인 최상건이, 10월엔 절친한 벗 정석조가 세상을 뜬 데다, 1715년 3월엔 우애가 남달랐던 친동생 이덕해를 여의고, 10월엔 절현絶絃의 고통을 느꼈다던 지음知音 홍태유의 죽음을 지켜봐야 했다. 이덕수가 1715년 겨울에 잠 못 이루며 지은 다음 시에서 그러한 상실감과 비통함을 엿볼 수 있다.

인간 세상에서 40년을 병으로 골골하게 보내면서	多病人間四十年
친애하는 벗 반이 저승으로 가는 걸 보아야 했네	眼看親愛半黃泉
나야 추운 밤 이내 신세 슬퍼하며 잠 못 이룬다지만	寒宵不寐悲身世
귀뚜라미는 무슨 일로 또 베개맡에서 울어대는가	何事啼蛩又枕邊[41]

이덕수는 8세 때에 병을 심하게 앓는 바람에 청각장애를 갖게 되었으며, 1699년에는 부친상을 당한 후 너무 애통해해서 건강을 몹시 상해 죽을 뻔하는 등 40년 동안 그리 건강한 편은 아니었다. 그런데도 자신은 계속해서 살아가고 있건만 자신이 사랑하는 가족과 친구가 반이나 저세상으로 가버렸음에 자신의 신세를 한탄하며 비탄에 젖어 잠을 이루지 못하며 이 시를 지은 것이다. 따라서 이덕수의 문집에 수록된 시와 문 등을 통해 1715년까지 교유가 있었던 인물과 1716년 이후 관료 생활을 시작한 이후에 교유가 이루어진 인물들을

41 李德壽, 〈不寐〉 2수 중 제1수, 『西堂私載』 권1.

분류하여 살펴본다면 이덕수의 교유인물 및 교유관계의 특징을 찾는 데 도움이 될 수 있을 것이다.

(2) 부친 이징명의 영향 – 세교世交와 죽마고우

이덕수의 교유인물 및 교유관계에는 그의 부친인 이징명의 영향도 적지 않다. 이징명은 사람들이 병통으로 여길 정도로 교유가 매우 넓었다고 한다.[42] 그 덕분에 이덕수의 주요 교유인물 중에는 아버지와의 교유관계가 세교로 지속된 인물이 적지 않다. 그중에서 박세당, 김창협, 서종태 등은 부친과 친분이 깊으면서도 이덕수 자신과도 상당한 친분이 이어진 이들로, 그들은 친구 이징명과 그의 아들 이덕수 모두와 교분을 쌓은 기군지교紀群之交를 나누었다 할 수 있다. 박세당(1629~1703)은 이미 부친 대에 3대에 걸친 교분이 있었으며[43] 이덕수에게는 자신이 유일하게 모신 스승이다. 또한 이덕수의 동생 이덕해가 박세당의 아들 박태보(1654~1689)의 여식과 혼인을 하였다.[44] 부친의 지기知己인 김창협은 이덕수의 관례 당시 '인수仁叟'란 자를 지어주며 축하해 주는 등[45] 이덕수와도 친밀한 관계를 유지하

---

42 『숙종실록』 숙종 25년 기묘(1699) 2월 11일 기사, 〈전 평안도 관찰사 이징명의 졸기〉, "이징명은 인품이 넓고 소탈하여 속이고 거리끼지 않았으므로, 조정에 벼슬하면서 器局이 무거움을 보였고, 또 강개하고도 의기가 있었다. …… 그러나 그의 言議가 駁雜하고 교유가 너무 넓어서 사람들이 이를 병통으로 여겼다."

43 朴世堂, 〈京畿道觀察使李公神道碑銘〉, 『西溪集』 권12, "世堂於公有三世之懽."

44 李德壽 〈亡弟大仲墓表〉, 『西堂私載』 권11, "娶定齋朴公泰輔之女 無子 其兄寃號神祗 旣無所及."

45 金昌協, 〈李生德壽字仁叟祝辭〉, 『農巖集』 권26, "始李生之冠也 余以其大

였다.[46] 서종태는 이덕수에게 중표형中表兄이 되는데 일찍부터 이덕수의 문학적 재능을 높이 평가하였다.[47] 무엇보다 『서당사재』에 수록된 이덕수의 시는 1693년(21세) 이후의 것들인데, 서종태의 문집인 『만정당집』에는 1690년(이덕수 18세) 이덕수와 나눈 시 3제 4수가 수록되어 있어 눈여겨볼 만하다.[48] 최규서는 이덕수의 첫 번째 부인 해주최씨의 숙부로 이들은 인척 관계에 있기도 하였다.

이덕수의 동년배나 후배 중에서는 정석조, 이태좌 · 이정좌 형제와 이광좌, 신성하 · 신정하 형제, 조문명 · 조현명 형제, 정광은 등이 세교로 교유가 계속 유지된 인물이다. 정석조 집안과 이덕수 집안은 4대의 세교가 있었으며, 정석조가 세상을 뜬 3년 후인 1718년 그의 딸과 이덕수의 아들 이산배가 혼인을 하며 사돈 관계가 된다.[49] 이태좌 · 이정좌, 이광좌는 이항복의 현손으로 재종형제지간이며 이덕수의 집안과 여러 대에 걸친 세의가 있었다. 이덕수는 영조 즉위

人伯祥公之命 爲賓而字之 此其祝命之辭也."

46 소론의 대표 인사였던 박세당과 노론의 핵심인물인 김창협에 대한 이덕수의 입장에 대해서는 이승수가 「17세기 후반 노소분기의 고민과 선택 - 서계 박세당의 고제자 서당 이덕수」와 「서당 이덕수의 사우 관계」에서 자세히 고찰하고 설명한 바 있다.

47 徐宗泰, 〈贈李弟仁老小序 辛未春〉, 『晩靜堂集』 권11, "中表弟全城李仁老資敏而嗜學 年甫弁 文業已傑然 伏其倫類 風致散朗 不自拘拘而修外."

48 徐宗泰의 『晩靜堂集』 권2에 수록된 〈杜門悄寂 甚懷李弟仁老德壽 而不可見 且聞其日耽雜書 吾伊太勞 一詩以寄之〉, 〈仁老次韻以來 時三冬無雪 歲且盡而始大雪 仁老復以詠雪一律來 遂次贈〉 2수, 〈瀕行李弟仁老 以詠物言志古體數篇寄來 途中悤悤漫次 歸輒寄之 不細點檢也〉는 1690년에 지어진 시이다.

49 李德壽, 〈大丘判官鄭君墓碣銘〉, 『西堂私載』 권8, "德壽與君有五世之歡 亡兒山培 又壻於君之女弟."

(1724년) 후 영의정 이광좌의 추천으로 경종실록 당상에 제수 되며,[50] 이태좌와 이정좌 형제는 이덕수보다 10살 이상 많았기에 이덕수가 어려서 많은 것을 배우고 형처럼 따랐다고 한다.[51] 신성하·신정하 형제의 부친 신완과 이덕수의 부친 이징명은 함께 관직생활을 하며 친분이 있었으며, 1706년 신성하의 딸이 죽었을 때 지은 〈신형성하녀만申兄聖夏女挽〉 2수가 문집에 수록되어 있고 1715년 7월 신정하가 병마평사로 함관咸關으로 갈 때 〈송신정보서정하送申正甫序靖夏〉를 써 주었다. 조문명·조현명 형제가 선친의 묘지명을 부탁하면서 "집사와 저희 가문의 관계를 볼 때 의리상 사양할 수 있겠습니까?"[52]라고 한 것으로 보아 이들과의 세교가 인정된다. 이들 형제는 영조 집권 전반 소론 입장에서 탕평론을 주도한 인물로, 이덕수가 관직에 나아간 이후에도 다수의 시를 주고받았으며, 교분을 두텁게 유지해 나갔다.

정광은(1698~1733)과는 그의 할아버지 정순양, 아버지 정수연과도 약간의 교분이 있었으며, 같은 마을에 살면서 나이 차이는 있었지만 정을 나눔에는 거리가 없었다고 한다. 게다가 이덕수의 아들 이산배와 친형제처럼 지냈었는데,[53] 정광은 역시 이산배가 세상을 뜬 일 년

50 『영조실록』 영조 즉위년 갑진(1724) 11월 20일 기사, 〈간성 군수 이덕수 등을 실록 당상으로 차정하는 일에 관해 이광좌·조태억과 논함〉 참조.

51 李德壽, 〈左議政李公神道碑銘〉, 『西堂私載』 권9, "德壽以通家之故 自幼獲習於公 公又嘗薦其文於朝."; 〈繕工監副正李公墓碣銘〉, 『西堂私載』 권8, "余與公有屢世之誼 自少視公如兄."

52 趙顯命, 〈與李參議仁老德壽書〉, 『歸鹿集』 권13, "執事於鄙家事 義可得而辭乎."

53 李德壽, 〈祭鄭質夫文〉, 『西堂先生集』, 154면, "念我與子 其居同閈 齒有老

후에 요절하자 이덕수는 매우 비통해하였다.

이덕수는 어려서 아버지를 따라 오랫동안 지평의 부연에서 살았고 11세 때(1783년)에 서울로 이사를 온 후 이경규, 윤유·윤순 형제와 죽마고우가 되었다. 동갑내기인 이경규(1673~1703)와는 같은 동네에서 같은 글방에서 함께 공부하였으며 하루만 만나지 않아도 서로 서운하게 생각하여 찾아다닐 정도로 친밀한 사이였으나,[54] 이경규는 1703년 1월 31세의 나이로 요절하였다. 이는 이덕수가 처음으로 겪어본 절친한 친구의 죽음이었으며 그 애통함을 〈이문보만李文甫挽〉 10수에 절절하게 담아내었다.

이덕수는 12세 때(1684년) 이웃 마을에 사는 윤유(1674~1737)·윤순(1680~1741) 형제와 죽마고우가 되어 줄곧 절친한 친구로 지냈다.[55] 훗날엔 이덕수의 셋째 딸이 윤유의 아들로 윤순의 양자가 된 윤득여尹得輿와 혼인하며 이들은 사돈 관계가 된다. 윤유와 윤순 형제는 이덕수에게는 여러 측면에서 교유의 즐거움을 맛보게 해준 인물이었다. 우선 이들 형제는 이덕수에게는 매우 드물게 오십 년이 넘는 세월 동안 교의交誼의 편안함을 향유할 수 있게 해준 인물이다. 이덕수와 윤순은 1713년에, 윤유는 1718년에 과거에 급제하여 벼슬길에 올랐으며, 모두 소론계열의 문인이었기 때문에 조정에서도 당론을 신경 쓰지 않아도 되는, 편안하고 자연스럽게 대할 수 있는 친

少 情無阻間. …… 子與吾兒從遊有年 其所周旋若弟兄."

54 李德壽, 〈李文甫墓誌銘〉, 『西堂私載』 권10, "余幼從先君子 久居砥平之釜淵 及年十一而至京 始與文甫定交. 文甫與余同生於癸丑七月 而其日差先於余. 遊同方學同業 苟一日不相見 則其心悵然不樂也."

55 李德壽, 〈祭尹伯脩文〉, 『西堂先生集』, 155면, "追惟甲子 兩俱羈角城西把臂一笑莫逆篠驂之戲."

구였다. 게다가 이덕수는 문장에, 윤순은 서예에 능해 당대에는 이덕수의 비지문에 윤순의 글씨를 받는 것이 유행하였다고 하니 이들은 서로를 빛나게 해주는 친구이기도 하였다.

이 외에도 이덕수가 당색이 다른 인물들과 다양한 교유를 할 수 있었던 데에는 사리에 어긋나는 당론에는 절대 가담하지 말아야 한다는 부친의 당부가 적잖은 영향을 끼친 것으로 볼 수 있다. 이에 대해서는 다음 장에서 살펴보기로 한다.

(3) 평생 지속된 참된 교유

위에서 살펴보았듯이 이덕수의 교유인물 중 적지 않은 인물이 세교가 지속된 것으로 어렸을 때부터 교유가 시작되었음을 알 수 있다. 그리고 [표 1]에서 제시한 주요 교유인물들을 이덕수의 문집이나 그 교유인물의 문집에 수록된 시문 등을 통해 대략적인 교유 시점을 추정해보면 대부분이 이덕수가 관직에 나아가기 전인 1716년 이전에 교유가 이루어졌던 인물임을 확인할 수 있다. 이는 이덕수의 나이가 이미 40을 넘긴 시점이었기에 자연스러운 일이긴 하나, 1744년 72세의 나이로 세상을 뜰 때까지 줄곧 관직에 있었으므로 그 이후에 교유가 시작되었거나, 활발한 교유가 있었던 인물을 찾아보는 것도 이덕수의 교유관계 특징을 찾는 단서가 될 수 있다. [표 1]에서 제시된 교유인물 44인 중에서, 우선 문집에 수록된 작품이 1716년 이후의 것인 인물 중에서 기타 文의 내용 등을 통해 1716년 이전에 교유가 있었음이 확인되는 조정례, 정광은, 김도수, 홍치중, 홍제유, 유척기를 제외하고 나면, 1716년 이후에 교유가 시작되었을 것으로 추정되는 인물은 심명철, 송성명, 송질, 정우량, 서명유, 채팽윤, 오광운, 이병연, 이병성, 김재로, 최종주 등 11인이다. 이 중에서 심명철은 그의 아들 심용과 이덕수의 둘째 딸이 1720년 혼인을 하며 사돈 관계가 된 인물이며, 서명유는 이덕수가 1739년(67세)에 양주로 하향했을 때 이웃해 살며 당시 자주 함께 집 주변의 산수를 노닐며 즐거운 시간을 보냈던 인물로 그 당시에 지은 시 5수가 문집에 수록되어 있다.[56] 그 외 9인은 혹 그 이전에 안면은 있었을 수도 있지만 이덕수가 관직에 오른 이후 본격적인 교유가 시작되었거나 좀 더 친밀해진 경우인 듯하다. 그중 채팽윤, 오광운, 이병연, 이병성, 김재로, 최종주는 당색이 다른 인물이라는 점도 눈여겨볼 만하다. 이에 대해서는 다음 장에서 좀 더 자세히 살펴보기는 하겠지만, 이병연 · 이병성 형제, 김재로 역시 1716년 이전에 이미 교유가 있었던 것으로 보인다.

이와 더불어 이덕수보다 먼저 세상을 떠난 인물들에 대한 만시나 제문 혹은 비지문 등의 유무도 함께 고려해볼 만한 사항이다. 이덕수는 72세(1744년)의 나이로 세상을 떴는데, 44인의 인물 중 이덕수보다 늦게 세상을 뜬 인물은 박양한, 조현명, 서명유, 정우량, 오광운, 이병연, 김재로, 유척기 등 8인이다. 이 8인을 제외한 36인 중 이덕수가 그 죽음을 애도한 만시나 비지문이 전하지 않는 인물은 신성하 · 이광좌 · 김동필 · 조문명 · 송성명 · 홍치중, 조상경 · 홍중성 · 송질 · 정형익 · 이병성 · 최종주 등 12인인데, 앞의 6명은 그 가족에 대한 만시나 비지문이 존재하는 반면, 뒤의 6명은 동료로서의 성격이 더 강한 인물이며 그들의 마지막까지 지속적인 교유가 이루어졌는지 분명하지 않다.

---

56 李德壽, 〈始定堂記〉, 『西堂私載』 권4, "以吾之家於大灘也 與徐持卿居相隣. 朝夕步屧 相從於桑陂麥壟之間 又或拏舟沿洄龍岩下 賞花打魚 以窮世外之樂 非一日也."

지금까지 이덕수가 교유한 주요 인물들에 대해 살펴보았는데, 그의 교유관계는 그리 폭넓은 편은 아니었으며, 대인관계도 적극적으로 맺지는 않았던 것으로 판단된다. 그와 친밀하게 지낸 인물들 상당수가 세교가 지속된 경우이며, 후배의 경우에는 그들이 동생이나 아들의 절친한 친구였다는 사실에서도 그러함을 짐작해 볼 수 있다. 여기에는 이덕수가 8세 때 중병을 앓은 이후로 청각장애를 갖고 있었다는 점도 적잖은 영향을 미쳤을 것으로 보이며, 당색이 중시되는 당시의 사회 분위기로 인한 한계도 작용했을 것이다. 하지만 그는 교유의 폭이 넓지는 않은 대신, 교유가 시작된 사람들과는 참된 우정을 쌓으려 진심을 다해 교유했던 것으로 보인다. 이덕수가 조중례(1664~1725)를 애도하며 쓴 〈조화중애사趙和仲哀詞〉에서 이덕수의 우정관을 엿볼 수 있다.

> 이로움으로 벗을 사귀는 자는 이로움이 다하면 떠나가고, 이름으로 벗을 사귀는 자는 이름이 오래되면 싫증을 내며 떠나는 것으로 끝날 뿐이다. 혹 말할 때 조금이라도 맞지 않는 것이 있으면 처음에는 친해도 결국에는 소홀해지고, 혹 서로 친한지 이미 오래돼서 갑자기 절교할 수 없으면 겉으로는 비록 기쁜 듯 억지로 이야기하며 웃지만, 속으로는 아교가 물을 보고 떨어지는 것처럼 한다. 무릇 세상의 사귐은 그 실태가 이와 같다고 볼 수 있다. 그러나 화중은 그렇지 않았으니, 내가 잘못하면 바로잡아 주고, 내가 잘하면 자기 일처럼 기뻐해 주었으며, 궁하면 주선해주고 어려우면 급히 도와주었는데 20년 동안 한결같았다.[57]

57 李德壽, 〈趙和仲哀詞〉, 『西堂先生集』, 139면, "以利交者利盡而離 以名交者名久而厭 則亦歸於離而已. 或言議之際有少不相合 則始親而終疎 或相熟旣久不可遽絶也 則外雖詡詡强語笑 而其中則猶膠之見水乖然解矣. 凡世之

이덕수는 당시의 바람직하지 못한 교유관계를 자주 목도하며 자신은 그런 잘못된 교유를 하지 않기 위해 주의했던 듯싶다. 앞서 살펴본 것처럼 그의 주요 교유인물 대부분이 그가 관직에 오르기 전인 1716년 이전에 교유관계가 이루어졌으며, 또 그중 상당수가 그들이 죽을 때까지 줄곧 친분을 유지하였음을 알 수 있는데, 이는 이덕수가 그만큼 한번 맺은 인연을 마지막까지 소중히 생각하며 유지해 나갔다는 증거라고 받아들여도 무방할 것이다.

3. 당색이 다른 인물과의 교유 및 그 한계

1) 당색이 다른 인물과의 교유

주지하다시피 17세기 후반부터 18세기 전반에 이르는 시기는 정치적으로 노소 갈등이 점차 첨예해지고 격렬해지던 시기였다. 이러한 시국과 세태를 걱정하는 사람도 적지 않았는데, 이덕수의 부친 이징명 역시 그러하였다. 그리하여 아들인 이덕수에게도 사리에 어긋나는 당론에는 절대 가담하지 말아야 한다고 당부하였으며, 이덕수 역시 부친의 유훈遺訓을 늘 가슴 깊이 새기고 당론에 가담하지 않았으며 그것을 극복하기 위해 노력하였다. 하지만 그로 인해 동배들에게 미움도 많이 샀고 참기 어려운 수모도 많이 당하였다고 한다.[58] 그러하기에 이덕수는 당색이 다르다는 문제로 아예 제대로 된

爲交 其態之可見如此. 而獨和仲不然 余失而規之 余得而喜若在己 窮而周焉 難而急焉 二十年如一日."

58 李德壽, 「罷釣錄」 第80則, 『西堂先生集』, 784면, "先君子深以讜論爲憂 恒

교유의 기회조차 가져 보지 못한 이도 있었을 것이고, 교유가 있었어도 제대로 된 교유가 이루어질 수 없었던 한계를 체감하게 했던 이도 있었을 것이다. 이 부분에서는 이덕수가 교유한 인물 중에 당색이 다른 이들만을 대상으로 하여 그들의 교유는 언제 시작되었으며 어떠한 교분을 쌓았는지 살펴보기로 하겠다.

홍태유(1672~1715)의 본관은 남양南陽이며 부친은 홍치상洪致祥으로, 그가 속한 남양 홍씨 가문은 숙종 대 이후 노론을 대표하게 된 명문가이다.[59] 홍태유는 이덕수의 숙부 이징하의 딸과 혼인하면서 이덕수에게는 종매서從妹壻가 되는데, 이를 계기로 이들의 친밀한 교유가 시작되었을 것으로 짐작된다. 이들의 교유에는 문학에 대한 관심과 열정이 큰 역할을 했는데, 교유가 시작된 이후 이들은 새로 지은 작품이 있을 때마다 서로 보여주며 격려하였으며,[60] 장성해서는 서로 도와 예로써 절차탁마하며 잠시도 서로 떠나지 않았다. 1715년 홍태유가 세상을 떠나자 이덕수는 거문고 줄을 끊는 것 같은 고통인 '절현지통絶絃之痛'을 느꼈다고 하니,[61] 이들은 서로의 일생에서 지음

言我國必以讜論而亡. 吾雖無才學可以裨補世道 豈可心知其爲亡國之事 而推渡助爛靡然同歸也. 爲吾子孫苟體余意 必不爲乖激之讜論 其爲乖激之讜論者 決非賢子孫也. 先君子平日所言如此. 故余於立朝之後 不敢馳逐上下以效排軋之習. 雖以比見嫉儕流 前後詬辱非常 而終不敢變其素守. 此非獨資性懦拙 專由先訓切至之致 此亦吾子孫所當知者也."

59 구본현, 「내재 홍태유 한시 연구」, 『한국한시작가연구』 14, 한국한시학회, 2010, 118면.

60 李德壽, 『西堂私載』 권3, 〈耐齋集序〉, "公長余一歲 少相狎也 每有新作 輒以相示. 余不詣公 公必造余 盖驩然相得."

61 李德壽, 〈贈司憲府持平洪公墓誌銘〉, 『西堂先生集』, 385면, "公於德壽 爲從妹壻. 自少情愛甚洽 壯則相磨切以道藝 蓋不忍暫時違也. 及公歿也 便有絶

知音같은 존재였다. 이덕수의 문집에 홍태유 관련 시가 9제 12수 수록되어 있으며, '문文'에 대한 자신의 인식을 밝힌 〈증홍백형서贈洪伯亨序〉, 〈내재집서耐齋集序〉, 제문, 묘지명 등이 전하고 있으며. 홍태유의 『내재집耐齋集』에도 이덕수와 나눈 시 3제 5수와 편지가 수록되어 있어 그들의 각별한 관계를 확인할 수 있다.

홍태유의 부친 홍치상은 기사환국(1689) 때 유배된 뒤 사사賜死 되었는데,[62] 그 가화家禍 이후 홍태유는 여러 차례 아버지의 억울함을 호소하였지만 오히려 더 상황이 악화되자 세상에 대한 미련을 버리고 1702년 여주로 내려가 이호梨湖에 내재耐齋를 짓고 우거하며 지내다 1707년에는 가족들을 모두 여주로 이끌고 이주하였다. 그렇게 평생 벼슬을 하지 않고 학문에 전념하면서 산천의 유람을 즐기며 살아갔는데, 이러한 이유로 그에게서 특별한 당파적 면모가 발견되지 않는 것이라 짐작해 볼 수 있다.

홍치중(1667~1732)의 본관은 남양南陽이며 부친은 홍득우洪得禹이다. 홍치중은 노론에 속해 있었지만 격렬한 대립을 반대하는 완론緩論에 속했고, 노론 탕평을 이끌었던 인물로 영의정을 지내기도 하였다. 홍치중은 홍태유의 종숙부로, 1730년 영의정으로 있을 당시 홍태유의 문집 『내재집』의 간행비를 댔으며, 홍태유를 매우 아꼈다.[63] 따라서 이들의 교유에는 홍태유가 매개 역할을 했을 것이며 이덕수

絃之痛 今二十五季矣而猶一日."

62 이에 대해서는 『숙종실록』 숙종 28년 임오(1702) 1월 10일 기사, 〈홍치상의 아들 홍태유가 그의 아비를 위해 격쟁하여 호소한 원사의 내용〉 참조.

63 李德壽, 〈耐齋集序〉, 『西堂私載』 권3, "凡工役之費 出於今首揆公爲多. 首揆公名致中 公之從叔父 而知公惜公爲深."

역시 그를 홍숙洪叔이라 부르며 친분을 유지해 나갔던 듯하다. 홍치중은 사람됨이 자애롭고 신실하며 침착하고 중후하여 평생토록 남을 해롭게 하거나 미워하는 행동과 급히 서두는 얼굴빛이 없었다는[64] 평을 받는 사람인 만큼 이덕수와는 당색이 달랐어도 무난한 교유가 이루어졌을 것으로 보인다. 게다가 이덕수는 〈증홍숙사능서贈洪叔士能序〉에서 "당론이 세상의 폐해가 된 지 오래되었습니다. 사대부들이 이를 걱정스럽게 여기면서도 결국 모면하지 못하고 자신이 그 전철을 밟는 바람에 휩쓸리듯이 다 함께 돌아가고 마는데, 그 이유는 무엇인가 하면 이해利害에 이끌리거나 희노喜怒에 동요되어 그렇게 된 것 뿐입니다. …… 사능은 의논을 견지하면서 마음과 입이 상응하는 사람이고 이해에 이끌리거나 희로에 동요하지 않은 사람입니다. 대체로 의논을 견지하면서 마음과 입이 상응하고 이해에 이끌리거나 희로에 동요하지 않는 것은 사능께서 본래 타고난 천품이 다른 사람보다 뛰어났기 때문입니다."[65]라며 당론의 폐해 속에서도 홍치중은 그 바람에 휩쓸리지 않은 인물이라 인식하였다. 그러나 이덕수의 평가와는 달리 홍치중의 정치에 대한 평가는 "다만 이해利害를 돌아보

64 『영조실록』 영조 8년 임자(1732) 6월 23일 기사, 〈영의정 홍치중의 졸기〉, "홍치중은 사람됨이 자애롭고 신실하며 침착하고 중후하여 평생토록 남을 해롭게 하거나 미워하는 행동과 급히 서두는 얼굴빛이 없었다. 다만 利害를 돌아보고 계교가 多端하여, 무릇 邪正과 賢愚의 사이에서 엄격하게 분변하지 못했기 때문에 정승의 업적으로는 일컬을 만한 것이 없었다."

65 李德壽, 〈贈洪叔士能序〉, 『西堂私載』 권3, "黨論之爲世道害久矣. 搢紳大夫類能爲憂 而卒不免以身蹈之 靡然同歸 此其故何哉? 不過曰利害之所牽 喜怒之所動 如斯而已矣. …… 士能氏能持論 而心與口相應者也 能不牽於利害 不動於喜怒者也. 夫持論而心與口相應 不牽於利害 不動於喜怒 此固士能氏天資之過人者."

고 계교가 다단多端하여, 무릇 사정邪正과 현우賢愚의 사이에서 엄격하게 분변하지 못했기 때문에 정승의 업적으로는 일컬을 만한 것이 없었다."며 박한 평가를 받았다.

이덕수는 홍치중보다는 그의 아들 홍제유(1689~1721)와 친분이 더 두터웠다. 홍제유는 이덕수의 동생 이덕해(1689~1715)의 절친한 친구로 열두세 살 무렵에 함께 이덕수에게 당시唐詩를 배웠으니[66] 제자이기도 하다. 하지만 불행히도 이덕해는 1715년 27세에, 홍제유는 1721년 33세에 요절하였다. 그의 죽음에 대한 비탄이 만시 〈홍중경만洪仲經挽〉에 절절하게 담겨 있는데, 그중 제1수에 그들의 인연과 친분이 오롯이 담겨 있다.

그대가 내 동생과 교유할 때	君與吾弟遊
나는 그대를 내 동생처럼 생각하였지	我視如吾弟
내 동생이 세상을 떠난 뒤	我弟故黃壤
이제 7년이 지났다네	于今經七歲
그대 마주하고 내 동생 말을 했었는데	對君話吾弟
흐르는 눈물 멈출 수가 없네	有淚不能制
내 동생이 되살아날 길이 없건만	我弟無起日
그대마저 또 멀리 떠났구나	君今又長逝
슬프도다. 나의 이 궁박한 신세여	悲哉我之窮
남은 날을 어떻게 살아가야 하나	餘日其足計
시 지어 그대 떠남 배웅하자니	題詩送君去
목메어 울며 피눈물을 흘리네	嗚咽血和涕[67]

66 李德壽, 〈愛嬾子文稿序〉, 『西堂私載』 권3, "仲經與吾弟大仲 遊相好 方年十二三 與大仲受讀唐詩於余."

67 李德壽, 〈洪仲經挽〉 4수 중 제1수, 『西堂私載』 권2.

홍제유는 종조형인 홍태유와 함께 서로 격려하며 고문사古文詞를 지었는데 문장에 대한 안목이 상당히 높아서 홍태유가 깊이 탄복하였다고 한다.[68] 그의 문집으로 『애란자문고愛蘭子文稿』가 있는데 1730년에 간행된 홍태유의 문집 『내재집』 초간본에 부록으로 붙어 있다.[69] 홍제유는 1717년 사마시에 합격을 하고 1721년 참능 참봉에 제수되었으나 벼슬에 나아가지 않았으며 그해 가을 세상을 떴다는 사실도[70] 이들의 교유에 당색이 개입할 여지는 별로 없었을 것이다.

이현익(1678~1717)의 본관은 전주全州이며 부친은 이홍李泓이다. 문집으로는 『정암집正菴集』이 전해진다. 그는 송시열의 제자인 권상하와 김창협에게 수학하였으며, 18세기 낙학계열의 학자로 인식되는 만큼 노론계열의 학자로 분류된다.[71] 그는 40세의 짧은 인생 동안 관직 생활보다는 학행으로 이름이 났는데, 문장보다는 경술에 보다 명성이 있었다. 그의 문집 『정암집』의 내용은 대부분 경학과 성리설에 관한 것이며, 왕자로 있던 영조의 사부로 천거 받아 『대학』을 강의한 경력도 있는 만큼 그의 경술은 당대에 어느 정도 인정을 받았다.[72]

68 李德壽, 〈愛懶子墓表〉, 『西堂私載』 권11, "與從祖兄耐齋公相磨勵 爲古文詞 耐齋公文眼高一世 於人少許可 獨深服愛懶子."

69 한국고전문학 DB에 있는 『내재집』(한국문집총간 187)은 1754년에 중간된 것으로 『애란자문고』가 제외되어 있다. 『애란자문고』는 디지털 장서각(https://jsg.aks.ac.kr/)을 통해 볼 수 있다.

70 李德壽, 〈愛懶子墓表愛〉, 『西堂私載』 권11, "丁酉 擢司馬一等 辛丑 除章陵參奉 不就 其秋七月二十四日 得疾不起 得年三十三."

71 이선열, 「정암 이현익의 사단칠정론」, 『율곡학연구』 32, 율곡학회, 2016, 112면.

72 전재동, 「정암 이현익의 『논어』 해석 연구」, 『국학연구』 18, 한국국학진흥원, 2011, 333~334면.

이덕수와 이현익은 1690년대 초반부터 교유를 시작하였다. 이덕수는 1703년 숙부를 따라 황해도로 떠나는 이현익이 한마디 말을 요청하자 학문적 실천을 권면하는 〈송이중겸서送李仲謙序〉을 써주었다. 거기서 그는 이현익의 자질이 민첩하고 학문을 좋아하며 옛날부터 성현께서 입언하신 대의의 요지를 집어내지 못하는 것이 없었다고 칭찬하면서도 이제 서로를 안지 대략 10년쯤 되었는데 앞으로 더 분발해 줄 것을 권면하였다.[73] 그 글보다 앞선 1702년에는 시를 통해 서로 학문에 대한 의견을 교환하기도 하였다. 그중 한 수를 보면 다음과 같다.

성인의 말씀 본래 평이한 것인데	聖言本平易
세상 선비들은 신기한 것에만 힘쓰네	世儒務新奇
전주가 날마다 많아지니	箋註日以多
도에서 날마다 멀어지네	於道日以離
밝고 밝은 공맹의 가르침	昭昭孔孟訓
대의가 언제 이지러진 적이 있었나	大義何曾虧
힘쓸지어다, 선비들이여!	勖哉吾黨士
취사에 어긋남이 없도록	取捨無或差[74]

73 李德壽, 〈送李仲謙序〉, 『西堂私載』 권3, “余友李仲謙 資敏而嗜學 自古賢聖立言大義 未有不能擧其要者 坐而聽其言 類有得者 纚纚若縷之理析 而水之派分也. 仲謙之年甚少 而其學已能如此 斯固奇矣. 然余知仲謙前後十年 以令而考乎昔 卒未見其大有異焉. …… 歲之癸未 仲謙隨其叔父 有海西之行 索余一言之贈 余於仲謙 非一日之交也 故其贈不以他而以此以附責善之義 且質所疑焉.”

74 李德壽, 〈仲謙昨有詩來 皆非空言無補者 感歎之餘 推其意 次三首〉 중 제3수, 『西堂私載』 권1.

이 시는 '중겸이 어제 시를 지어 보냈는데 허튼 말이 하나도 없어 보충할 것이 없기에 그 뜻을 미루어 차운하여 3수를 지어 화답하다.' 라는 제목의 시 3수 중 제3수이다. 여기서 이덕수는 당시 학문의 잘못된 세태를 비판하며 선비들의 분발을 촉구하고 있다. 이현익의 문집인 『정암집』 권6에는 〈여이인로與李仁老〉 1편과 〈답이인로答李仁老〉 9편이 수록되어 있는데 이들은 시뿐만 아니라 편지를 통해서도 서로 학문에 대해 토론하고 논쟁했음을 알 수 있다. 따라서 학문은 이들 교유의 주요한 매개체였으며, 학문에 중심을 두고 교유를 유지해 나간 것이라 볼 수 있다. 이들의 교유 역시 노소 대립이 격렬해지며 권력 다툼이 본격화되기 이전에 시작되고 유지되었으며, 이현익에 대한 만시 〈이중겸만李仲謙挽〉(1717년)가 있어 이들의 교유가 20여 년 유지되었음을 알 수 있다.

채팽윤(1669~1731)의 본관은 평강平康이며 채시상蔡時祥의 아들이다. 문집으로 『희암집希菴集』이 있다. 채팽윤과의 교유는 이덕수가 관직에 나아가고 난 이후에 본격적으로 이루어졌다는 점과 그가 남인계 인물과도 교유한 사실을 보여준다는 점에서 주목할 만하다. 채팽윤은 6, 7세 때부터 신동으로 이름이 났으며, 21세(1689년) 증광문과 갑과로 급제하여 벼슬길에 오른 이후에는 숙종이 항상 그 뒤를 따르게 하여 매양 한 편의 시가 나오면 번번이 베껴서 대내大內로 들여가니, 이에 시명詩名이 일세一世에 진동하였다고 한다.[75] 하지만 이렇듯 시명을 떨쳤으나, 남인이었던 탓에 갑술환국 이듬해인 1695년부터 관직을 떠나 오랜 기간 야인으로 살아가야 했다. 이덕수는 "나의 벗 채중기는 현명하고 재주가 있는데 특히 그 시는 더욱 고인

75 『영조실록』 영조 7년 신해(1731) 12월 29일 기사, 〈전 참판 채팽윤의 졸기〉

古人의 경지에 근접했다. 일찍이 등과하여 조정에서 벼슬을 했는데 당적에 연좌되어 한번 버려지고 복관되지 못한 채 30년을 보냈다."[76]며 뛰어난 인재임에도 불구하고 남인이기 때문에 제대로 쓰임 받지 못한 것을 안타까워했다.

이들의 교유가 언제부터 시작되었는지는 분명하지 않다. 다만, 채팽윤이 1721년 12월 다시 관직에 올라 3년간 양양부사로 있었으며 이덕수는 경종 3년(1723) 11월 간성부사로 좌천되어 갔는데, 이때 본격적인 교유가 이루어진 것으로 보인다. 이들은 두 지역의 경계가 서로 잇닿아 있어 자주 만나서 시주詩酒로 자연 속에서 홍취 높게 놀았으며 그 만남이 심히 즐거웠다고[77] 하니 이 무렵에 상당히 친해진 듯하다. 이 당시에 지은 시 〈증양양졸채중기贈襄陽倅蔡仲耆〉 등 5제 8수가 문집에 수록되어 있어 이들이 당시에 얼마나 활발히 교유하였는지 알 수 있다. 그리고 1725년 여름 채팽윤이 무주 부사로 좌천되어 호남으로 내려갈 때 이덕수는 〈송채중기서送蔡仲耆序〉를 통해 채팽윤이 그곳에 가서 훌륭한 부사가 될 수 있을 것이라 격려하기도 하였다.[78]

1731년 채팽윤이 세상을 뜬 후 이덕수는 만시에서 "筆下雲濤湧 樽前日月遲, 回頭陳跡遠 衰涕暮江湄."[79](붓 아래에서는 구름 파도가 용

---

76 李德壽, 〈送蔡仲耆序〉, 『西堂私載』 권3, "吾友蔡仲耆賢而有才 其詩尤逼古人. 嘗釋褐位于朝矣 坐黨籍 一斥而不復者 三十年."

77 李德壽, 〈送蔡仲耆序〉, 『西堂私載』 권3, "年前余與仲耆 俱官嶺東 仲耆得襄陽 而余得扞城 壤相接也 相與詩酒跌蕩於海山之間 其遊甚驩."

78 李德壽, 〈送蔡仲耆序〉, 『西堂私載』 권3, "夫人之有窮達屈伸也. 如天之有寒暑 一歲之中 氣不能均 而有偏寒偏暑之異. 人之多窮少通 或伸多屈少 亦猶是. 故君子以爲常理而安之若命焉."

솟음쳤고, 술동이 앞에서는 세월이 더디게 갔었네. 머리 돌리니 옛 자취는 멀어지고, 해 저문 강가에서 이 늙은이 눈물만 흘리네.)라며 함께 시를 짓고 술을 마시며 즐거워했던 시간도 이제는 그와 함께 사라져버린다는 사실을 애통해 하는 마음을 담백하게 담아내었다. 이덕수의 문집에 채팽윤과 나눈 시 6제 11수(1724년 5제 10수, 1729년 1수)의 시가 수록되어 있으며, 채팽윤의 문집에는 이덕수와 나눈 시 2제 13수(1724년 1제 10수, 1729년 1제 3수)가 수록되어 있다. 이로 보아 이들은 채팽윤이 세상을 뜬 1731년까지 줄곧 친밀한 관계를 유지했음을 알 수 있다. 그리고 이들은 학문보다는 문학, 특히 시가 그들 교유의 주된 매개체 역할을 했으며, 거기에 더해 시를 통해 서로의 마음을 허심탄회하게 털어놓기도 하고 서로를 위로하기도 하였다.

1735년 이덕수가 두 번째로 대제학이 되었을 때 당파를 초월한 파격적 추천이라 할 만한 남인계인 오광운(1689~1745)을 홍문관 제학에 천거하였다.[80] 이는 채팽윤을 통해 그의 제자인 오광운의 뛰어난 능력에 대해 알고 있었을 뿐만 아니라 그 자신도 그 능력을 인정했기 때문일 것이다. 이덕수의 문집에는 오광운과 관련한 직접적인 시문은 없지만, 24세의 나이로 요절한 그의 아들 오대관(1711~1734)에 대한 〈오대관애사吳大觀哀詞〉와 〈병조좌랑오군묘지명兵曹佐郎吳君墓誌銘〉이 전한다. 이덕수 역시 자신의 아들 이산배를 서른이라는 젊은 나이에 떠나보냈기에 애사에서 "나도 일찍이 이런 슬픔을 겪었으니 내가 슬퍼했던 마음으로 영백을 슬퍼하면 이는 다른 사람들이

79 李德壽, 〈挽蔡仲耆〉 3수 중 제 3수의 경련과 미련.

80 『영조실록』 영조 12년 병진(1736) 12월 16일 기사, 〈홍문관 제학 오광운이 붕당 득실의 다툼에 분개하여 사직하니 윤허하지 않다.〉

영백을 슬퍼하는 것과는 다르리라."[81]며 동병상련의 비통함을 드러내었다. 하지만 오광운의 문집인 『약산만고』에도 이덕수와 관련한 시문이 하나도 수록되어 있지 않은 것으로 보아 그들은 같이 관직 생활을 하는 동안에 이루어진 동료로서의 교유 정도에 그친 것으로 보인다.

이덕수는 영조시대 최고의 시인으로 일컬어지는 이병연(1671~1751)과 그의 동생 이병성(1675~1735)과의 교유도 확인된다. 이들의 본관은 한산韓山이며 부친은 이속李涑이다. 이들과의 교유가 언제부터 시작되었는지 분명하지 않으나 이들 형제가 김창협·김창흡의 문인이었으므로 이덕수가 젊은 시절 부친의 지기인 김창협을 웃어른으로 모실 때 어느 정도 교유가 있었을 것으로 짐작된다. 이들 형제는 노론에 들기는 하지만 시인이나 학자로서의 면모가 강했으며, 대과에 합격하지 못해 청요직을 역임하지 않았던 것도 이덕수와 이들이 당색에 구애받지 않고 교유할 수 있었던 요인이 되었을 것이다. 문집에서 이덕수와 이들 형제의 교유를 확인할 수 있는 시는 이병성이 1731년 간성부사로 갈 때 지어준 〈송이자평부임간성送李子平赴任杆城〉 9수와 이병연이 1732년 삼척부사로 갈 때 지어준 〈차삼척졸리일원운次三陟倅李一源韻〉(1732) 뿐이지만, 이병연의 문집인 『사천시초』에 이덕수가 1716년 3월에 문의현령으로 부임해 갈 때 써준 〈증별이인로출재문의현贈別李仁老出宰文義縣〉이 수록되어 있는 것으로 보아 꽤 오랜 기간 교유를 유지했음을 알 수 있다.

김재로(1682~1759)의 본관은 청풍淸風이며 부친은 김구金構이다.

---

81 李德壽, 〈吳大觀哀詞〉, 『西堂先生集』, 140면, "以余之嘗有斯戚也 以所自悲者而悲永伯 則其與他人之悲永伯者 爲不類矣."

1718년 3월 김재로가 부모 봉양을 위해 관북 안변부로 가게 되었을 때 이덕수가 준 글 〈송김중례서送金仲禮序〉에서, "나의 벗 김중례는 타고난 성품이 담담하고 단아하여 조정에 나온 지 10년쯤 되었으나 어긋나거나 과격한 발언을 한 적이 없었다."[82]라고 한 것으로 보아 이덕수와의 교유는 이미 여러 해 되었던 것으로 보인다. 이덕수는 그 글에서 당론의 폐해에 대해 서술한 후 "김중례가 훗날 조정으로 돌아왔을 때 양심에 따라 의논을 견지하여 너무 심하게는 하지 말고 마음과 입이 상응하지 않게 하지 말고 당인黨人의 사적인 호오好惡에 이끌리지 말았으면 한다. 이를 스스로 힘쓰고 또 조정에 나온 여러 군자들을 면려해 준다면 나는 김중례가 필시 세상의 명재상이 될 줄로 안다."[83]며 그의 앞날을 축복하며 예견하였다. 실제로 김재로는 1735년 좌의정에 올랐으며, 1740년 영의정에 오른 후 1758년 관직을 떠나기까지 네 차례에 걸쳐 10여 년간 영의정을 지냈다. 또한 "집에서는 부지런하였고 나라의 일을 잠시도 잊어버리지 않았으니, 재상의 기풍이 있다고 이를 수 있다."는 좋은 평가를 받았다.[84] 김재로는 노론에 속해 있었지만 격렬한 대립을 반대하는 완론緩論에 속했고, 노론 탕평을 이끌었던 인물이었기에 이덕수와 우호적 교유를 유지했을 것으로 여겨지지만 문집에 수록된 시문은 〈송김중례서送金仲禮序〉

82 李德壽, 〈送金仲禮序〉, 『西堂私載』 권3, "余友金仲禮 姿性恬雅 其立朝前後十年 未嘗有乖激之言議."

83 위의 글, "苟仲禮異日還朝 其率心持論 勿爲已甚焉 勿使心之與口 有不相應焉 勿牽於黨人之私好惡焉. 旣以自勉 又以勉於立朝之諸君子 則余知仲禮必爲世之名公卿."

84 『영조실록』 영조 35년 기묘(1759) 10월 15일 기사, 〈봉조하 김재로가 죽자 성복하고 친림하겠다고 하다〉

뿐이다.

유척기(1691~1767)의 본관은 기계杞溪이며 부친은 유명악兪命岳이다. 문집으로는 『지수재집知守齋集』이 전한다. 1713년 대구 판관으로 부임하는 부친을 따라 내려가는 유척기가 글을 부탁하자 〈증유생척기서贈兪生拓基序〉를 통해 독서와 작문의 방법에 대한 조언을 해주었다. 유척기는 1714년 증광 문과에 병과로 급제하였다. 1739년 우의정에 오른 유척기는 신임사화 때 세자 책봉 문제로 연좌되어 죽은 김창집 · 이이명 두 대신의 복관을 건의해 신원伸寃시키는 등[85] 노론의 지도자로 성장하였다. 이덕수의 문집에 수록되어 있는 시문은 〈증유생척기서贈兪生拓基序〉 한 편뿐이며, 유척기의 문집인 『지수재집』에는 이덕수 관련 시문은 한 편도 수록되어 있지 않은 것으로 보아 이들의 교유는 처음에는 학문적 선후배로 시작하였으나 둘 다 관직 생활을 하게 된 이후에는 동료 수준의 교유이었을 것으로 보이며, 당색의 차이 특히 유척기가 노론의 지도자로 성장하는 과정에서 보여진 노론 색채도 교유의 장애가 되었을 것으로 여겨진다.

이 외에도 신임사화와 정미환국 등 소론이 집권했을 당시 관직을 삭탈 당했던 것으로 보아 노론계 관료로 분류할 수 있는 정형익(1664~1737), 최종주(1683~1737)와의 교유도 확인된다. 정형익의 본관은 동래東萊이며 부친은 정제선鄭濟先이다. 정형익은 56세(1719년)라는 늦은 나이에 증광문과에 급제한 인물이며,[86] 이덕수의 문집에는 1707

85 『영조실록』 영조 15년 기미(1739) 11월 23일 기사, 〈유척기가 차자를 올려 연차한 대신 등을 伸雪하고 벼슬을 회복하도록 청하다.〉

86 『숙종실록』 숙종 45년 기해(1719) 9월 21일 기사, 〈증광 문과 전시에서 정형익 등에게 문과 급제를 내리다〉

년 주고받은 시 〈목재랑정시해穆齋郎鄭時偕 용정포은시운用鄭圃隱詩韻 부즉사賦卽事 요여공부要與共賦〉와 〈차답시해次答時偕〉가 수록되어 있어 30대 초반에 교유가 있었음을 알 수 있다. 최종주의 본관은 삭녕朔寧이며 부친은 최경수崔慶壽이다. 1730년 이덕수의 아들 이산배가 정시에 입격했을 때 최종주가 축하시를 지어보내자 그에 화답한 시 〈안악사군최문길安岳使君崔文吉 유시하아자등제有詩賀兒子登第 만차기운이견지漫次其韻以見志 시신유최치중지무소時新有崔致重之誣疏〉(안악사군 최문길이 아들의 과거 급제를 축하하는 시를 보내 왔기에 부담 없이 그 글에 화답하여 내 뜻을 말하였는데 이때 새로이 최치중의 무고하는 상소가 있었다.)[87]를 통해 그들의 교유를 확인해볼 수 있다. 하지만 정형익, 최종주와의 교유는 오랜 기간 유지되지는 않았던 것으로 보인다.

2) 당색이 다른 인물과의 교유에서의 한계

이덕수는 부친의 유훈도 있었고, 본인도 명분이 없다고 판단되는 당파 갈등에는 관여하지 않으려 하였으며, '조정의 화합'을 중시하며 당론을 따르는 데 충실하기보다는 그 옳고 그름을 따져가며 자신의 소신에 따르려 노력하였다. 따라서 이덕수는 소론에 속하긴 했으되 당파에 매몰되지 않은 '비판적 중간자'로서의 면모를 지닌 정치인이었다고 평가된다.[88] 그러하기에 앞서 살펴보았듯이 당색이 다른 인

87 이산배의 정시 입격 사건에 대해서는 『영조실록』 영조 6년 경술(1730) 3월 3일 기사, 〈정시의 고관 이덕수의 아들이 입격한 일에 관한 장령 최치중의 상소〉; 영조 6년 경술(1730) 3월 7일 기사, 〈아들이 정시에 입격한 일을 변명한 대사성 이덕수의 상소〉 참조.

물과도 적잖은 교유를 하며 친분을 쌓기도 하였다. 하지만, 그 교유를 살펴보면 그것이 당색을 초월한 교유였다고 명쾌하게 말할 수 있는 정도는 아니라는 것이 필자의 견해이다. 그 이유는 다음과 같다.

첫째, 이덕수가 비록 당론에 좌우되지 않는 교유를 하려고 노력은 했다지만 그렇다고 그것을 전혀 개의치 않았던 것은 아니라는 점이다. 노론계 인물 홍치중에게 준 〈증홍숙사능서贈洪叔士能序〉의 서두는 "黨論之爲世道害久矣"(당론이 세상의 폐해가 된 지 오래되었습니다.)로, 노론계 인물 김재로에게 준 〈송김중례서送金仲禮序〉의 서두는 "黨論之害 至近日而極矣"(당론의 폐혜가 요즈음에 이르러 극도에 달하였습니다.)로, 남인계 인물 채팽윤에게 준 〈송채중기서送蔡仲耆序〉의 서두는 "我朝黨論之行 垂二百年矣"(우리나라 조정에서 당론이란 것이 생겨서 거의 200년을 내려왔습니다.)로 시작한다. 이는 그가 당론의 폐해를 지적하며 자신들은 당론에 얽매이거나 구애받지 말고 참된 교유를 하자거나 그러한 관료 생활을 해야 한다는 의도가 담긴 것으로 볼 수 있지만, 이는 그가 그만큼 당색이 다른 사람과 교유하면서 그것을 분명히 의식하며 교유에 임했음을 엿볼 수 있게 하는 대목이기도 하다. 반면, 홍태유에게 준 〈증홍백형서贈洪伯亨序〉, 홍제유에게 준 〈여홍중경서與洪仲經書〉, 이현익에게 준 〈송이중겸서送李仲謙序〉, 유척기에게 준 〈증유생척기서贈兪生拓基序〉 등에서는 당론에 대한 이야기는 전혀 나오지 않으며, 문장과 학문에 대한 내용이 주를 이룬다. 이러한 차이는 앞의 세 개의 글은 이덕수가 관직에 나아간 1716년 이후에 쓴 글이며, 뒤의 4개의 글은 1716년 이전에 쓴 글이라는 창작 시기의 문제에서 기인한 것일지도 모른다는 추측을 가능하게 한다.

88 유정열, 앞의 논문, 56면.

둘째, 이덕수는 당시의 시대와 조정에서는 덕행이 높고 학문이 깊은 사람인 사군자士君子라 해도 조정에 나아가 벼슬을 하려면 당파를 피할 수 없다는 사실을 받아들일 수밖에 없다고 인식하였다는 점이다.[89] 이덕수가 생각하는 당파에 휩쓸리지 않는 방법은 오직 심구상응心口相應, 즉 마음과 입이 상응하듯 생각과 말이 일치하는 길뿐이라 확신했다. 마음과 입이 상응한다는 것은 마음이 옳게 여기면 입도 옳다고 말하고 마음에 그르게 여기면 입도 그르다고 말하되, 당과 의논하지 않고 마음속으로 따져보고, 당의 말을 듣지 않고 나의 마음이 그렇게 여기면 입도 그렇게 말하는 것이라 하였다. 하지만 그는 자신의 마음과 입이 상응하는 것 중에도 그것이 자신이 속한 당 쪽에서는 옳다 여기지만, 상대 당에서는 그르다 여겨 그로 인해 분란이 일어나기도 한다는 사실은 간과한 듯하다. 1722년 스승인 서계 박세당에게 문절文節이란 시호가 내려지자[90] 이덕수는 1722년 8월 12일 그 시호는 한 절개를 지닌 시골의 선비에게나 맞는 것이지 서계에게는 어울리지 않으니 바꿔줄 것을 요청하는 상소 〈논서계시호소論西溪諡號疏〉[91]를 올린다. 이는 자신이 소론의 핵심인물이었던 박세당의 문도임과 동시에 자신이 소론계에 속함을 보다 분명하게

89 李德壽, 〈贈洪叔士能序〉, 『西堂私載』 권3, "士君子出身而仕于朝 固不免於爲黨矣. …… 不黨乎臧 不黨乎穀 不爲中之立 不爲無是非之論 而唯心與口之相應而已矣. …… 其心是之 則其口亦是之 其心非之 則其口亦非之 不謀於黨而謀於心 不聽乎黨 而聽乎心 心旣然矣 而口亦然 此之謂心與口相應之論也."

90 『경종실록』 경종 2년 임인(1722) 7월 30일 기사, "贈 영의정 남구만은 시호를 文忠으로, 영의정 최석정은 문정으로, 우의정 윤지완은 忠正으로, 판중추 박세당은 文節로 내려 주었다."

91 李德壽, 〈論西溪諡號疏〉, 『西堂先生集』, 614면.

밝힌 것이다. 하지만 박세당이 이경석의 비문을 지으면서 송시열을 배척하고 〈사변록思辨錄〉을 지어 주자朱子를 모욕하였다며 박세당을 집중적으로 비난하는 노론측에서는 곱게 볼 수만은 없는 행위였음은 자명하다.

셋째, 이덕수와 깊은 친분을 유지하며 교유했던 당색이 다른 인물은 그가 관직에 나아가기 전인 1716년 이전에 이미 교유가 시작됐던 인물이라는 점이다. 즉, 이들의 교유가 이루어졌던 시기인 17세기 말과 18세기 초반은 소론과 노론의 분열이 본격화되기 시작한 후이기는 하지만 그렇다고 노소의 권력 다툼이 격렬하게 벌어지던 시기는 아니었다. 또한 이때는 이덕수가 부친의 영향으로 노론의 주요 인사인 김창협과도 친밀한 관계를 유지해 나가고 있었던 시기였다. 그러나 그가 관직에 오른 1716년에 병신처분이 있었고 이후 신임사화를 거치면서 노소간의 정권 다툼으로 인해 그 대립이 더욱 첨예해지고 격렬해졌기에 그 역시 거기서 자유로울 수만은 없었을 것이다. 1716년 이후 교유하게 된 인물 중에는 남인 계열인 채팽윤과만 돈독한 교분을 쌓았을 뿐 나머지와는 단순한 동료로서의 교유 정도에 그친 것으로 보인다. 이는 노론계의 김창흡, 소론계의 이하곤, 여항시인 홍세태와 정래교 등이 벼슬길에서 벗어나 '이문회우以文會友'와 '유어예遊於藝'라는 문학예술중시론을 문학예술분야에 철저히 적용하여 당색과 신분의 고하에 구애받지 않고 문학예술적 교유를 실천했던 것과 견주어 보면 이덕수가 관직에 나아간 이후 나눈 당색이 다른 인물과의 교유에는 적잖은 한계가 있었음을 짐작해 볼 수 있다.[92]

92 이상주, 「18세기 초 문인들의 우도론과 문예취향 - 김창흡과 이하곤 등을 중심으로」, 『한국한문학연구』, 한국한문학회, 1999, 197~228면.

이러한 사실들을 종합해 보면, 이덕수가 당색이 다른 인물들과 적잖은 교유를 한 것은 분명하지만, 그가 관직 생활을 시작하고 난 이후로는 자신이 소론계임을 보다 분명히 드러낼 수밖에 없었던 탓에 당색을 초월한 교유를 했다고 인정할 정도는 아니었다 할 수 있다.

4. 결론

17세기 후반부터 18세기 전반에 이르는 시기는 정치적으로 노소 갈등이 갈수록 심화되던 시기였다. 그런데 이덕수는 소론에 속하긴 하되 당파에 매몰되지 않은 '비판적 중간자'로서의 면모를 지닌 정치인이었다고 평가된다. 본고에서는 18세기 전반 소론계를 대표하는 문인 서당 이덕수의 주요 교유인물과 그 교유관계의 특징에 대해 고찰해 보았다. 이덕수의 문집에서 직접적인 교유가 확인되는 교유시와 비지문의 대상 150여 명 중 오랜 기간 교유가 유지되었거나 이덕수에게 의미를 갖는다고 여겨지는 주요 교유인물 44명을 선정하여 이들을 중심으로 분석하였다.

필자는 이덕수의 교유인물과 교유관계에서 1716년은 상당한 의미를 가지며 교유관계의 전환점이 되는 해라 파악하였다. 이는 이덕수는 44세인 1716년에 정식으로 관직 생활을 시작했다는 점, 1716년은 회니시비에 대해 숙종이 윤증의 잘못으로 판정한 병신처분이 내려지면서 노소 갈등이 증폭된 해라는 점, 1714년 절친한 벗인 최상건과 정석조가, 1715년엔 우애가 남달랐던 친동생 이덕해와 지음知音 홍태유가 세상을 떠나자 이덕수는 1715년 겨울 자신이 친애하는 사람 반이 저승으로 가는 것을 지켜봐야 했다고 비통해한 사실 등을 통해 그러함을 유추해낼 수 있다.

이덕수의 교유관계는 그리 폭넓은 편은 아니었으며, 대인관계에도 적극적이지 않았던 것으로 보인다. 여기에는 이덕수가 8세 때 중병을 앓은 이후로 청각장애를 갖고 있었다는 점도 적잖은 영향을 미쳤을 것으로 보이며, 당색이 중시되는 당시의 사회 분위기로 인한 한계도 작용했을 것이다. 그 때문인지 이덕수의 주요 교유인물 상당수가 세교가 지속된 경우이거나 죽마고우이거나 동생이나 아들의 절친한 친구였다. 하지만 이덕수는 자신과 교유한 친분이 두터웠던 인물 대부분과 그들이 죽을 때까지 줄곧 친분을 유지하였음을 알 수 있는데, 이는 그가 그만큼 한번 맺은 인연을 소중히 생각하며 유지해 나갔음을 짐작하게 한다.

이덕수는 사리에 어긋나는 당론에는 절대 가담하지 말아야 한다는 부친의 유훈을 늘 가슴 깊이 새기고 당론에 가담하지 않았으며 그것을 극복하기 위해 노력하였다. 본고에서는 홍태유, 홍치중, 홍제유, 이현익, 채팽윤 등 당색이 다른 이들을 대상으로 하여 그들의 교유가 언제 시작되었으며 어떠한 교분을 쌓았는지를 살펴보았다. 그 교유를 살펴보면 이덕수가 당색을 초월한 교유를 했다고 명쾌하게 말할 수 있는 정도는 아니다. 왜냐하면, 이덕수는 당색이 다른 사람과 교유하면서 그것을 분명히 의식하고 교유에 임했으며, 아무리 덕행이 높고 학문이 깊은 사람이라 해도 조정에 나아가 벼슬을 하려면 당파를 피할 수는 없다고 인식했기 때문이다. 그리고 이덕수와 두터운 친분이 확인되는 당색이 다른 인물 대부분은 1716년 이전에 이미 교유가 시작됐던 인물이며, 1716년 이후 교유하게 된 인물 중에는 남인 계열인 채팽윤과만 돈독한 교분을 쌓았을 뿐 나머지와는 단순한 동료로서의 교유 정도에 그쳤다. 이러한 사실들은 이덕수가 관직에 나아간 이후에도 당론에 매몰되지 않았음을 보여주기는 하지만, 반면 관료의 신분으로는 당시의 당론에서 온전히 자유로울 수 없었던 한계 역시 보여준다 하겠다.

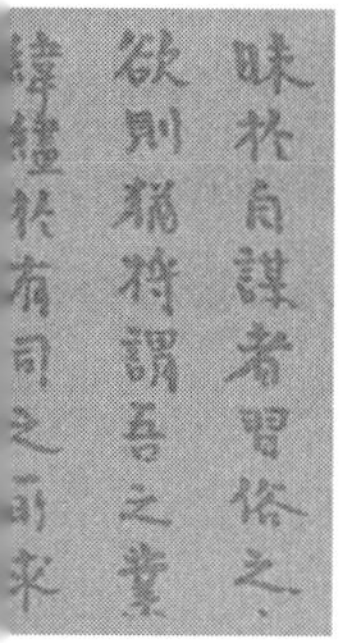

Ⅳ. 서당 이덕수의 시론과 문장론의 재검토

윤재환

1. 서론

서당西堂 이덕수李德壽(1673~1744)는 조선 후기 당시 홍문관 수찬·대사성·부제학·대사헌·이조참판·형조판서·부총관 등을 역임한 소론계열의 중심인물 중 한 사람이다. 증조부가 동지중추부사同知中樞府事 이행건李行健, 조부가 황해도黃海道 관찰사觀察使를 지낸 이만웅李萬雄이고, 부친은 숙종조肅宗朝에 청의淸議로 명망이 높았던 이징명李徵明으로 경기京畿 관찰사觀察使를 지냈다. 모친은 청송심씨靑松沈氏 증좌찬성贈左贊成 심약한沈若漢의 따님이다. 그는 서계西溪 박세당朴世堂(1629~1703)의 제자로 소론계열에 속했지만, 1703년 삼연三淵 김창흡金昌翕이 편지를 보내 서계를 비난하기 전까지는 농암農巖 김창협金昌協·삼연 김창흡과도 세의世誼를 바탕으로 한 친분을 유지했었다.

이덕수는 8세 때 여러 차례 병을 앓아 귀가 잘 들리지 않았고, 과거科擧도 41세 때인 1713년 10월 증광문과에서 병과로 겨우 합격했을 정도로 늦었지만, 그의 관직 생활은 대체로 무난하게 이어졌다. 이덕수의 졸기에서 그에 대해 "조정에서 벼슬한 지 수십 년 동안 크게 보탬이 된 것은 없었지만 사람 됨됨이가 순수하고 조심스러우며 정성스럽고 순박했다."[93]고 평가한 것은 관직 생활 동안 그가 지켜왔던 삶의 태도와 행동을 단적으로 보여주는 것이다. 실제로 그는 1713년 과거 합격 이후 1744년 5월 28일 72세로 운명하기까지 30여 년을 관직에 종사했지만 정치적으로 큰 곤경에 처한 적이 없었다.

이와 함께 이덕수는 문학 방면에서도 상당한 성가聲價를 얻었다. 이는 이덕수의 졸기에서 그에 대해 "문장이 넓고 우아하여 한 시대의 종장宗匠으로 일컬어졌으며, 이조·예조의 판서를 역임했고 문형文衡을 맡았다."[94]고 한 것이나 이규상李奎象이 『병세재언록幷世才彦錄』의 「문원록文苑錄」에서 "당시 세상에서 팔문장八文章을 오원吳瑗·이천보李天輔·남유용南有容·황경원黃景源·이덕수李德壽·조최수趙最壽·조귀명趙龜命·임상원林象元이라고 지목했다."[95]고 한 것에서 확인할 수 있다.

이덕수의 문집을 살펴보면 그가 문학에 상당한 관심을 가졌고, 창작에 관한 자신의 생각을 구체적으로 밝혔음을 알 수 있다. 그런데 그의 문학론은 그가 문형이라는 관각館閣 문단文壇의 수장首長을 거쳤음에도 불구하고 도덕道德과 의리義理를 강조했던 당대 관각 문인

93 『영조실록』 59권, 영조 20년 5월 28일 乙巳 3번째 기사, "立朝數十年, 雖無弘多之益, 而爲人醇謹款朴."

94 『영조실록』 59권, 영조 20년 5월 28일 乙巳 3번째 기사, "德壽以文章博雅, 稱爲一代宗匠, 歷判吏·禮曹, 典文衡."

95 李奎象, 『幷世才彦錄』, 「文苑錄」, "當時世目八文章, 吳瑗·李天輔·南有容·黃景源·李德壽·趙最壽·趙龜命·林象元."

들의 보편적인 문학론과 적지 않은 거리를 지닌다. 그래서인지 현재까지 이덕수에 관한 문학 방면의 연구 성과가 적지 않다. 생애와 사우관계[96]에 주목한 연구부터 문학론과 비평[97], 시론과 시세계[98], 증서류와 산문[99], 독서론[100] 등을 중심에 둔 연구가 이루어져 연구의 범주가 넓고 다양하다.

특히 이덕수는 시詩와 문장文章에 대해 명확한 구별의식을 지니고 있었다. 이는 그 스스로 자신의 글을 통해 시와 문장에 대한 구별의식을 밝혔을 뿐만 아니라 그의 글에서 확인되는 '문文'이 '문학文學'보다 '문장文章'으로 이해되는 경우가 많다는 점에서도 확인할 수 있는데, 이덕수 문학론의 이런 특성은 이미 선행 연구에서 언급되었다.[101] 하지만 현재까지 이루어진 이덕수의 문학론에 관한 선행 연구

96 이승수, 「17세기 후반 노소분기의 고민과 선택」, 『문헌과 해석』 16, 문헌과 해석사, 2001; 이승수, 「西堂 李德壽의 師友 관계」, 『한국고전연구』 8, 한국고전연구학회, 2002.

97 강민구, 「서당 이덕수의 문학론 연구」, 『漢文學報』 1, 우리한문학회, 1999; 강민구, 「이덕수의 문학 비평에 대한 연구」, 『漢文學報』 2, 우리한문학회, 2000.

98 柳好宣, 「西堂 李德壽의 佛教觀과 詩文學 研究」, 『한문교육연구』 18, 한국한문교육학회, 2002; 장유승, 「李德壽의 詩論과 詩世界」, 『한국한시작가연구』 14, 한국한시학회, 2010.

99 정성미, 「조선 후기 묘도문 찬술 연구 - 서계 박세당 묘도문을 중심으로」, 『전북사학』 45, 전북사학회, 2014; 유정열, 「西堂 李德壽 산문 연구」, 서울대학교 박사학위논문, 2019; 김묘정, 「西堂 李德壽의 贈序類 산문 일고찰 : 글쓰기 기법과 주제 구현 양상을 중심으로」, 『한국민족문화』 79, 부산대학교 한국민족문화연구소, 2021.

100 박은정, 「西堂 李德壽의 讀書論과 主意論的 글쓰기」, 『東方學』 11, 한서대학교 동양고전연구소, 2005.

101 장유승, 「李德壽의 詩論과 詩世界」, 『한국한시작가연구』 14, 한국한시학회,

는 이덕수의 문학론을 시론과 문장론으로 구분하고 이 중 하나를 다루어 그의 시론과 문장론이 가지는 변별적 자질과 통합적 의미를 선명하게 확인하기 어렵다.

이 글은 이 지점에서 기획된 글이다. 이 글은 이덕수의 시론과 문장론을 하나의 공간에서 검토하여 그의 시론과 문장론이 보여주는 변별적 지점들을 살펴보고 이어 그의 시론과 문장론이 지니는 통합적 의미를 확인하여 그의 문학론을 총체적으로 검토해보고자 한 것이다. 이 글이 이덕수에 대한 연구와 함께 17세기 말 18세기 초반의 소론계 문인, 또 조선 후기 문인과 문학론 연구에 조금이라도 보탬이 될 수 있기를 기대한다.

2. 시론의 성격과 의미

서당 이덕수의 장점은 시보다는 문장에 있었다고 보인다. 이는 실록에 수록된 이덕수의 졸기卒記나 『병세재언록』의 기록, 이유원李裕元의 행장에 나오는 그의 문학적 역량과 성가聲價에 대한 기록이 대부분 문장文章을 중심으로 하기 때문이다.[102] 물론 그렇다고 해서 이덕수의 시문학적 역량이 부족하다고 보기는 어렵다. 그것보다는 그가 시보다 문장에 더 큰 관심과 흥미를 가졌다고 보는 것이 타당할 것이고, 그래서인지 그의 글에는 시보다 문장에 관한 글이 더 많다. 이 장에서는 먼저 그의 글을 통해 시와 문장에 대한 구분 의식을

2010, 173면.

102 李裕元, 「吏曹判書西堂李公行狀」, 『嘉梧藁略』 책19.

살펴보고 이어 그의 시론을 검토해보도록 한다.

> 요즘의 문장은 무엇이 문제인가. 시로 문장을 쓰는 사람은 자질구레하고 유약하여 그 기세가 한편을 꿰지 못하고, 문장으로 시를 짓는 사람은 운치가 하나도 없어 생경하지 않으면 번잡하고 화려함에 그칠 뿐이다. 이 두 경우는 이미 그렇다고 하더라도 (시와 문장을) 전적으로 일삼는 경우를 논하면 시는 첨예하고 공교롭고 얄팍하게 드러나는 것에서 잘못되고 문장은 거칠고 속되며 허황하게 꾸미는 것에 병폐가 있다.[103]

이덕수의 글 중에서 시와 문장에 대한 구분 의식이 확연히 드러나는 대표적인 글이 위에서 인용한 「내재집서耐齋集序」이다. 이 글에서 이덕수는 시를 짓는 방법으로 문장으로 쓰거나 문장을 쓰는 방법으로 시를 지을 경우 모두 문제라고 했다. 또 그는 시와 문장 각각의 병폐를 말했는데, 시는 첨예하고 공교롭고 얄팍하게 드러나는 것에서 잘못되고 문장은 거칠고 속되며 허황하게 꾸미는 것에 병폐가 있다고 했다. 이 말은 시를 짓는 방법으로 문장을 쓰거나 문장을 쓰는 방법으로 시를 지을 경우의 문제와 이어진다.

시를 짓는 방법으로 문장을 쓰는 사람은 자질구레하고 유약하여 그 기세가 한편을 꿰지 못한다는 것은 시가 개인의 감정을 중심으로 하기 때문에 섬세한 정서의 표출을 추구한다는 점에서 나온 말이다. 그렇기 때문에 시를 짓는 방법으로 문장을 쓰게 되면 문장의 기세가

---

103 李德壽, 「耐齋集序」, 『西堂私載』 권3, "近世之文, 奚病哉. 以詩爲文者, 纖碎卑弱, 而氣不能貫于一篇, 以文爲詩者, 全乏風韻, 不生硬則冗靡而止. 二者旣然矣, 就其專門之業而論之, 詩失於尖巧淺露, 而文病乎俚俗浮曼."

한 편의 글을 관통하기 어렵다는 것이다. 문장을 쓰는 방법으로 시를 짓는 사람은 운치가 하나도 없어 생경하지 않으면 번잡하고 화려함에 그칠 뿐이라는 것은 문장을 쓰는 방법 중 내용을 중심으로 시를 짓게 되면 정서의 표출을 주로 하는 시가 거칠고 억세게 되며, 문장을 쓰는 방법 중 표현을 중심으로 시를 짓게 되면 시가 수식에 치우쳐 번잡하고 화려하게 되기 때문에 시의 운치를 느낄 수 없다는 것이다.

이덕수는 시와 문장이 각각의 특성을 지니고 있으니 시는 첨예하고 공교로우며 얄팍하게 드러나는 것이 문제이고, 문장은 거칠고 속되며 허황하게 꾸미는 것이 문제라고 했다. 이 말은 그가 개인의 감정을 중심으로 섬세한 정서의 표출을 추구하는 시와 내용과 형식의 조화를 추구하는 문장의 성격을 기반으로 시와 문장 각각에서 일어날 수 있는 문제점에 대해 언급한 것이지만, 뒤집어보면 그가 추구했던 시와 문장에 대해 확인할 수 있다. 따라서 이 장에서는 이덕수가 추구했던 시에 대해 살펴보도록 한다.

> 공의 마음이 넓고 온화하여 얻고 잃는 것, 기쁘고 슬픈 것이 발 없이도 하늘의 조화에 나아갔다. 그러므로 시에 드러나는 것이 격조가 높고 기개가 완전하며 취향이 담박하고 뜻이 생동하였으며 또 혹 때때로 환경에 따라 기이하고 빼어남을 보여 첨예하고 공교롭거나 진부한 병폐가 없었다. 이것을 미루어 辭賦를 짓거나 변려문을 지으면 모두 정밀하여 하늘에서 얻은 것 같아 맑고 지향점이 있었으며 사물을 끌어 말에 붙여 (말이) 나올수록 더욱 뛰어났으니 한 때 詞苑의 여러 공들이 옷깃을 거두고 추앙하여 따르지 않는 사람이 없었다. 시는 뜻을 말한 것이니 뜻은 진실로 말의 근본이다.[104]

율시는 오래된 것이 아니다. 당나라에서 시작하여 당나라에서 융성했다가 송나라 명나라 이래로 그 흐름이 널리 퍼졌고 그 체재도 精緻한 것을 공교롭게 여겼다. 그러나 말을 엮은 것은 곱지만 그 뜻을 드러낼 수 없고 뜻을 명명한 것은 새롭지만 그 말을 정밀하게 할 수 없다면 모두 지극한 것이 아니다. 이것이 배우는 사람이 비록 많지만 그 깊은 경지에 이른 사람이 드문 이유이다. 沈聖凝 군은 어려서부터 총명하고 지혜로워 보통 사람들을 뛰어넘는 재주가 있었다. 그가 시를 지을 때 율시에 더욱 뛰어나 말을 맞추고 시구를 배열하는데 정밀하고 묘하여 때때로 기이하고 교묘한 시를 내어 남의 눈을 놀라게 했다. 뜻이 향하는 곳에 말도 따르고 말이 이르는 곳에 뜻이 말보다 앞서 있어서 情境이 적절하여 절대로 쓸데없는 말이 없었다.[105]

이덕수의 글에서 시에 대해 논한 글은 얼마 되지 않지만 여기서 인용한 두 편의 글을 통해 시에 대한 그의 의식 일단을 살펴볼 수 있다. 첫 번째 인용문을 통해 이덕수가 시언지詩言志의 전통적인 시론을 기본으로 하고 있음을 알 수 있다. 특히 그가 "시는 뜻을 말한 것이니 뜻은 진실로 말의 근본이다."라고 한 것은 시에서 가장 중요

104 李德壽, 「楓崖集序」, 『西堂私載』 권3, "盖公之胸襟, 冲遠夷曠, 凡所謂得喪欣戚, 無足以汨其天和. 故其發於詩者, 格高而氣完, 趣淡而意活, 亦或往往因境見奇絶, 無尖巧腐陳之病. 推而爲辭賦, 爲駢侶, 俱精能天得, 瀏亮而有致, 引物屬辭, 愈出愈工, 一時詞苑諸公, 莫不斂袵推服. 夫詩, 所以言志, 則志固言之本也."

105 李德壽, 「悟齋集序」, 『西堂私載』 권3, "詩之有律, 非古也. 始於唐而盛於唐, 自宋明以來, 流波漫矣, 其爲體以精緻爲工. 然綴辭麗矣而不能發其意, 命意新矣而不能精其辭, 皆非其至者. 此所以學之者雖多, 而罕臻其奧也. 沈君聖凝少聰慧, 有絶人之藝. 其爲詩尤長於律, 排辭比句, 靚密要妙, 往往或出奇巧, 以驚人目. 意之所嚮, 辭亦從之, 辭之所就, 意在言先, 情境妥適, 絶無慢聲死語."

한 것이 뜻이라는 말이다. 이덕수는 넓고 온화한 마음을 지닌 사람의 시는 격조가 높고 기개가 완전하며 취향이 담박하고 뜻이 생동한다고 했는데, 이것은 수양된 바른 마음에서 나온 시가 좋은 시라는 것이고 이런 시라야 첨예하고 공교롭거나 진부한 병폐가 없다는 것이다.

두 번째 인용문에서 이덕수는 심성응沈聖凝의 시를 평가하면서 "뜻이 향하는 곳에 말도 따르고 말이 이르는 곳에 뜻이 말보다 앞서 있어서 정경情境이 적절하여 절대로 쓸데없는 말이 없었다."고 했는데, 여기에서도 시의 창작에서 이덕수가 가장 중요하게 생각했던 것이 뜻[意]이었음을 알 수 있다. 그런데 이덕수는 시의 창작에서 뜻만을 중시한 것이 아니었다. 이 글의 앞부분에서 이덕수는 "말을 엮은 것은 곱지만 그 뜻을 드러낼 수 없고 뜻을 명명한 것은 새롭지만 그 말을 정밀하게 할 수 없다면 모두 지극한 것이 아니다."라고 하고 이어서 심성응의 시에 대해 "말을 맞추고 시구를 배열하는데 정밀하고 묘하여 때때로 기이하고 교묘한 시를 내어 남의 눈을 놀라게 했다."고 했는데, 이 말과 이어보면 이덕수는 뜻을 엮은 시어詩語가 정치情致하여 정경情境이 교융交融되어야 제대로 된 시라고 여겼음을 알 수 있다. 그렇기 때문에 이덕수는 시어詩語가 곱기만 하거나 뜻이 새롭기만 한 시를 지극하다고 여기지 않은 것이다.

> 시는 진실로 사람으로 인해 중해지는 경우가 있으니 예를 들어 西漢의 栢梁臺 聯句詩는 칠언시의 시작인데 기개가 웅혼한 것 이외에 그 나머지는 모두 말장난이어서 우아하지 않지만, 그러나 그 시가 문예에 뛰어난 신하에게서 나와 궁궐에 울려 퍼졌다. 그러므로 비록 마음을 곧장 펼쳐낸 말이라고 하더라도 모두 藝苑에 전해져 후대의 사람들에

> 게 그 질박함을 숭상하고 비리함을 생략하게 하니 이것이 사람으로 인해 중해지는 것이다. 사람도 시로 인해 전해지는 경우가 있으니 예를 들어 당나라의 가도 · 유득인은 그 사람이 보잘 것 없어 무엇을 거론할만한 것이 없으나 다만 시구와 시어가 정밀하고 공교로워 지금 읽는 사람들도 손에 굳은 살이 박히고 입술이 헐게 하니 이것이 시로 인해 (시인이) 전해진다는 것이다. 시로 인해 (시인이) 전해지는 경우는 반드시 (시가) 공교로워야 하니 공교롭지 않으면 전해지기에 부족하고, 사람으로 인해 (시가) 중해지는 경우 반드시 (시가) 공교로울 필요 없으니 공교롭고 공교롭지 않고는 논할 것이 아니다.[106]

뜻을 엮은 시어가 정치하여 정경이 교융되어야 제대로 된 시라고 여겼던 이덕수는 시와 시인의 관계를 시인으로 인해 전해지는 시와 시로 인해 전해지는 시인으로 구분했다. 이덕수는 백량대시栢梁臺詩를 예로 들어 웅혼한 기개 이외에는 볼 것이 없지만 문예에 뛰어난 시인이 지었기 때문에 전해질 수 있었다고 한 뒤, 다시 백량대시의 시어를 마음을 곧장 펼쳐낸 말[直抒胸臆之辭]로 질박하지만 비리하다고 했는데, 이렇게 시인으로 인해 전해지는 시의 경우 반드시 공교로울 필요가 없다고 했다. 이와 달리 시로 인해 시인이 전해지는 경우에서는 당나라의 가도賈島와 유득인劉得仁을 예로 들어 보잘 것 없는

---

106 李德壽, 「詩川集序」, 『西堂私載』 권3, “詩固有因人而重者, 如西京栢梁之聯, 首唱七言, 氣槩渾雄之外, 其餘皆諧啁不雅, 然以其出於藝能之臣, 飛聲天衢. 故雖其直抒胸臆之辭, 幷能流傳藝苑, 使後之人, 尙其質而畧其俚, 此所謂因人而重者也. 人亦有因詩而傳者, 如唐之賈島劉得仁輩, 其人蔑蔑, 奚所稱道, 而特以句語之精工, 至今讀者, 手爲胝而唇爲弊, 此所謂因詩而傳者也. 因詩而傳者, 必於其工, 不工不足以傳, 因人而重者, 不必其工, 工不工有所不論也.”

사람이지만 이들이 지은 시의 시구와 시어가 정밀하고 공교로워서 이들이 전해질 수 있었다고 했다. 따라서 이 경우의 시는 반드시 공교로워야 한다는 것이다.

앞서 인용한 「오재집서悟齋集序」와 이 글을 이어보면 이덕수가 시의 창작에서 뜻을 가장 중시했지만, 직서흉억지사直抒胸臆之辭와 같이 뜻을 있는 그대로 풀어낸 시, 뜻만을 위주로 한 시를 좋은 시로 여기지 않았음을 알 수 있다. 이덕수는 말을 맞추고 시구를 배열한 것이 정밀하고 묘해야 한다고 여겼으며, 뜻이 향하는 곳에 말이 따르고 말이 이르는 곳에 뜻이 말보다 앞서 있어서 정경情境이 적절한 시를 좋은 시로 보았다. 이것은 이덕수가 시의 창작에서 뜻을 중시한 것은 분명하지만 이 뜻이 아무리 훌륭하더라도 시어와 적절한 조화를 이루지 못할 경우 좋은 시가 될 수 없다는 것으로, 이덕수가 시의 문예미文藝美·형식미形式美·수사미修辭美를 중시했음을 의미한다. 이덕수의 이런 인식은 그가 시로 인해 시인이 알려지는 경우 시가 반드시 공교로워야 한다고 했다는 것에서 다시 한 번 분명해지는데, 이런 언급은 작품 자체의 문예적 성취를 작품 평가의 중요한 기준으로 삼는 것이다.

이렇게 살펴본 이덕수의 시론을 정리하면 그는 시언지詩言志의 전통적인 시론을 바탕으로 수양된 바른 마음에서 나온 시가 좋은 시이고 이런 시라야 첨예하고 공교롭거나 진부한 병폐가 없다고 보았다. 그렇기 때문에 이덕수는 시의 창작에서 뜻을 가장 중요하게 생각했지만, 뜻만 중시한 것이 아니라 뜻을 엮은 시어가 정치하여 정경이 교융되어야 제대로 된 시라고 여겼다. 따라서 그는 시어가 곱기만 하거나 뜻이 새롭기만 한 시, 또 뜻을 있는 그대로 풀어낸 시나 뜻만을 위주로 한 시를 좋은 시로 여기지 않았다. 이덕수는 뜻과 함께 시어를 맞추고 시구詩句를 배열한 것이 정밀하고 묘해야 한다고 생각했으며, 뜻이 향하는 곳을 시어가 따르고 시어가 이르는 곳에 뜻이 시어보다 앞서 있어서 정경이 적절하게 어우러진 시를 좋은 시로 보았다.

이덕수의 시론詩論을 살펴보면 그가 시의 창작에서 작가의 뜻이라는 시의 주제와 내용을 가장 중시했고 이를 위해 수양된 바른 마음을 전제했다는 점에서 전통적인 시론과 궤를 같이 하지만, 한편으로 뜻이 아무리 훌륭하더라도 그 뜻이 시어와 적절한 조화를 이루지 못할 경우 좋은 시가 될 수 없다고 했다는 점에서 전통적인 시론과 일정한 거리를 지닌다. 특히 시로 인해 시인이 알려지는 경우 시인의 뜻이나 시의 내용보다 시가 반드시 공교로워야 한다고 하여 미적美的인 부분을 강조했고, 그중에서도 시어와 시구의 정밀함과 공교로움이라는 형식적形式的·수사적修辭的·문예적文藝的인 미美를 강조했다는 점에서 오히려 그의 시론은 시의 수사미修辭美와 문예미文藝美를 강조한 것이라고도 볼 수 있다. 그런 점에서 그의 시론은 전통적인 시론의 도덕적인 요구를 수용하면서도 시의 문예적文藝的·미학적美學的 독립성과 독자성을 옹호하고 강조한 것이라고 할 수 있다.

3. 문장론의 양상과 지향

「송우인서送友人序」에서 이덕수는 당시의 학문을 성리학性理學과 사장학辭章學, 과거학科擧學으로 구분하고 성리학性理學을 최상의 학문으로 간주했으나 당시 세상에서 꺼린지 오래되었다고 했다. 다음으로 사장학辭章學을 들었으나 사장辭章을 학문으로 보기 어렵다고 했다. 그러나 이렇게 말하면서도 사장辭章으로 우뚝하게 뛰어나서 후세에 빛을 드러낼 수 있는 사람은 남보다 몇 등급 뛰어날 수 있지만 이런 사람을 세상에서 보기 어렵다고 했다. 마지막으로 과거학科擧學의 경우 논할만한 가치가 없지만 사람의 귀천貴賤과 통색通塞이 이로 인해 결정되기 때문에 세상 사람들이 모두 이를 좇는다고 했다.[107] 이런 언급은 이덕수가 학문을 성리학性理學 사장학辭章學 과거학科擧學의 순서로 구분하여 성리학性理學에 최상의 가치를 둔 것이지만 한편으로는 사장학辭章學을 성리학性理學에서 분리하여 독자적인 학문으로 규정한 것이기도 하다.

이어 이덕수는 시대가 내려올수록 사장학辭章學과 과거학科擧學이 도道에서 점점 멀어졌고 사람들의 자질과 성품도 옛사람들에게 미치지 못하게 되었다고 했다. 그런데 이런 상황에서도 그는 세상의 흐름에서 벗어나고자 하는 사람으로 사장辭章을 좋아하는 사람이라면 사장辭章으로 인해 점차 소견을 가지게 되어 거친 것에서 정밀한 것을 터득하고 문식文飾을 버리고 실질을 얻게 되니 이것이 후세에 사장辭章으로 인해 도道를 깨닫는 사람이 많아지는 이유라고 했다.[108] 이덕수의 이런 언급은 사장학辭章學의 독자성 인정을 넘어 가치의 긍

107 李德壽, 「送友人序」, 『西堂私載』 권3, "今之言學有三, 性理之學, 爲世所諱者久矣, 其次則辭章之學, 夫學之稱, 豈辭章云乎哉. 而其所卓然自見, 流灼後來者, 猶足以加於人數等, 而世顧未見其人, 若科擧之學, 則尤無足論, 然以人之貴賤通塞, 由是而判也, 世共趍之."

108 李德壽, 「送友人序」, 『西堂私載』 권3, "降而爲辭章之學, 科擧之學, 則其於道也, 盖益遠矣, 人之姿性, 又不逮古人甚遠, …… 惟文則不然, …… 士之稍欲自拔於流俗者, 類能好之, 誠因是而浸有所見, 則由粗而得精, 去文而就實, 此後世之所以因文而悟入者爲多也."

정으로까지 나아간 것이다. 그것은 그의 이야기가 학문으로 보기 어렵고 도道에서도 멀어진 사장辭章이지만 사장辭章을 창작하는 사람에 따라서는 사장辭章이 도道에 다가가는 방법이 될 수도 있다는 것이기 때문이다. 이는 성리학性理學에 견줄 수 없는 사장학辭章學이지만, 창작하는 사람에 따라 사장학辭章學이 성리학性理學과 같은 기능을 할 수 있다는 것으로 사장학辭章學의 가치에 대한 적극적인 옹호이다.

물론 사장辭章을 통해 도道에 나아갈 수 있다는 이덕수의 언급은 도道를 아는 사람의 관점에서 보자면 터무니없는 이야기일 수 있지만, 세상 사람들에게는 사장辭章이 성리학性理學보다 접하기 쉬운 것이기 때문에 그는 사장辭章을 통해서라도 한 등급 향상된다면 성인의 문도門徒가 될 수 있고, 그렇지 않더라도 하루아침의 이해득실을 따지는 사람(과거학에 매달리는 사람)보다 나을 것이라고 했다. 그는 사람의 운수에는 행운과 불행이 뒤섞여 있는데, 사람이 늘 행운을 가질 수 없다면 물러나 본래부터 힘써 오던 학업인 사장辭章을 닦는 것이 오히려 불후不朽의 성사盛事가 된다고 보았다.[109] 이덕수의 이런 언급은 사장辭章의 방편적 가치를 강조하여 사장학辭章學을 적극적으로 옹호한 것인데, 그의 논지는 기본적으로 사장辭章이 성리학性理學보다 접근하기 쉬운 것이기 때문에 사장辭章을 통해 사람들이 더 빨리 향상될 수 있다는 것이다. 이 장에서는 이덕수의 문장론文章論

109 李德壽, 「送友人序」, 『西堂私載』 권3, "凡吾所云, 自知道者而言之, 則固不啻卑之, 無足論矣. …… 故姑就世人之所易入者, 反覆其說, 庶其進乎此一等, 則可以爲聖人之徒, 而其不然者, 俯而就之, 亦未必遽後於爭一朝之得失者矣. 若其數有幸不幸者存, 而未必恒出於幸也, 則退而理其宿業, 猶足爲不朽之盛事."

을 살펴 문장에 대한 그의 인식을 검토해보도록 한다.

제가 이전에 ①옛사람이 문장을 논한 것을 보니 일찍이 이치가 순탄하고 말이 뜻을 바르게 전달하는 것으로 위주로 삼지 않은 것이 없어 그 귀의처를 요약해보면 반드시 道德 性命을 중심에 두었습니다. 저는 처음에는 狂者처럼 믿지 않았습니다. …… 점점 나이를 먹어가면서 지식과 식견이 대략 자리 잡게 되어 몇 년 전에 와서야 비로소 ②문장의 도는 당연히 애초부터 터럭 하나만큼이라도 사람을 속이는 말이어서는 안 되니 그렇게 할 수 없다면 비록 양웅이나 사마상여의 무리에게 글귀를 다듬고 글자를 단련하여 아름다운 채색이 글 폭에 가득하고 화려함이 눈에 넘치게 하더라도 이것은 문장이라고 할 수 없다는 것을 알게 되었습니다. …… 내가 이미 내면에서 터득한 것이 있으나 언어가 내 한 몸에 그치기에 충분할 뿐이라면 멀리까지 시행되지 못할 것이 당연하니 이것이 문자를 만든 이유입니다. ③문자라는 것은 말이 깃드는 것이니 이치가 순탄하면 된 것이고 말의 뜻을 바르게 전달하면 된 것입니다. 어찌 아름답고 화려하다는 것이 있겠습니까? …… 요즘 사람들로 이것을 모르는 사람은 없지만, 그러나 스스로 문장을 짓게 되면 곧 다시 어겨서 멀어집니다. 비록 세상에서 秇苑의 哲匠, 詞林의 高手라고 이야기하는 사람으로 마음속으로 당나라 송나라를 우습게 여기고 뜻을 先古에 두어 요즘의 후학들이 높이고 받드는 사람도 오히려 이런 점을 벗어나지 못하니 그 이유는 알 수 있는 것입니다. ④공교롭게 만들고자 하는 뜻이 늘 글을 쓰기 전에 있으면서도 재주가 그 뜻에 부합하기 않기 때문이니 이 때문에 알기 어려운 글자를 사용하여 기이하게 만들지 않으면 반드시 句節을 짧고 촉박하게 하여서 簡明하다고 하고 이것을 가지고 세상에 큰소리치기를 "나는 글을 잘한다. 나는 글을 잘한다."고 하면서 한 사람이라도 그 어그러짐을 아는 사람이 잘못을 지적하면 곧 다시 발끈 성내는 빛을 보입니다. …… ⑤옛사람이 글을 지을 때에는 命意는 바르게 하려고 힘쓰고 屬辭는 걸맞기를 힘써서 생각을 가다듬어 붓을 놀릴 때 첫째는 이치에 어긋나는 것이 아닌지 둘째는 화려하게 꾸민 말이나 쓸데없이 늘어놓은 말이 아닌지 여겨 말하기를 “마음속으로 늘 이것을 생각하여 공교로움을 구하는 뜻이 그 사이에 싹트지 않도록 한다.”고 하였으니 한 번이라도 공교로움을 구하는 뜻이 있으면 곧 공교로워질 수 없는 것은 어째서이겠습니까. 그 마음이 미혹된 뒤라면 붓이 따라 거기에 빠져 부화하고 경박한 곳으로 흐르지 않으면 뻣뻣하고 난삽한 곳으로 돌아가 그 道를 잃기 때문입니다. 伯夷에 대해 문장을 짓는다면 그 德에 걸맞게 하여 반드시 淸을 주제로 해야 하니 그 병폐를 말한다면 반드시 좁고 꽉 막힌 것에 미칠 것입니다. ⑥이것이 뜻이 바르고[意正] 말이 걸맞다[辭稱]는 것이 아니겠습니까? 만약 柳下惠의 조화와 不恭을 뒤섞어서 伯夷를 논한다면 그 문장이 비록 공교롭다고 하더라도 바르고 걸맞다고 하는 것은 아닙니다. …… ⑦이 모든 것은 제가 마음속으로 쌓아 스스로 깨달은 것이지만 또 족하께서는 진부한 논의라고 웃어넘기실지 모르겠습니다. 저는 여기에서 또 드릴 말씀이 있으니 지금 제가 드린 말씀은 문예의 말단일 뿐이니 道德이나 性命에는 미치지 않습니다. 그러니 그 득실에 어떤 관계가 있겠습니까? 진실로 지류에서 근원을 찾고 가지를 따라 근본을 구하여 오늘 반복하여 갈고 닦는 것을 싫증내지 않는다면 저쪽으로는 이익이 없더라도 반드시 이쪽으로는 이익이 있을 것입니다. 그러니 밖에 있는 문장이라고 또 어찌 이 밖의 것이겠습니까?[110]

110 李德壽, 「答崔孝伯書」, 『西堂私載』 卷3, “僕嘗見古人論文, 未嘗不以理順詞達爲主, 而要其歸, 必以道德性命爲重. 僕初狂而不信. …… 及年齡稍大, 知見粗定, 則自數年以來, 始知文之道, 當然初無一毫誣人語, 其不能然者, 雖使揚雄相如之徒, 句琢而字鍊, 藻繪盈幅, 華靡溢目, 殆非所謂文者矣. …… 吾旣有所得於內者, 而言語足以止吾身而已, 不能行乎遠也, 則爲是而有文字之設. 文字者, 言之寓也, 則理順而可耳, 辭達而可耳. 烏有所謂藻繪華靡者乎. …… 今之人無有不知是者, 而及其自爲文, 則乃復違而遠之. 雖世所稱執苑哲匠詞林高手, 心薄唐宋, 志希先古, 爲今之後生所推伏者, 猶不

이 글은 이덕수가 곤륜昆侖 최창대崔昌大에게 보낸 편지인 「답최효백서答崔孝伯書」의 일부이다. 이 글에서 밑줄 친 ①은 고인古人의 문장론에 관한 것으로, 고인古人의 문장론이 이순理順과 사달詞達을 중심으로 하고 도덕道德과 성명性命을 귀의처로 삼고 있다고 했다. ②에서 이덕수는 문장의 도道는 터럭 하나만큼이라도 사람을 속이는 말이 없어야 한다고 했다. 그렇지 않다면 글자를 다듬고 글귀를 단련하여 아름답고 화려하게 꾸미더라도 문장이 될 수 없다고 했는데, 이 말은 도덕道德과 성명性命을 목표로 하는 이순理順과 사달詞達의 문장이 아니라면 아무리 뛰어난 작가가 글자를 다듬고 글귀를 꾸며 문장을 아름답고 화려하게 만든다고 하더라도 그것은 문장이 아니라는 것이다. 이어 ③에서 이덕수는 문자의 본질에 대해 논했는데, 문자는 말이 깃드는 것이기 때문에 이순理順하고 사달詞達하면 그만이라고 했다. ③은 ①과 ②의 논의를 반복하여 강조한 것이면서, 문자가 만들어진 이유가 말의 한계를 극복하기 위한 것이라고 했다는 점

能免此, 則其故可得而究也. 欲工之意常在筆前, 而才不能稱志焉耳, 以是之故, 其不使僻字以爲奇者, 則必短促其句節以爲簡, 以是而號於世曰, 我能文我能文, 而一有稍知其繆者, 指評其失, 則輒復艴然怒見於色. …… 古人之爲文也, 命意務正, 屬辭務稱, 方其凝思運筆之際, 一則曰其無背於理者否, 二則其無靡辭與曼語否, 曰其心中常作是念, 而勿使求工之意萌於其間, 一有求工之意, 則便不能工, 何者. 以其心已惑, 則筆隨而滯焉, 不流於浮輕, 則歸於蹇澁, 而失其道也. 以伯夷爲文, 則稱其德, 必主於淸, 語其病, 必及乎隘, 此非所謂意正而辭稱者乎. 若混擧展禽之和與不恭, 以論伯夷, 則其文雖工, 非所謂正與稱者矣. …… 凡此皆僕所蘊蓄以爲自得者, 而亦不知足下將見笑以腐陳之論者也. 僕於此, 又有說, 今僕所論不過爲文秇之末耳, 所謂道德性命, 有未之及也. 則其得失有何所關. 誠能因派而尋源, 緣枝而求本, 不厭其反復切磋於今日, 則不有益於彼, 必有益於此. 然則其在外之文, 亦豈能外是哉."

에서 이 논의는 문자뿐만 아니라 말 역시 이와 같아야 한다는 것이기도 하다.

④는 요즘 사람들의 병폐에 대한 언급이다. 요즘 사람들 대부분 이런 사실을 알고 있지만 예원藝苑의 철장哲匠, 사림詞林의 고수高手로 당송唐宋의 문장을 우습게 여기고 선고先古의 문장에 뜻을 두는 사람들조차도 이순理順과 사달詞達보다 조회藻繪와 화미華靡에 공을 들이는 이유에 대해 말한 것이다. 이덕수는 이들이 공교로운 문장을 쓰고자 하지만 재주가 이에 부합하지 않아 어려운 글자를 사용하여 문장을 기이하게 만들거나 구절句節을 짧고 촉박하게 만들고서는 자신의 문장을 간명簡明하다고 자랑하면서 남들의 비판을 달가워하지 않는다고 했다. 하지만 이런 태도는 ⑤에서 볼 수 있듯이 고인古人의 문장과는 다른 것이다. 이덕수는 고인古人이 문장을 쓸 때는 생각을 나타낸 것[命意]이 바르기를 힘쓰고 글로 엮은 것[屬辭]이 걸맞기를 힘써서 이순理順과 사달詞達에 주력했을 뿐이라고 했는데, 이렇게 하는 이유는 공교롭게 만들고자 하는 욕심이 있으면 문장이 오히려 들뜨고 가볍거나[浮輕] 유창하지 않아[蹇澁] 도道를 잃게 되기 때문이다. 결국 고인古人의 문장론은 ⑥에서 볼 수 있는 것처럼 뜻이 바른 것[意正]과 말이 걸맞은 것[辭稱], 즉 이순理順과 사달詞達로 정리될 수 있다.

그런데 ⑦을 보면 이와 같은 고인古人의 문장론은 고인古人의 문장론일 뿐만 아니라 이덕수의 문장론이기도 하다. 그는 이 논의를 진부한 것이기는 하지만 자신이 마음속으로 쌓아 스스로 깨달은 것이라고 했다. 그는 이와 같은 논의를 도덕道德과 성명性命에 관한 것이 아니라 문예라는 도학道學에 비해 보잘 것 없는 것에 대한 논의라고 의미를 축소했지만, ⑦의 다음에 이어지는 내용을 통해 문장과 도道

의 관계를 지류와 근원, 가지와 근본으로 설정하고 지류와 가지를 통해 근원과 근본을 찾아갈 수 있다고 했는데 이것은 「송우인서送友人序」에서 사장辭章으로 인해 도道를 깨닫는 사람이 많아지는 이유에 대해 밝힌 것과 같은 것이다. 그는 또 이런 노력으로 도道에 다가서지 못한다고 하더라도 문장에서만큼은 이익을 얻을 수 있다고 했다.

「답최효백서答崔孝伯書」를 보면 이덕수의 문장론은 "이순理順하고 사달詞達한 문장을 통해 도덕道德과 성명性命을 구현하는 것"이라고 할 수 있는데, 그가 이순理順과 사달詞達 중에서 우선한 것은 이순理順이지만 이순理順을 중심에 둔 것이 아니라 이순理順과 사달詞達의 조화를 추구했다는 점에서 이순理順이나 사달詞達의 어느 하나만으로 그의 문장론을 설명하기 어렵다. 또 그가 이순理順과 사달詞達이 조화된 문장의 창작을 통해 도道에 다가설 수 있지만 설령 그렇지 못하더라도 문장의 창작에서만큼은 유익하다고 한 것은 문장과 도道의 관계를 선후본말先後本末의 관계로 설정한 것이지만 문장의 창작이 도道와 이어지지 않더라도 가치를 지닐 수 있다는 문장의 독자적 가치에 대한 선언이다.

이렇게 이순理順하고 사달詞達한 문장을 추구했던 이덕수가 문장의 창작에서 우선 주목한 것은 뜻[意]이었다. 이는 그가 애라愛懶 홍제유洪濟猷에게 보낸 편지인 「여홍중경서與洪仲經書」에서 분명하게 확인할 수 있다.

① (자네의) 요즘의 글들은 옛날에 비하여 훨씬 정제되었으나 기세의 움직임이 막히고 오그라든 듯 부족하니 法에 얽매여 그 뜻이 말하고자 하는 바를 다할 수 없고 法에 묶이어 그 氣勢가 나오고자 하는 것을 펼칠 수 없으니 구애되고 삼가는 태도가 드러나고 돌아보고 꺼리

는 병이 생겨 마치 駿馬가 달리고자 하나 재갈과 굴레로 제재하여 천리마인 囓膝의 목이 움츠러들어 머뭇거리며 뒤돌아보는 것 같다. 보는 사람은 모두 연소한 사람의 文法이 이룬 성취를 기이하다고 여기지만 내가 크게 걱정하는 것이 바로 여기에 있다. 어째서인가. 문장은 意를 주로 하고 氣를 도움으로 삼아 일에 따라 생각을 나타내어 말로써 펼치고 氣로써 고무하니 法은 그 안에 있는 것이다. 이것이 문장을 짓는 요결이다. 그러므로 옛사람의 문장은 말로써 반드시 그 意를 다하였고, 氣로써 반드시 그 말을 채웠으며 法은 반드시 같지 않았다.

② 요즘 세상에서 문장을 짓는 사람들은 옛사람의 意를 구하지 않고 글자에 힘쓰는 것을 본받고 글귀를 본뜨려고 생각하여 비슷하게 닮기를 구하고 원칙을 바꾸며 법도를 어겨서 그 외면과 기준을 본받아 조그마한 잘못도 없게 하려 하니 빨리 읽으면 진실로 좋은 것 같으나 천천히 맛보면 眞氣가 시들어 千篇一律이라 사람들이 물리게 되니, 이것이 모두 法을 좋아하는 데에서 오는 잘못이다. 비록 그대가 좋아하는 二蘇(蘇軾과 蘇轍)의 문장으로 말하더라도 저들은 일찍이 이와 같은 法을 구한 적이 없다. 意에 하고자 하는 말이 있어서 말로 그 意를 드러내어 마침 이와 같은 法을 이룬 것이니 저들이 일찍이 意를 두지 않았던 것에 내가 곧 意를 두어 구한다면, 비록 외면에 있는 法이라고 하더라도 잘 배울 수 없는 것이다. 또 二蘇의 문장이라고 하여 과연 千古에 바꿀 수 없는 정해진 法이라고 할 수 있는가. 蘇氏 앞에는 韓愈·柳宗元·李翶·杜牧이 있었는데 그 문장이 모두 蘇氏의 아래에 있는 것이 아니니 한유는 한유의 법이 있고 유종원은 유종원의 법이 있으며 두목과 이고도 절로 두목과 이고의 법이 있었으니 어찌 일찍이 모두 蘇氏와 같겠는가. 蘇氏와 같은 시대에 歐陽脩·李方叔·曾子固·王介甫가 있는데 이들 모두 蘇氏와 이름을 함께하고 명예를 나란히 했으나 그 法이 각각 달랐으니 또 어찌 일찍이 모두 蘇氏와 같았겠는가. 그러므로 옛사람의 문장 짓는 法을 배우고자 한다면 당연히 옛사람의 말을 배워야 하고 옛사람의 말을 배우고자 한다면 당연히 옛사람의 意를

배워야 하는 것이니 意와 말이 옛사람과 같다면 法은 비록 같지 않아도 해로울 것이 없으나 意와 말이 옛사람과 같지 않다면 法이 비록 같다고 하더라도 취할 것이 없다. 다스리는 방법에 비교하면 같지 않아서는 안 되는 것이 道이고 다른 것이 없을 수 없는 것이 法이니 문장이 반드시 意를 주로 하는 것은 精一의 心法이나 愼徽한 五典과 같은 것이고 그 法은 반드시 같지 않은 것이니 忠質한 문장이 다른 것은 당연한 것이다. ……

③ 順하고 奇하고 쉽고 험한 것은 문장에 따라 같지 않지만 意에서 이루어지고 말에서 드러나는 것은 같지 않은 것이 없다. 둥근 것을 지켜 모난 것을 비웃고 곧은 것만 알고 굽은 것에 어두운 것은 목수의 비루함이고, 기이한 것을 좋아하고 順한 것을 싫어하며 쉬운 것을 쥐고 험한 것을 치는 것은 文士의 고루함이다. 이런 까닭으로 질그릇이나 나무를 쓰는 사람이 굽고 곧고 모나고 둥근 것을 형태에 따라 이루고 문장을 잘 짓는 사람이 往復曲折을 意에 따르는 것은 이것은 그 일이 서로 비슷하여 그대에게 비유할 수 있는 것이다. 그대가 진실로 옛사람을 法 삼기 좋아하면 옛사람의 말과 意를 法으로 삼으면 되는 것이니 외면에 있는 法에 너무 얽매이지 말게.[111]

111 李德壽, 「與洪仲經書」, 『西堂私載』 卷3, "今之諸作, 比舊加整齊, 而邁往之氣, 則少似沮縮, 囿於法而不能極其意之所欲言, 縛於法而不能恣其氣之所欲泄, 拘謹之態露, 而顧忌之病生, 有若駿馬欲驟, 而爲銜勒所制, 曲頸囓膝, 跼顧躑躅. 見者, 皆以年少文法之驟成爲奇, 而吾之所大憂, 則乃亦在於是. 何者. 文以意爲主, 而以氣爲輔, 隨事命意, 言以宣之, 氣以鼓之, 法在乎其中. 此作文之訣. 故古人之文, 言必有以盡其意, 氣必有以充其言, 而法則未必皆同. 今世之爲文者, 不求古人之意, 惟法之務字, 揣而句擬, 以求其肖似, 矩折而規轉, 以效其色皃尺度, 不失黍累, 驟讀誠若可喜, 徐而味之, 眞氣薾然, 千篇一律, 令人生厭, 此皆好法之過也. 雖以左右所喜二蘓之文言之, 彼未嘗求爲如是之法也. 意有所欲言, 言以發其意, 而適成如是之法也, 彼所未嘗有意者, 我乃以有意而求之, 則雖其在外之法, 未見其能善學. 且使二

인용한 「여홍중경서與洪仲經書」의 ①을 보면 문장의 창작에서 이덕수가 주목한 것들과 그 층위를 확인할 수 있다. ①에서 이덕수는 "문장은 뜻을 주로 하고 기세氣勢를 도움으로 삼아 일에 따라 생각을 나타내어 말로써 펼치고 기세氣勢로써 고무하니 문법文法은 그 안에 있는 것이다."라고 했는데, 이 말은 문장에서 가장 먼저 해야 할 것이 뜻이고 다음이 말이며 다음이 기세氣勢이고 마지막이 문법文法이라는 것이다. 그런데 이덕수가 말은 뜻을 펼치는 것이고 기세氣勢는 (말을) 고무하는 것이라고 한 뒤에 다시 옛사람의 문장에 대해 "말로써 반드시 그 뜻을 다하였고, 기세氣勢로써 반드시 그 말을 채웠으며"라고 한 것을 볼 때 말과 기세氣勢가 연계되어 있음을 알 수 있다. 즉 기세氣勢에 의해 고무된 말을 통해 뜻을 펼친다는 것이다. 이것은 문장의 뜻이 제대로 드러나기 위해서는 문장을 구성하는 말이 기세氣勢의 도움을 받아야 한다는 것으로, 같은 용어를 사용하였을 때라도 기세氣勢가 어떻게 작용하느냐에 따라 뜻의 전달이 달라질 수 있

蘓之文, 果爲千古不易之定法. 則蘓之前, 有韓愈有柳宗元有李翺有杜牧, 其文皆不在蘓之下, 而韓有韓之法, 柳有柳之法, 杜牧李翺, 自有杜牧李翺之法, 何嘗盡與蘓同也. 蘓之同時, 有歐陽脩有李方叔有曾子固有王介甫, 是皆與蘓幷名齊譽, 而其爲法各異, 亦何嘗盡與蘓同也. 故欲學古人之文法, 當學古人之言, 欲學古人之言, 當學古人之意, 意與言, 能如古人, 法雖不同, 無害, 意與言, 不能如古人, 法雖同, 無取焉耳. 比之治體, 不可不同者, 道也, 不能無異者, 法也, 文之必以意爲主, 則猶精一之心法, 愼徽之五典, 其法之不必同, 則忠質文之異尙也. …… 順奇易險, 文之不同, 而成於意而發於言, 則無不同焉. 守圓而笑方, 知直而昧曲, 梓匠之陋也, 好奇而惡順, 執易而攻險, 文士之固也. 是故, 用陶木者, 曲直方圓, 隨形而成, 善爲文者, 往復曲折, 唯意之從, 此其事之相類, 而可以喩於左右者也. 左右誠喜法古人, 則當法古人之言意, 勿太尼於在外之法."

다는 것이다. 이렇게 보면 앞서 살펴본 이순理順이 뜻에 해당하고 사달詞達이 말과 기세氣勢에 해당한다고 할 수 있다.

또 ①에서 이덕수는 "(자네의) 요즘의 글들은 옛날에 비하여 훨씬 정제되었으나 기세의 움직임이 막히고 오그라든 듯 부족하니 문법文法에 얽매여 그 뜻이 말하고자 하는 바를 다할 수 없고 문법文法에 묶이어 그 기세가 나오고자 하는 것을 펼칠 수 없으니"라고 했는데, 여기서 요즘의 글들이 옛날에 비해 훨씬 정제되었다고 한 것은 홍제유洪濟猷가 요즘 지은 문장이 작법의 형식적 틀인 문법文法을 충실히 지키고 있다는 것이다. 그런데 이런 문장에 대해 이덕수는 뜻이 말하고자 하는 바를 다할 수 없고 기세를 펼칠 수 없다고 비판했다. 이런 비판은 문장이 문법文法에 구애되어 말과 기세氣勢가 자유롭지 못하다는 것으로, 이덕수가 문장의 창작에서 자유로운 말과 기세氣勢를 통한 뜻의 자연스러운 발로發露에 장애가 되는 문법文法을 부정한 것이다. 그런 점에서 이덕수는 문장의 창작에서 문법文法의 형식적 틀에 대해 긍정하지 않았다고 할 수 있다.

문법文法에 대한 이덕수의 의식은 ②에서 더욱 선명하게 드러난다. ②에서 이덕수는 소식蘇軾과 소철蘇轍, 한유韓愈·유종원柳宗元·이고李翺·두목杜牧, 구양수歐陽脩·이방숙李方叔·증자고曾子固·왕개보王介甫의 문장을 예로 들어 문장은 각각의 문법文法이 있는 것이기 때문에 다른 사람과 같은 문법文法을 찾는 것은 의미 없는 일이라고 했다. 이덕수는 선인先人들이 각자의 문법文法을 만들게 된 것은 그들 각자가 자신의 뜻에 하고자 하는 말이 있어서 말로 그 뜻을 드러내다가 자연스럽게 각자의 문법文法을 만들게 된 것이기 때문에 선인先人들이 뜻을 두지 않았던 것에 뜻을 둘 경우 선인先人들의 문법文法을 따르고자 하더라도 배울 수 없다고 했다.

그렇기 때문에 이덕수는 천고千古에 바꿀 수 없는 정해진 문법文法은 없는 것이고, 선인先人의 문법文法을 배우고자 한다면 문법文法보다 오히려 그들의 말을 배워야 하고 그들의 말을 배우고자 한다면 당연히 그들의 뜻을 배워야 한다고 했다. 그는 또 뜻과 말이 옛사람들과 같다면 문법文法은 달라도 문제없다고 하면서 언제나 같아야 하는 도道와 달리 언제나 다를 수밖에 없는 것이 문법文法이라고 했다. 그는 정일精一의 심법心法이나 신휘愼徽한 오전五典 같이 문장은 반드시 뜻을 주로 하지만 문법文法은 이와 다른 것이기 때문에 충질忠質한 문장도 작가에 따라 다르다고 했다. 이런 언급은 이덕수가 작가에 따라서 또 작가의 뜻에 따라서 문장의 문법文法이 달라질 수 있고 또 다른 것이 당연하다고 여겼으며, 더 나아가 문장의 창작에서 고정된 문법文法의 준수를 필수적인 고려 사항으로 인식하지 않았다는 것이다.

③에서 이덕수는 문법文法에 대한 자신의 생각을 분명히 했다. 그는 문장은 순順하고 기奇하고 쉽고 험한 것이 다르지만, 어떤 문장이라고 하더라도 뜻에서 이루어지고 말에서 드러나는 것은 같다고 했다. 이 말은 문장에서 중심이 되는 것은 뜻이고 다음이 말이라는 것이다. 그렇기 때문에 문장의 왕부곡절往復曲折은 뜻을 따를 수밖에 없다는 것이다. 그래서 이덕수는 옛사람을 문법文法으로 삼기 위해서는 옛사람의 말과 뜻을 문법文法으로 삼으면 되는 것이지 형식적인 틀에 얽매일 필요 없다고 했다.

이렇게 보았을 때 이덕수가 문장의 창작에서 문법文法을 그다지 중시하지 않았던 것은 분명하다. 하지만 그렇다고 해서 이덕수가 문법文法을 무의미한 것으로 보거나 부정했다고 보아서는 곤란하다. 이덕수는 형식적으로 규정된 완고한 문법文法에 대해서는 긍정적이지 않았지만 최소한의 문법文法은 지켜야 한다고 보았다. 이덕수는 지수재知守齋 유척기兪拓基에게 준 「증유생척기서贈兪生拓基序」에서 "풀어놓되 방종에 이르지 않고 문법文法을 지키되 구애되지 않아 기세氣勢가 글 전체를 관통하고 문법文法이 구절句節에서 행해지면 좋은 문장이다(縱而無至於放, 法而無至於拘, 使氣貫乎一篇, 而法行乎句節之際, 斯善矣.)."라고 했으며, 「여홍중경서與洪仲經書」에서도 소식蘇軾의 문장을 배우는 것에 대해 이야기하면서 "어찌 반드시 자잘한 외면의 법도를 본떠서 각주구검刻舟求劍과 같은 일을 하겠는가(何必規規摸擬於其外之尺度矩矱, 有若刻舟而求劍爲哉.)."라고 하고서도 소식蘇軾과 장자莊子, 좌구명左丘明과 반고班固의 글을 읽어 점점 변하고 밝아지고 모사할 수 있어서 이렇게 오랜 시간이 흘러가면 저절로 장자莊子도 아니고 좌구명左丘明도 아니며 반고班固도 아니고 한유韓愈도 아니며 소식蘇軾도 아닌 자신만의 문법文法을 가지게 될 것이라고 했다.[112] 이런 언급으로 볼 때 이덕수는 독서를 통해 습득한 자신만의 문법文法으로 말과 기세氣勢를 자유롭게 표출하고 뜻이 자연스럽게 나타날 수 있도록 해야 한다고 생각한 것이다. 따라서 이덕수는 규정된 일률적인 형식적 문법文法은 부정했지만, 독서를 통해 습득한 자신만의 문법文法으로 말과 기세氣勢 그리고 뜻의 자유로운 표출을 유도할 경우 그 문법文法을 긍정했다.

지금까지 살펴본 내용을 정리하면 이덕수의 문장론은 간단하게

112 李德壽, 「與洪仲經書」, 『西堂私載』 卷3, "今讀蘇而便能效蘇之爲, 使讀莊氏左氏班氏之文, 吾知必能如莊氏如左氏如班氏, 能變轉, 能剴明, 能模寫, 如是而左右之年漸多工漸深, 霜降而水落, 則自當非莊非左非漢非蘇, 而別有左右之文法矣."

"이순理順하고 사달詞達한 문장을 통한 도덕道德과 성명性命의 구현"으로 정리할 수 있지만, 그는 문장이 도덕道德과 성명性命에 관계되지 않더라도 그 자체로 의미를 지니는 것이라고 보았다. 그는 도덕道德과 성명性命을 목표로 하는 이순理順과 사달詞達의 문장이 아니라면 아무리 뛰어난 작가가 글자를 다듬고 글귀를 꾸며 문장을 아름답고 화려하게 만든다고 하더라도 그것은 문장이 아니라고 했지만, 이덕수의 이런 논의는 문장의 관념적인 최종 지향점을 의미한다. 그는 문장을 도덕道德과 성명性命에 비해 보잘 것 없는 것이라고 했지만, 문장을 통해서도 도道에 나아갈 수 있다고 보았고 또 그렇지 않다고 하더라도 문장은 그 자체로 의미를 지닌다고 했다. 따라서 그의 문장론에서 도덕道德과 성명性命의 구현은 관념적인 최종 목적이 되어 이루어진다면 좋겠지만 이루어지지 않았다고 하더라도 문장의 가치에 영향을 미치지 않는다. 그런 점에서 이덕수의 문장론은 "이순理順하고 사달詞達한 문장을 통한 도덕道德과 성명性命의 구현"을 표제로 하지만 실질적인 그의 문장론은 "이순理順하고 사달詞達한 문장의 창작"으로 규정된다.

그는 "문장은 뜻을 주로 하고 기세氣勢를 도움으로 삼아 일에 따라 생각을 나타내어 말로써 펼치고 기세氣勢로써 고무하니 문법文法은 그 안에 있다."고 했는데, 이 말은 문장의 창작을 위한 요소로 가장 먼저 뜻, 다음이 말, 다음이 기세氣勢, 다음이 문법文法이라는 것이다. 또 그는 말은 뜻을 펼치는 것이고 기세氣勢는 고무하는 것이라고 했는데, 이 말은 기세氣勢에 의해 고무된 말을 통해 뜻을 펼친다는 것으로 문장의 뜻이 제대로 드러나기 위해서는 문장에 사용된 말이 기세氣勢의 도움을 받아야 한다는 것이다. 그런 점에서 이순理順을 뜻으로, 사달詞達을 말과 기세氣勢로 볼 수 있다. 이렇게 본다면 이덕수의 문장론은 "기세氣勢에 의해 고무된 말을 통해 뜻을 펼치는 문장의 창작"으로 정의할 수 있다.

이와 함께 이덕수는 문장의 창작에서 말과 기세氣勢의 자유로운 사용을 통한 뜻의 자연스러운 발로發露에 장애가 되는 형식적인 문법文法은 부정했지만, 독서를 통해 습득한 자신만의 문법文法으로 말과 기세氣勢 그리고 뜻의 자유로운 표출을 유도할 경우 그 문법文法을 긍정했다. 이런 인식은 창작의 독자성 혹은 작가 개성의 인정으로, 그의 문장론은 도덕道德과 성명性命의 울타리에서 한 걸음 물러나 창작의 독자성과 작가의 개성을 긍정하였다는 의미를 지닌다.

4. 결론

이덕수는 시와 문장의 특성과 창작 목적을 구분했기 때문에 시를 짓는 방법으로 문장으로 쓰거나 문장을 쓰는 방법으로 시를 지을 경우 모두 문제라고 보았다. 그는 시를 짓는 방법으로 문장을 쓸 경우 자질구레하고 유약하여 그 기세가 한편을 꿰지 못한다고 했는데 이런 언급은 시가 개인의 감정을 중심으로 하여 섬세한 정서의 표출을 추구하는 문학 양식이기 때문이다. 반대로 문장을 쓰는 방법으로 시를 지을 경우 운치가 하나도 없어 생경하지 않으면 번잡하고 화려함에 그칠 뿐이라고 했는데 이런 언급은 문장이 내용과 수식, 문법의 조화를 추구하는 문학 양식이기 때문이다. 그렇기 때문에 내용을 중심으로 시를 짓게 되면 시가 거칠고 억세게 되며, 수식과 문법을 중심으로 시를 짓게 되면 시가 수식에 치우쳐 번잡하고 화려하게 되어 시의 운치를 느낄 수 없다는 것이다. 그래서 이덕수는 시의 문제를 첨예하고 공교로우며 얄팍하게 드러나는 것으로 보았고, 문장의 문제를 거칠고 속되며 허황하게 꾸미는 것으로 보았다.

시와 문장을 구분했던 이덕수는 시언지詩言志의 전통적인 시론을 바탕으로, 시의 창작에서 뜻[意]을 가장 중요하게 생각했다. 하지만 그는 뜻만 중시한 것이 아니라 뜻을 엮은 시어詩語가 정치情致하여 정경情境이 교융交融되어야 제대로 된 시라고 여겼다. 이런 시론은 전통적인 시론과 출발점을 같이 하는 것이지만 다른 한편에서는 전통적인 시론과 일정한 거리를 지닌다. 그것은 그가 뜻이 아무리 훌륭하더라도 그 뜻이 시어詩語와 적절한 조화를 이루지 못할 경우 좋은 시가 될 수 없다고 했으며, 경우에 따라서는 시인의 뜻이나 시의 내용보다 시어와 시구의 정밀함과 공교로움이라는 형식적形式的 · 수사적修辭的 · 문예적文藝的인 미美가 더 중요한 의미를 가질 수 있다고 보았다는 점에서 그렇다.

이덕수의 문장론 역시 "이순理順하고 사달詞達한 문장을 통한 도덕道德과 성명性命의 구현"이라는 전통적인 문장론을 표제로 내세운다. 하지만 그의 문장론은 그가 문장을 통해서도 도道에 나아갈 수 있고 또 설령 도道에 다가서지 못한다고 하더라도 문장은 그 자체로 의미를 지닌다고 여겼다는 점에서 당대의 보편적인 문장론과는 일정한 거리를 보인다. 그는 이순理順하고 사달詞達한 문장의 창작을 추구했는데, 그가 추구한 이순理順하고 사달詞達한 문장은 도덕道德과 성명性命의 구현이 이루어진 문장이 아니라 작자 스스로의 학습을 통해 습득한 문법文法과 기세氣勢에 의해 고무된 말을 통해 뜻이 펼쳐진 문장을 말한다. 그런 점에서 그의 문장론 역시 전통적인 문장론을 출발점으로 하지만 전통적인 문장론과 일정한 거리를 보인다.

이덕수의 시론과 문장론은 모두 뜻의 확립을 창작의 시작점으로 삼는다. 하지만 그의 시론과 문장론은 뜻의 확립만을 중시하는 것이 아니라 뜻의 확립과 함께 사용한 말의 적절성에 주목한 것이다. 그는 뜻이 적절한 말과 만나지 못했을 때 이를 제대로 된 시나 문장으로 여기지 않았다. 그렇기 때문에 그는 시에서 뜻과 정치情致한 시어詩語의 조화를, 문장에서 뜻과 기세氣勢에 의해 고무된 말의 조화를 추구했다. 경우에 따라서 그는 시에서 뜻보다 시어와 시구의 정밀함과 공교로움을 더 높게 보았고, 문장에서는 도덕道德과 성명性命에 관계되지 않더라고 기세氣勢에 의해 고무된 말을 통해 뜻이 드러난 문장을 더 뛰어난 것으로 보면서 형식적인 문장의 문법文法에 그다지 의미를 두지 않았다.

이덕수의 이런 인식은 그가 사장학辭章學을 성리학性理學에서 분리된 독자적 학문으로 설정하고 사장辭章을 통해서도 도道를 깨달을 수 있다고 여겼던 것과 맥을 같이 한다. 그는 사장학辭章學의 독자성 인정을 넘어 사장학辭章學의 가치를 적극적으로 긍정했는데, 이런 인식은 자연스럽게 문학의 독자적 가치의 인정으로 이어질 수밖에 없다. 특히 그가 도道에 이르지 못한 시문도 그 자체로 의미를 지닌다고 여긴 것과 뜻만 아니라 뜻과 말의 조화를 중시한 것은 그의 시론과 문장론이 창작의 독자성과 작가 개성의 긍정을 바탕으로 시문의 형식적形式的 · 수사적修辭的 · 문예적文藝的인 미美의 추구로 나아갔다고도 볼 수 있게 한다.

물론 시대적 제약과 인식의 제한이라는 한계적 상황을 그의 시론과 문장론이 완전하게 벗어났다고 보기는 어렵다. 그의 시론이 전통적인 시언지詩言志 논의를, 그의 문장론이 도덕道德과 성명性命의 구현을 표제이자 관념적 목적으로 설정했다는 점에서 이런 한계는 분명히 인정할 수밖에 없다. 하지만 그와 같은 한계를 가지고 있음에도 불구하고 그의 시론과 문장론이 도덕道德의 울타리에서 한 걸음 떨어져 시문 자체의 가치와 의미를 긍정하고 작가의 개성과 창작의 독자성을 옹호하며 시문의 수사미修辭美와 문예미文藝美를 강조하여 문예적文藝的·미학적美學的 독립성을 추구한 것은 분명하다.

제2부

서당西堂 이덕수李德壽의 문학文學에 대한 단상

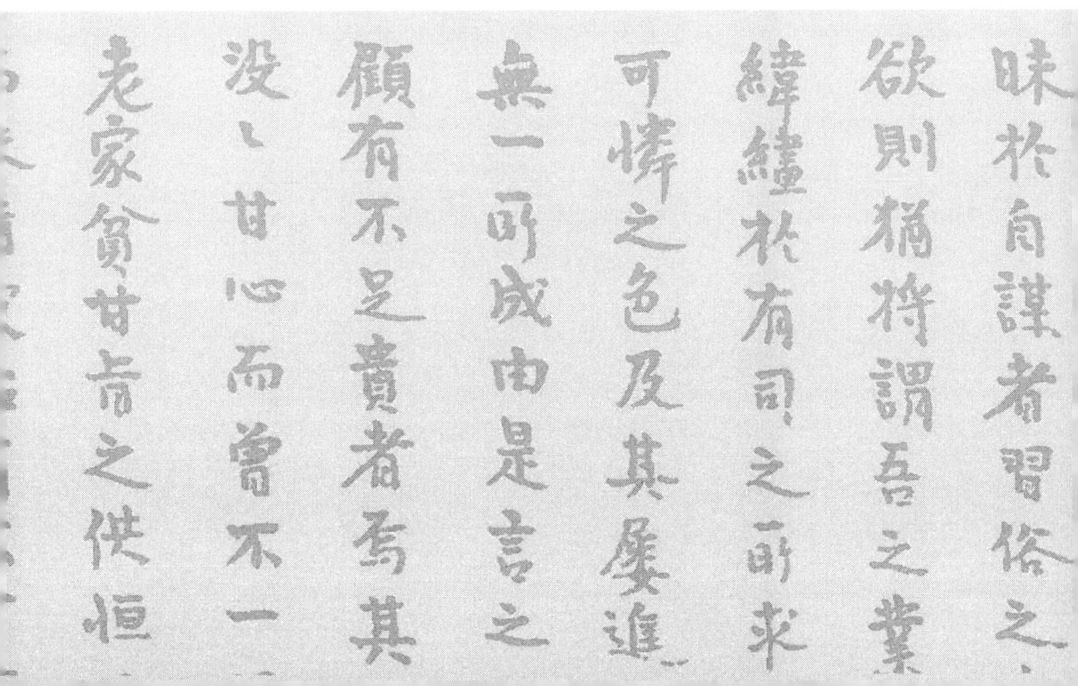

Ⅰ. 서당 이덕수의 천도와 천명에 대한 인식 연구

– 단명短命한 망자亡者를 위해 지은 시문을 중심으로–

이황진

1. 머리말

사마천은 「백이열전」에서 백이숙제는 굶어 죽고 안회는 가난하게 고생하다 요절했는데 오히려 온갖 만행을 저질렀던 도척은 편안히 천수를 누린 사실을 근거로 들며 "천도는 치우침이 없어, 늘 선한 사람을 돕는다."고 하는데, "도대체 천도天道라는 것이 있다고 한다면, 그것은 과연 옳은 것인가? 그른 것인가?"[1] 탄식하며 천도에 대한 의구심을 표출한 바 있다. 이것은 누구나 한 번쯤은 갖게 되는 의구심일 것이다. 이는 역사 속 유명인의 사례가 아니어도 누구나 살아가면서 보통 사람들의 일상 속에서도 그러한 하늘의 불공평함과 무

1 司馬遷, 〈伯夷列傳〉, 『史記』 卷61, "或曰, '天道無親, 常與善人.' 若伯夷叔齊, 可謂善人者非耶? 積仁絜行如此, 而餓死. 且七十子之徒仲尼, 獨薦顔淵爲好學, 然回也屢空, 糟糠不厭, 而卒蚤夭. 天之報施善人, 其何如哉? 盜跖日殺不辜, 肝人之肉, 暴戾恣睢 聚黨數千人, 橫行天下, 竟以壽終, 是遵何德哉? 儻所謂天道, 是耶?非耶?"

심함을 직간접적으로 보고 듣게 되기 때문일 것이며, 더 나아가 그러한 상황을 자신의 주변에서 직접 경험하게 되면 그 의구심과 탄식은 더 커질 수밖에 없기 때문이다.

18세기 전반 소론계를 대표하는 관료 문인 서당西堂 이덕수李德壽(1673~1744, 자字 인로仁老, 시호諡號 문정文貞)도 망자亡者를 위해 쓴 만시, 제문, 애사, 비지문 등에서 자주 천도天道와 명命(천명天命, 운명運命)에 대해 언급하며 그에 대한 의문과 고민을 표출하였다. 특히 단명한 이들을 위해 쓴 작품에서 그러한 모습이 더 분명하게 드러나는데, 이는 '단명' 자체가 천도와 천명을 다시 한번 생각하게 할 만큼 비통한 일이기 때문일 것이다. 이에 필자는 본고에서 이덕수가 단명한 이들을 위해 지은 작품을 중심으로 하여 그의 천도와 천명에 대한 인식에 대해 살펴보고자 한다.[2]

이덕수 관련 연구는 문학론, 문장, 시, 불교관, 교유관계 등 여러

2 본고는 이덕수가 단명한 망자들을 위해 지은 만시, 제문, 애사, 비지문 등을 대상으로 하는데, 단명은 젊은 나이에 죽었음을 의미하기는 하나 몇 살까지의 죽음을 단명으로 판단해야 하는지 명확한 기준이 없기에 사람마다 그 기준은 다를 수 있다. 필자는 이기순이 「고령신씨의 혼인·출산과 수명」(『한국사학보』 제10집, 2001, pp.108~109.)에서 분석한 조선시대 고령신씨 가문 남성의 평균수명을 참고해 본고에서는 36세를 단명의 기준선으로 삼았다. 이기순의 연구에 따르면, 1671~1680년생 남성의 평균수명은 55.50세, 1681~1690년생은 54.91세, 1691~1700년생은 51.46세, 1701~1710년생은 56.59세, 1711~1720년생은 54.51세, 1721~1730년생은 57.55세였다. 가문이나 지역별로도 다소 차이가 있을 것이긴 하지만 그래도 충분히 참고할 만한 자료라 판단된다. 이를 기준으로 본다면 이덕수가 살았던 시대에 남성의 평균 연령은 54~55세 가량이다. 그것의 2/3인 36세 정도밖에 못살았다 한다면 단명이라 간주할 수 있을 것이다. 이는 72세에 세상을 뜬 이덕수의 딱 절반의 나이이기도 하다.

방면에서 꾸준히 진행되고 있다.[3] 선행연구 중 본 연구에서 주 대상으로 삼은 비지문과 관련한 연구로는 강성숙과 장윤선의 논문이 있지만,[4] 거기에서는 천도와 천명에 대한 인식은 거의 다루어지지

3 이덕수의 문학론 관련 선행 연구로는, 강민구의 「서당 이덕수의 문학론 연구」(『한문학보』 제1집, 우리한문학회, 1999)와 「이덕수의 문학 비평에 대한 연구」(『한문학보』 제2집, 우리한문학회, 2000.), 윤재환의 「서당 이덕수의 시론과 문장론의 재검토」(『동양고전연구』 제85집, 동양고전학회, 2021)가 있다. 문장 관련 연구는, 신복호의 「18세기 관각문학 연구 - 이의현, 이덕수, 서명응을 중심으로」(고려대학교 대학원 박사학위논문, 2003.), 박은정의 「서당 이덕수의 독서론과 주의론적 글쓰기」(『동방학』 제11집, 한서대학교 동양고전연구소, 2005.), 송호빈의 「이덕수 『파조록』에 대한 서지문헌학적 고찰」(『어문연구』 제41집, 한국어문교육연구회, 2013.), 조창록의 「『파조록』과 『파조속록』에 나타난 이덕수의 심학적 경향」(『동방한문학』 54, 동방한문학회, 2013.), 유정열의 「서당 이덕수의 산문 연구」(서울대학교 대학원 박사학위논문, 2019.), 김묘정의 「서당 이덕수의 증서류 산문 일고찰 - 글쓰기 기법과 주제 구현 양상을 중심으로」(『한국민족문화』 제79집, 부산대학교 한국민족문화연구소, 2021.)이 있다. 시문학에 관련한 논문으로는 유호선의 「서당 이덕수의 불교관과 시문학 연구」(『한문교육연구』 제18집, 한국한문교육학회, 2002.), 장유승의 「이덕수의 시론과 시세계 - 22則의 評語를 중심으로」(『한국한시작가연구』 제14집, 한국한시학회, 2010.), 김효정의 「서당 이덕수의 동유 체험과 시적 형상화」(『동양한문학연구』 61, 동양한문학회, 2022.) 등이 있다. 불교 관련 연구로는 이승수의 「18세기 전반 사대부의 불교 이해」(『불교학보』 제39집, 동국대학교 불교문화연구원, 2002.), 유호선의 『17C 후반~18C 전반 경화사족의 불교수용과 그 시적 형상화 : 김창흡, 최창대, 이덕수, 이하곤, 조귀명을 중심으로』(고려대학교 대학원 박사학위논문, 2002.)이 있다. 교유관계 연구로는 이승수의 「17세기 후반 노소분기의 고민과 선택 - 서계 박세당의 고제자 서당 이덕수」(『문헌과 해석』 제16집, 문헌과해석사, 2001.)와 「서당 이덕수의 사우 관계」(『한국고전연구』 제8집, 한국고전연구학회, 2002.). 이황진, 「서당 이덕수의 교유관계 고찰」(『열상고전연구』 제76집, 열상고전연구회, 2022.)이 있다.

않았다.

이덕수는 『영조실록』에 기록된 졸기에 "이덕수는 문장이 박아博雅하여 일대一代의 종장宗匠으로 일컬어졌다."[5]고 기록되어 있을 정도로 당대의 대문장가였다. 이는 그가 영조대에 문형을 두 번이나 맡았다는 사실과 당대 팔문장의 일원으로 지목되었다는 사실에서도[6] 그러함을 확인할 수 있다. 그리고 이유원(1814~1888)은 "금석문에 더욱 뛰어나 역사가의 필법을 깊이 터득하였다. 무릇 묘도를 꾸미고자 하는 사람들은 반드시 공에게 달려가니 집 앞이 그들로 북적거렸다. 공이 이에 응하여 저술한 비·판·지·명이 가장 많아 그 글이 십수 권이 되었다."[7]며 이덕수가 당대에 묘도문자의 대가로 이름을 떨쳤음을 밝히고 있다. 실제로 이덕수의 문집 『서당사재』의 권5~권11에는 신도비명, 묘갈명, 묘지명, 묘표 등 비지문이 170여 편 수록되어 있으며, 『서당선생집』에는 『서당사재』에 수록되어 있지 않은 비지문 몇 편과 30여 편의 애사와 제문이 더 수록되어 있어 그가

4 강성숙, 「기억을 통해 드러나는 18세기 사대부의 여성상-서당 이덕수의 어머니, 아내, 딸을 중심으로」, 『겨레어문학』 제38집, 겨레어문학회, 2007.; 장윤선, 「서당 이덕수의 비지류 산문 연구」, 경북대학교 교육대학원 석사학위논문, 2008.

5 『영조실록』 영조 20년 갑자(1744) 5월 28일 기사, 〈우참찬 이덕수의 졸기〉

6 이덕수는 李天輔(1698~1761), 吳瑗(1700~1740), 南有容(1698~1773), 黃景源(1709~1787), 趙最壽(1670~1739), 趙龜命(1694~1737), 林象元(1709~1760)과 함께 당대 '八文章'으로 일컬어졌다. (李奎象, 「文藝錄」, 『幷世才彦錄』)

7 李裕元, 「吏曹判書西堂李公行狀」, 『嘉梧藁略』 冊19, "尤善於金石文 深得史氏法. 凡爲墓道飾者 必趍於公 門庭如市. 公輒應之所著碑版誌銘最多 爲十數卷."

망자를 위한 상당량의 작품들을 저술하였음을 알 수 있다.[8]

필자가 본고에서 천도와 천명에 대한 이덕수의 인식을 살펴보고자 하는 것은 그가 당대의 여느 작가들보다 망자를 위한 시문을 많이 남겼다는 사실이 중요 이유이기는 하다. 그러한 시문을 통해 망자의 생애와 행적, 저자와 그 인물의 인연과 친분 등을 알 수 있을 뿐만 아니라 저자의 인생관이나 운명에 대한 인식 역시 엿볼 수 있기 때문이다. 하지만 더 큰 이유는 이덕수 자신이 첫 번째 부인, 동생, 아들, 딸 등이 젊은 나이에 세상을 떠나는 것을 직접 경험했기에 그 누구보다 천도와 천명에 대해 더 많이 고민했을 것이라 여겨졌기 때문이다. 그가 저술한 작품 중에서도 특히 그의 가족이나 주변의 단명한 이들을 위해 쓴 작품에는 천도와 천명에 대한 이덕수의 인식이 담겨 있는 경우가 많기에 이를 통해 그에 대한 인식을 살펴보는 것도 그의 삶과 문학세계를 좀 더 깊이 이해하는 하나의 방편이 될 수 있을 것이다. 다만, 본고는 천도와 천명에 대한 이덕수만의 독특한 인식을 찾아내는 데 목적이 있다기보다는, 이덕수의 시문을 통해 그가 살았던 당대의 천도와 천명에 대한 인식의 일면을 살펴보는 데 그 의의가 있다고 할 수 있다. 따라서 본고에서 다루는 천도와 천명은 유불도의 사상이나 교리 등에 초점이 맞춰진 심오한 개념의 것이라기보다는,[9] 보통 사람들이 일상적으로 받아들이고 인식하는 정도

8 본고에서 자료로 삼은 이덕수의 문집은 규장각 소장 『西堂私載』(한국문집총간 186. 한국고전종합 DB https://db.itkc.or.kr/)와 전의이씨청강공파화수회에서 2000년 영인한 『西堂先生集』이다. 『西堂私載』가 주 자료가 되며, 거기에 수록되어 있지 않은 자료의 경우 『西堂先生集』을 참조하였다.

9 운명론, 죽음관, 천도론 등과 관련된 연구 몇 개를 소개하자면 다음과 같다. 심규철, 「유 · 불 · 도 삼가의 운명론 - 명리학 운명론의 사상적 연원을 찾아

의 일반적 차원의 개념으로 천도는 '하늘의 바른 도리'라는 의미로, 천명은 '타고난 수명' 혹은 '타고난 운명'이라는 의미에 초점이 맞추어져 있음을 미리 밝혀둔다.

2. 계유년(1693)의 충격 – 천도와 천명에 대한 고민의 시작

이덕수가 천도와 천명에 대해 많은 생각과 고민을 했음은 그가 망자를 위해 쓴 수많은 시문에서 확인해 볼 수 있다. 『서당사재』는 저자인 이덕수가 생전에 자신의 시문을 정리한 자편 문집인데,[10] 특히 문집에 수록된 첫 번째 작품이 천도와 천명에 대한 의구심이 강하게 담겨 있는 〈숙심면중만叔沈勉仲挽〉라는 사실은 주목해 볼 만하다. 문집에서 시는 권1과 권2에 21세(1693년)의 시부터 72세(1744년)로 세상을 떠날 때까지의 시 454제가 창작시기순으로 편집되어 있다. 그런데 21세인 계유년(1693) 이전에 지은 시는 한 수도 수록하지 않

서」, 『주역철학과 문화』 제1집, 한국역경문화학회, 2003.; 정병석, 「논어와 장자에 보이는 죽음관」, 『동양철학연구』 제55집, 동양철학연구회, 2008.; 이택용, 「중국 先秦시대의 命論 연구 – 맹자와 장자를 중심으로」 성균관대학교 대학원 박사학위논문, 2012.; 신진식, 「증산계 신종교와 유교, 도교의 죽음관 비교」, 『한국철학논집』 제58집, 한국철학사연구회, 2018.; 조원일, 「공자의 천도론 사상에 대한 연구」, 『율곡학연구』 제39집, 율곡학회, 2019.; 이석현, 「동양사상의 운명론 쟁점 – 유불도 삼교사상을 중심으로」, 『원불교사상과 종교문화』 제85집, 원광대학교 원불교사상연구원, 2020.; 이석현, 「동양의 운명론 연구 – 유불도 삼교를 중심으로」, 원광대학교 대학원 박사학위논문, 2021. 등이 있다.

10 김경희, 「『서당사재』 해제」, 한국문집총간 186, 2000.

고,[11] 그해 12월에 지은 〈숙심면중만叔沈勉仲挽〉를 첫 작품으로 수록한 데에는 이덕수의 특별한 편집 의도가 있었을 것으로 보인다. 이덕수는 살아가는 동안 자신의 동생과 자식을 비롯한 수많은 사람이 젊은 나이에 세상을 뜨는 것을 지켜봐야 했으며, 그로 인해 그들은 왜 그리 짧은 명을 갖고 태어난 것인가 혹은 뛰어난 재주를 가지고 태어났음에도 왜 그것을 제대로 펼쳐보지도 못하고 그리 일찍 세상을 떠나야 했는가 등에 대해 끊임없이 의문을 품고 고민했는데 그러한 것이 이 만시를 문집의 첫 작품으로 결정하는 데 영향을 주었을 것이다. 이 시는 마치 이후에 펼쳐질 이덕수의 비애 가득한 삶의 서막을 여는 듯한 느낌을 주며, 그가 살아가면서 겪어야 하고 고민할 문제를 예견이나 한 듯한 내용을 담고 있다.

팔월에는 內兄을 곡하고　　八月哭內兄
구월에는 從兄을 곡하였는데　　九月哭堂兄
시월에는 아내를 곡하게 돼　　十月哭室婦
침통함이 심장에 맺히었습니다　　沉痛結心腸
지난 달에는 아저씨를 곡하고　　前月哭吾叔
이번 달에는 만장을 씁니다　　今月寫哀章
어찌하여 한 해 동안　　奈何一歲中
눈물 마른 적이 없을까요　　淚目不曾乾

11 『西堂私載』에는 수록되어 있지 않지만, 徐宗泰(1652~1719)의 『晩靜堂集』 卷2에는 1690년(이덕수 18세) 이덕수와 나눈 시 3제 4수(〈杜門悄寂 甚懷李弟仁老德壽 而不可見 且聞其日耽雜書 吾伊太勞 一詩以寄之〉, 〈仁老次韻以來 時三冬無雪 歲且盡而始大雪 仁老復以詠雪一律來 遂次贈〉 2수, 〈瀕行李弟仁老 以詠物言志古體數篇寄來 途中悤悤漫次 歸輒寄之 不細點檢也〉)가 수록되어 있어 1693년 이전에 지은 시의 흔적을 찾아볼 수 있다.

인생이란 풀에 맺힌 이슬 같아	人生若草露
오래 살기가 정말 그리 어려운건지	久存良獨難
어제는 웃으며 말하던 사람	笑言昨爲人
줄줄이 산속으로 돌아갑니다	累累歸山岡
대지가 몸 주었으니	大塊賦形骸
태어나 죽는 것 원래가 당연한 이치건만	生死固其常
장한 포부 가진 꽃다운 나이에 죽다니	奇志殞芳年
이것 생각하면 슬퍼집니다	念此使人傷
수명에 많고 적고 편벽됨이 있으니	豊嗇有所偏
하늘의 살핌은 공평치가 않군요	眞宰諒不公
이런 이치 누구에게 물어볼까요	此理欲誰問
하늘 쳐다봐도 한낱 꿈속같을 뿐	視天徒夢夢

이 만시는 망자인 심면중에 대한 애도보다는 이덕수 자신이 계유년에 겪었던 충격적인 상황에 대한 한탄이 주조를 이룬다는 점에서 여느 만시와는 다른 면모를 보인다. 8월에 내형을 곡하였다고 하였는데, 이는 외삼촌 심유沈濡(1640~1684)의 셋째아들 심경현沈景賢(1666~1693)[12]으로 28세에 요절하였다. 9월에는 종형을 곡하였다 하였는데 이는 종숙부 이징헌李徵獻(1645~1694)의 아들 이덕보李德普(1673~1693)로 이덕수와 동갑으로 함께 공부하고 뛰놀며 늘 같이했던 친밀한 사이였는데 21세에 요절하였다.[13] 거기에 더해 부인 해주최씨

12 李德壽, 〈外王考贈左贊成沈府君 外王妣贈貞敬夫人韓山李氏合葬墓誌〉, 『西堂私載』 卷10, "府君有一男一女, 男濡 弘文館應敎贈領議政, 女適參判贈吏曹判書李徵明. 議政娶大提學樂靜趙公錫胤女 生三男二女 男長齊賢 三陟府使, 次壽賢 議政府領議政, 次景賢 進士早夭."; 金柱臣, 『壽谷集』 권8, 〈祭沈季行景賢文 代衍之作. 癸酉(1693)〉

가 8월에 병중에 출산하여 산아가 죽은 뒤로 병이 심해져 10월에 스물이라는 꽃다운 나이에 세상을 떴다. 이에 이덕수는 하늘이 차마 어찌 이렇게까지 할 수 있느냐며 비통해하였다.[14] 게다가 그 해가 다 가기도 전에 아저씨뻘 되는 심면중이 유명을 달리하자[15] 이덕수는 도리어 그에게 어찌하여 한 해 동안 눈물이 마를 겨를조차 없이 사랑하는 사람들이 그것도 젊은 나이에 그리 허망하게 가버리는지 마치 믿기지 않는 꿈을 꾸고 있는 것만 같다며 하소연하였다. 그리고 사람이 태어나 죽는 것은 당연한 하늘의 이치임을 잘 알고는 있지만, 진정 사람의 생명이란 게 풀잎에 맺힌 이슬과 같아 오래 살기가 그리 어려운 것인지 그리고 하늘은 도대체 사람에게 수명을 주는 데

13 李德壽, 〈再從兄施老氏墓誌銘〉, 『西堂私載』 卷9, "公性純實簡默, 類若有成, 而竟夭折, 卒于癸酉九月十七日, 得年堇二十一. …… 公與余同年生, 而先余三月. 凡讀書嬉遊, 未嘗不與之同."

14 李德壽, 〈亡妻海州崔氏墓誌銘〉, 『西堂私載』 卷9, "癸酉, 孺人有身八月而病, 娩而子死, 因悲悼傷歎 病以轉劇, 至其年十月八日, 竟不起, 得年二十. 嗚呼痛哉! …… 吾何咎而天之忍而爲是也. 嗚呼哀夫!"

15 이덕수의 집안은 수 대에 걸쳐 청송심씨와 인척 관계를 맺어왔다. 증조할아버지 李行健이 재취로 청송심씨와 혼인한 후 2남(이만웅, 이만종)을 두었으며(金昌協, 〈同知中樞府事李公墓表〉, 『農巖集』 卷28, "初娶全州李氏, 再娶青松沈氏, 生二子, 萬雄文科觀察使, 萬鍾學生早夭."), 할아버지 李萬雄은 徐景霱의 딸 대구서씨와 혼인하여 2남(이징명, 이징하) 4녀를 두었는데, 큰아들 이징명은 沈若漢의 딸 청송심씨와, 큰딸은 沈權과 혼인하였다.(金壽恒, 〈觀察使李公行狀〉, 『文谷集』 卷21, "公配徐氏, 大丘望族, 達城尉諱景霱之女, 忠肅公諱渻之孫, 宣祖大王之外孫女也. 有二男四女, 男長徵明進士, 次徵夏. 女長適沈權, 次適李世熙, 鄭重震 韓世良.") 그리고 이징명은 2남(이덕수, 이덕해) 1녀를 두었는데, 큰딸은 沈鳳儀(1666~1738)와 혼인하였다. 이덕수는 1남(이산배) 3녀를 두었는데, 둘째 딸이 沈命哲의 아들 沈鎔과 혼인하였다. 심면중은 아저씨뻘 되는 친인척으로 보인다.

있어 왜 그리 공평하지 않은 것인지 천도와 천명에 대한 의구심을 강하게 드러내었다.

이렇듯 『서당사재』는 계유년(1993)에 겪은 충격으로 초래된 사람들의 수명[천명]에는 왜 길고 짧은 차이가 있는 것인지, 그러한 이치[천도]는 대체 어디에 물어봐야 하는지 등에 대한 의문과 고민으로 시작된다. 따라서 이덕수가 계유년 이전에 지은 시를 한 수도 수록하지 않고 〈숙심면중만叔沈勉仲挽〉을 문집의 첫 작품으로 선정하여 수록한 것은 천도와 천명에 대한 그의 관심과 고민이 반영된 편집 의도였다고 유추해볼 수 있다. 그리고 그러한 의문은 차후 단명한 사람들에 대한 상당량의 만시와 비지문 등에서 줄곧 제기되고 또 자기 나름대로 그 해답을 찾고자 하는 고민으로 표출되기도 한다.

이덕수의 문집에 수록된 만시, 제문, 애사, 비지문 속 인물 중에서 이덕수보다 나이가 적은 인물들 가운데 36세 이전에 단명한 사람들을 정리하여 표로 제시하면 다음과 같다.

[표 1] 문집 속에 수록된 단명한 인물

이름	관계	享年	수록 작품 〈시〉, 「문」, *『西堂先生集』	참고사항
海州崔氏 (1674~1693)	初娶	20	〈亡妻海州崔氏墓誌銘〉	父:崔翼瑞(1645~1684) 兄:崔尙健(1668~1714)
李德海 (1689~1715)	남동생	27	〈憶昔亡弟〉, *「祭亡弟文」, *「又告亡弟墓文」, 「亡弟大仲墓表」, 「亡弟大仲墓誌銘」	妻:朴泰輔(1654~1689)의 딸
李山培 (1703~1732)	아들	30	〈自悼 三絶〉 3수, 〈省亡兒墓〉 「亡兒墓誌銘」, *「題亡兒眞」	丈人:鄭錫祚(1673~1714)
崔祉興 (1695~1725)	첫째 사위	31	「崔祉興墓誌銘」	父:崔尙健(1668~1714)
沈氏妻 (1706~1722)	둘째 딸	17	〈赴水城路過亡女墓下〉, 「亡女沈氏婦壙誌」	媤父:沈命哲(1688~1726)

李元培 (1701~1719)	당질	19	「堂姪元培墓誌銘」	父:李德孚(1675~1733)
李德普 (1673~1693)	재종형	21	「再從兄施老氏墓誌銘」	父:李徵獻(1645~1694)
李寅培 (1691~1724)	재종질	34	「再從姪寅培墓誌銘」	父:李德普(1673~1693)
沈鈺 (1686~1710)	외종질	25	*「沈士章哀詞」	父:沈齊賢(1661~1713)
沈鏷 (1688~1707)	외종질	20	〈沈鏷挽詩〉	沈鈺의 弟
郭鎭漢 (1671~1704)	동서	34	「學生郭公墓誌銘」	妻:姜晉相(1652~1718)의 장녀(이덕수 再娶의 언니)
任桂得 (1719~1729)	친구 아들	11	「任童子壙記」	父:任選(1683~1740)
金重鎭 (1720~1731)	지인 요청	12	「金童子墓表」	父:金學萬
尹衡國 (1712~1730)	후배 아들	19	*「尹秀才墓誌銘」	父:尹敬夏
金崇謙 (1682~1700)	선배 아들	19	*「金君山哀詞」	父:金昌協(1651~1708)
李洌 (1710~1731)	후배	22	「贈瀛萊君墓碣銘」	父: 海安君 李億
崔粹麟 (1720~1742)	친구 손자	23	「崔祥甫墓誌銘」	祖:崔尙健(1668~1714)
吳大觀 (1711~1734)	동료 아들	24	*「吳大觀哀詞」, *「兵曹佐郎 吳君墓誌銘」	父:吳光運(1689~1745)
尹志淳 (1666~1690)	친구	25	「進士尹公墓誌銘」	父:尹敍績(1636~1695)
尹鼎國 (1711~1735)	친구 아들	25	「通德郎尹君墓碣銘」	父:尹敬龍(1686~1743)
尹敬宗 (1680~1705)	친구	26	「進士尹君墓表」	父:尹志和(1660~1704)
鄭壽玄 (1707~1733)	친구 아들	27	*「鄭秀才墓誌銘」	父:鄭光賓(1673~1736)
崔尙履 (1692~1720)	선배 아들	28	「司憲府持平崔君墓碣銘」	父:崔奎瑞(1650~1735)
李瀊 (1691~1719)	선배 아들	29	〈李生瀊挽〉	祖父:李選(1632~1692) 外祖父:洪重箕(1650~1706)

李顯益 (1678~1717)	친구	30	〈李仲謙挽〉	父:李泓(1707~1786)
李景奎 (1673~1703)	친구	31	〈李文甫挽〉, 「李文甫墓誌銘」	父:李樟
洪濟猷 (1689~1721)	제자, 동생 친구	33	〈洪仲經挽〉 4수, 「愛懶子墓表」	父洪致中(1667~1732)
尹彦教 (1687~1719)	후배	33	「成均生員尹君墓碣銘」	父:尹扶(1656~1727)
李眞源 (1676~1709)	친구	34	〈李子深挽〉 「翊衛司侍直李公墓誌銘」	父:李德成(1655~1704)
金道洙 (1699~1733)	제자, 아들 친구	35	*「祭金士源文」	金佑明(1619~1675)의 庶孫
權益聖 (1681~1715)	친구	35	「成均進士權君墓碣銘」	父:權斗紀(1659~1722)
申靖夏 (1681~1716)	친구	36	〈申正甫挽〉	父:申琓(1646~1707)
鄭光殷 (1698~1733)	제자, 아들 친구	36	*「祭鄭質夫文」, *「司憲府持平鄭君墓誌銘」	祖父:鄭純陽(1634~1686)

3. '天道'에 대한 이덕수의 인식

'천도天道'에는 ①하늘의 바른 도리[천리天理], 하늘의 뜻[천의天意], ②자연계의 변화 규율, ③징조를 나타내는 천문 현상, ④날씨나 기후, ⑤시기나 때, ⑥정세나 형세, ⑦불교에서 말하는 육도六道의 하나 등의 의미가 있다.[16] 이덕수가 망자를 위해 쓴 시문에서 천도는 주로 '하늘의 바른 도리, 하늘의 뜻'이라는 의미로 사용되고 있으며, 이는

16 漢語詞典(來源 : 千篇國學 · 漢語詞典 https://cidian.qianp.com/)에서 '天道'의 뜻을 찾아보면, ①猶天理 · 天意, ②指自然界變化規律, ③指顯示征兆的天象, ④氣候 · 天氣, ⑤時光 · 時候, ⑥局勢 · 形勢, ⑦佛教所說六道之一 등의 의미가 있다.

천도天道, 천天, 도道, 리理, 물리物理, 상常 등으로 표현되었다. 이 부분에서는 천도에 대한 이덕수의 인식을 살펴보기로 한다.

사람들은 보통 착한 사람에게는 복을 주고 못된 사람에게는 재앙을 내린다는 '복선화음福善禍淫'[17]을 당연한 하늘의 도리[천도天道]로 받아들이고 마땅히 그러할 것이라고 믿는다. 하지만 모순되게도 세상사가 그렇지 않은 경우도 적지 않기에 사람들은 또 그것을 그대로 받아들이지 못하고 의심하게 된다. 그리하여 문인들이 망자를 위해 쓴 시문에는 선한 사람이 반드시 복을 받는 것은 아니라는 사실에 대한 탄식이 담겨 있는 경우가 종종 있다.[18] 이덕수 역시 죽마고우였던 이경규李景奎(1673~1703, 자字 문보文甫)[19]가 31세에 요절하자 그 만시에서 안회와 도척을 언급하며 천도에 대한 의심을 제기한다.

며칠 전 그대 병 약으로 고치기 어렵단 말 듣고　日聞君病藥難痊
오직 착한 사람에게 복 준다는 천도 깊이 믿었건만　唯恃高高福善天
이런 하늘의 아득한 이치, 이제 와 따져 물을 수도 없네　此理冥蒙今莫詰

17 『書經』「湯誥」, "天道, 福善禍淫, 降災于夏 以彰厥罪."

18 일례로, 송상기(1657~1723)는 송시열의 손자 송서구(1650~1692)에 대한 제문을 "아아, 착한 사람에게 복을 주고 못된 사람에게 재앙을 내리는 것이 과연 하늘의 이치인가? 내가 보기에는 아득하기만 하여 믿지 못하겠다."로 시작한다. (宋相琦, 〈祭宋敍九文〉. 『玉吾齋集』 권16, "嗚呼！福善禍淫, 斯果天理也耶？ 以余觀之, 一何茫茫而不可恃也.")

19 이덕수는 11세(1783년) 때에 한양으로 이사 온 후 동갑내기인 이경규(1673~1703)와는 같은 동네에서 살며 같은 글방에서 함께 공부하였으며 하루만 만나지 않아도 서로 서운하게 생각하여 찾아다니곤 할 정도로 친밀한 사이였다. 李德壽, 〈李文甫墓誌銘〉, 『西堂私載』 卷10, "余幼從先君子 久居砥平之釜淵, 及年十一而至京, 始與文甫定交. 文甫與余同生於癸丑七月, 而其日差先於余. 遊同方學同業, 苟一日不相見, 則其心悵然不樂也."

안자 요절하고 도척 장수했듯, 본래부터 그러했던 것이니 顔窮跖壽向來然[20]

이덕수는 착한 사람에게 복을 준다는 천도를 믿고 싶지만, 실제로는 그러하지 않을 수도 있다는 사실 역시 잘 알고 있다. 하지만 천도란 것은 본래부터 그러했던 것이니 의심을 가져도 따져 물을 수도 없다는 현실 역시 인지하고 있다. 또한 윤언교尹彦敎(1687~1719)의 묘갈명에서는 "어찌 재주는 그리 빼어나게 주시고는, 어찌 수명은 그리 인색하게 주셨던고. 재주도 하늘에서 주신 것이고, 수명도 하늘에 묶여 있는 것인데, 하나는 주고 하나는 빼앗으니, 하늘은 무슨 까닭에 그리하시는가?"[21]라며 하늘의 무심함에 원망 섞인 의문을 제기하기도 하였다.

그런데, 이덕수가 천도에 대한 당시 세간의 인식을 상황별로 나누어 제시하고 또 그에 반박한 글이 있어 주목해 볼 만하다. 그 글은 바로 〈오대관애사吳大觀哀詞〉로, 남인계열의 관료인 오광운吳光運(1689~1745, 자字 영백永伯, 호號 약산藥山)의 아들 오대관吳大觀이 1734년 24세로 요절한 후 이덕수가 그를 애도하며 쓴 글이다. 오광운은 1735년에 이덕수가 두 번째로 대제학이 되었을 때 홍문관 제학으로 추천한 인물로, 당시 당파를 초월한 파격적 추천이라 논란이 있기도 하였다.[22] 이덕수는 이 애사를 쓰면서, "아아, 그대의 죽음을 세상 사람들이 모두 애통해하는데 하물며 부모의 마음은 어떠하겠는가!

---

20 李德壽, 〈李文甫挽〉 10수 중 제1수, 『西堂私載』 卷1.

21 李德壽, 〈成均生員尹君墓碣銘〉, 『西堂私載』 권7, "曷豐厥才, 曷嗇厥年, 才天攸畀, 年亦繫天, 一與一奪, 天曷故焉."

22 『영조실록』 영조 12년 병진(1736) 12월 16일 기사, 〈홍문관 제학 오광운이 붕당 득실의 다툼에 분개하여 사직하니 윤허하지 않다.〉 참조.

나도 일찍이 이러한 슬픔을 겪었으니 내가 슬퍼했던 마음으로 영백을 슬퍼하면 이는 다른 사람들이 영백을 슬퍼하는 것과는 다르리라."[23]고 하였는데, 여기에는 자신 역시 1732년에 아들 이산배를 잃은 경험이 있었기 때문에 그 누구보다도 자식 잃은 아비의 비통함을 잘 알기에 아비 오광운을 조금이라도 더 위로해주고자 하는 동병상련의 아픔이 담겨 있다. 그리고 그가 아래에서 볼 수 있다시피 천도에 대한 세간의 인식을 조목조목 반박할 수 있었던 것도 자신이 아들을 잃고 천도와 운명에 대해 깊은 고민을 해봤기 때문에 가능했을 것이다.

> 聖人이 말하기를 ①"어진 자는 반드시 오래 산다."고 한다. 세상에서는 늘 말하기를, ②"착한 사람은 반드시 선함에 대한 보답이 있다."고 한다. 그러나 늘 세상에서 그 증거를 찾아보면 그렇지 않은 것이 많았다. 그렇다면 이것은 무슨 이치란 말인가? 혹자는 말한다. "어진 자는 오래 살고 착한 사람은 복을 받는 것은 떳떳한 이치이다. ③혹시 어진 사람이 오래 살지 못하고 착한 사람이 복을 받지 못하면 반드시 그 아들과 손자에게 보답이 있다." 그러나 그대와 같은 자는 또 아들도 없으니 장차 그 보답을 받을 사람도 없다. 혹자의 이야기는 여기서 막혀버린다. 혹자가 또 ④"비록 아들과 손자가 없더라도 아름다운 이름을 후세에 드리우면 아들이 있으면서 이름이 없는 것보다 낫지 않은가?"라 말한다. 만일 그대에게 몇 년을 빌려주어서 세상에 스스로 우뚝하게 드러나게 된다면 혹자의 말이 약간은 맞는 부분도 있을 텐데, 이제 그대가 약관의 나이에 세상을 떠났으니 비록 남보다 뛰어난 자질

23 李德壽, 〈吳大觀哀詞〉, 『西堂先生集』, p.140, "嗚呼! 若君之死, 世皆哀之, 況其父母之心乎? 以余之嘗有斯戚也. 以所自悲者而悲永伯, 則其與他人之悲永伯者, 爲不類矣."

이 있었다 해도 후세 사람 중 또 누가 알아주겠는가? 여기서 그 말이 또 막힌다.[24]

'애사'는 불행하게 죽은 사람이나 어릴 때 요절한 사람을 애도하는 한문문체로, 대체로 앞의 서序에서 망자의 생평과 생전의 재덕, 사인死因 등을 기록하고, 뒤에 운문의 문구로 슬픔의 정서와 고통을 적는 것이 서술의 순서이다. 위의 글은 서序의 일부분이다. ①"어진 자는 반드시 오래 산다."는 『논어』의 "지혜로운 자는 물을 좋아하고 어진 자는 산을 좋아하며, 지혜로운 자는 동적이고 어진 자는 정적이며, 지혜로운 자는 즐겁게 살고 어진 자는 장수한다."[25]에서, ②"착한 사람은 반드시 선함에 대한 보답이 있다."는 『서경』의 "하늘의 도는 선인에게 복을 내리고 악인에게 화를 내린다."와 『도덕경』의 "천도는 치우침이 없어, 늘 선한 사람을 돕는다."[26] 등에서 그 근거를 찾아볼 수 있다. 하지만 이덕수는 이 두 가지 명제에 대해, 이 세상에서의 실상은 어진 자가 반드시 오래 사는 것도 아니며, 착한 사람에게 반드시 선한 보답이 있는 것도 아니며, 그 증거는 이미 세상에 많이

---

24 위의 글, "聖人之言曰, ①'仁者必壽.' 世之恒言亦曰, ②'善人必有善報.' 然常以驗於世多不能, 然是何理也. 或曰, '仁而壽善 而福常理也. ③其或仁而不壽 善而無福 則必其報在乎其子若孫.' 然若君者且無子, 將無所責其報, 或者之說, 至是而窮矣. 或又曰, ④'雖無子若孫, 固有令譽垂於後世, 不猶愈於有子, 而無名乎?' 使君而少假之年, 有以卓然自見於世, 則或者之說, 尙爲有微, 今君殞其生於弱冠之年, 雖有過人之姿, 後之人又孰能知之? 至是而其說又窮矣."

25 『論語』「雍也」, "子曰, 知者樂水, 仁者樂山, 知者動, 仁者靜, 知者樂, 仁者壽."

26 『書經』「湯誥」, "天道, 福善禍淫."; 『老子道德經』 79장, "天道無親, 常與善人."

있으므로 천도가 반드시 지켜지는 것은 아니라고 반박한다.

③"혹시 어진 사람이 오래 살지 못하고 착한 사람이 복을 받지 못하면 반드시 그 아들과 손자에게 보답이 있다."는 소식蘇軾이 지은 〈삼괴당명三槐堂銘〉의 "하늘의 뜻이 반드시 실현된다고 하겠는가? 현명한 사람이 반드시 귀해지지는 않고, 어진 사람이 반드시 오래 살지는 않고 있다. 하늘의 뜻은 절대로 실현되지 않는 것인가? 어진 사람은 반드시 훌륭한 후손이 있게 된다."[27]에서 그 근거를 찾아볼 수 있다. 하지만 이덕수는 이에 대해서도 오대관의 경우는 자식마저 없으니[28] 그 보답을 받을 사람이 없는데 그렇다면 이런 경우에 그 말은 실현될 수 없는 것이라고 반박한다.

④"비록 아들과 손자가 없더라도 아름다운 이름을 후세에 드리우면 아들이 있으면서 이름이 없는 것보다 낫지 않은가?"는 유가에서 강조하는 '삼불후三不朽' 즉, "최상의 것은 덕을 세우는 것[입덕立德]이요, 그다음은 공을 세우는 것[입공立功]이요, 그다음은 말을 세우는 것[입언立言]이다. 세월이 아무리 오래 흘러도 폐기되지 않는 이것을 불후라 한다."[29]에 근거한 것으로 보인다. 그러나 이덕수는 이에 대해서도 만일 오대관이 몇 년을 더 살아서 덕으로든, 공으로든, 말로든 세상에 이름을 떨쳤더라면 그러한 논리가 일변 맞는다고 할 수도 있겠지만, 오대관은 뛰어난 재주와 자질을 제대로 펼쳐볼 겨를도 없

27 蘇軾, 〈三槐堂銘〉, 『古文眞寶後集』 卷8, "天可必乎? 賢者不必貴, 仁者不必壽. 天不可必乎? 仁者必有後."

28 李德壽, 〈兵曹佐郎吳君墓誌銘〉, 『西堂先生集』, p.388, "娶平康蔡氏正言膺萬女不育."

29 『春秋左傳』 襄公24年, "大上有立德, 其次有立功, 其次有立言, 雖久不廢, 此之謂不朽."

이 24살이라는 젊은 나이에 세상을 떠났으니 그 누가 그를 알아주겠느냐며 다시 반박한다.

①~③은 유가에서 통상적으로 말하는 천도로 '덕복일치德福一致'의 입장이라 할 수 있으며, 이에 대해 회의적인 이덕수는 '덕복불일치德福不一致'의 입장이라 할 수 있다. 그리고 ④는 유가들이 '덕복불일치'의 불공정함과 억울함을 어느 정도 보상을 받을 수 있는 방법인데,[30] 이덕수는 이마저도 반드시 그러한 것은 아니라는 자세를 취한다. 이는 조선후기의 성리학자 조익趙翼(1579~1655)[31]이 39세에 세상을 뜬 이성립李誠立(1573~1611, 자字 명숙明叔)의 명銘에서 "안연은 요절하고 도척은 장수하였으니, 천도가 무엇인지 알 수 없다마는, 하늘에 속한 운명이야 어떻게 하리오. 내게 허물이 없으면 그만이지. 아! 명숙이여! 죽어도 슬퍼할 것이 뭐가 있으리오. 게다가 내가 이렇게 명을 지었으니, 아는 이 없다고 걱정할 것도 없으리다."[32]라며 천도에 대해 의심하기는 하지만 그것을 유가적 차원에서 해명하고 극복해 내는 모습[33]을 보이는 것과는 대조적인 자세라 할 수 있다.

---

30 유가의 '德福不一致'에 대해서는 정병석의 「논어와 장자에 보이는 죽음관」(pp.48~61.) 참조.

31 조익은 朱子의 『四書集註』 체제에 따라서 사서 전체를 주석한 조선시대 初有의 四書註釋書(『大學困得』, 『中庸困得』, 『論語淺說』, 『孟子淺說』)를 저술한 사람으로 조선중기의 대표적 성리학자이다. (임재완, 「浦渚 趙翼의 四書學 硏究」, 성균관대학교 대학원 박사학위논문, 2013, p.11.)

32 趙翼, 〈戶曹佐郎李君墓誌銘〉, 『浦渚集』 卷32, "顔夭蹠壽, 天道難究, 在天何爲, 在我無疚. 吁嗟明叔! 死亦何悲, 我又銘之, 不患不知."

33 조익은 여기서 『論語』 「顔淵」편에 나오는 "內省不疚, 夫何憂何懼."(자기의 내면을 살펴서 허물이 없다면야 걱정하고 두려워할 것이 뭐가 있으랴.)와 「學而」편에 나오는 "不患人之不己知, 患不知人也."(남이 자기를 알아주지

이처럼 이덕수의 천도에 대한 인식은 기본적으로 유가에서 바라보는 천도에 대한 관념에 바탕을 두고 있기는 하지만 그에 대한 의심 또한 거두지 않고 있음을 알 수 있다. 그렇다고 그것을 성리학자나 도학자처럼 도덕 인격의 배양과 도덕 행위의 실천 즉 인도仁道의 완성이나,[34] 도덕의 차원으로부터 죽음의 가치와 의미를 중시하는[35] 등의 유가적 사상을 가지고 천도를 해명하지 않음도 알 수 있다. 따라서 이덕수는 천도에 대해 '천도는 사람들이 마땅히 그래야만 하는 것이라 여기며 올바르다고 믿는 하늘의 이치이고 도리이긴 하지만, 그것이 사람들이 믿고 기대하는 만큼 그대로 실현되고 지켜지는 것은 아니다. 그러하기에 예로부터 사람들이 천도에 의구심을 갖기도 하고 원망을 하기도 하지만, 결국은 천도가 지켜지느냐 어긋나느냐는 별개의 문제인 것이다.'라고 인식했던 것으로 보인다.

4. '천명天命'에 대한 이덕수의 인식

'천명天命'에는 ①하늘의 의도나 하늘이 주재하는 운명, ②자연의 규율이나 법칙, ③고대에 임금(통치자)이 하늘로부터 부여받은 권위나 명, ④타고난 천성이나 천품, ⑤인간이 타고난 수명 등의 의미가

않을까 걱정할 것이 아니오, 내가 남을 제대로 알지 못할까 걱정해야 할 것이다.)라는 구절을 인용하여 유가 사상을 표출하고 있다.

34 조원일, 「공자의 천도론 사상에 대한 연구」, 『율곡학연구』 제39집, 율곡학회, 2019. p.216.

35 신진식, 「증산계 신종교와 유교, 도교의 죽음관 비교」, 『한국철학논집』 제58집, 한국철학사연구회, 2018, p.208.

있다.[36] 이 중에서 이덕수가 망자들을 위해 쓴 작품에서 명命 혹은 천명天命은 '인간이 타고난 수명'과 '하늘이 주재하는 운명'이란 의미로 주로 사용되는데, 본고의 주 대상이 단명한 망자이다 보니 이 둘이 의미가 혼합되어 나타나거나 그 경계가 모호한 경우가 많다. 이 부분에서는 천명에 대한 이덕수의 인식을 수명으로서의 의미가 좀 더 분명하게 드러나는 천명과 운명의 의미가 조금 더 강하게 드러나는 천명으로 나누어 살펴보기로 한다.

1) 요절한 이들의 천명에 대한 이덕수의 인식

부모된 사람에게 자신보다 앞서 세상을 뜨는 자식의 죽음은 이루 형용할 수 없을 정도로 비통한 일이다. 이덕수는 단명한 사람들의 천명은 왜 그러한 것인지 그 이유를 찾아 설명하며 망자를 애도하고 그 부모를 위로하는 시문을 다수 남겼다. 그러한 시문에서의 천명은 '인간이 타고난 수명'이란 의미와 '인간이 타고난 운명'이란 뜻 모두로 해석될 여지가 있긴 하지만, 시문에서 일찍 죽었음을 의미하는 '상殤', '요夭' 등이 직접 사용되는 경우가 많아 거기에는 인간이 타고난 수명의 의미가 더 강하다고 할 수 있다. 하상下殤[37]에 해당하는

36 漢語詞典(來源 : 千篇國學 · 漢語詞典 https://cidian.qianp.com/)에서 '天命'의 뜻을 찾아보면, '天命'의 뜻을 찾아보면 ①上天之意旨 ; 由天主宰的命運, ②指自然的規律法則, ③古以君權爲神授, 統治者自稱受命於天, 謂之天命, ④謂天賦, ⑤猶天年, 謂人之自然壽命 등의 의미가 있다.

37 상상(殤喪)은 8세부터 19세 사이에 죽은 경우를 말하는데, 19세부터 16세까지를 長殤이라 하고, 15세부터 12세까지를 中殤이라 하고, 11세부터 8세까지를 下殤이라고 하며, 8세가 되지 못한 경우에는 服이 없다.(『儀禮 喪服』)

11살에 세상을 뜬 임계득任桂得(1719~1729)을 위해 쓴 〈임동자광기任童子壙記〉도 그중 하나이다. 여기서 이덕수는 "세상에서 재주가 있으면서 요절한 사람을 논하는 데에 반드시 이런 말을 한다. 물건이 너무 깨끗하면 더러움을 타기 쉽고, 기운이 너무 맑으면 흩어지기 쉽다. 그러나 이것은 중고中古 때에도 이미 그러하였거늘 하물며 지금 세상에 내려와 풍속 흐려짐에랴. 아이의 총명이 다른 사람보다 특별하였으니 그 어찌 세상에 오래 있을 수 있었겠는가? 아아, 정말로 그러한가? 정말로 그러한가?"[38]하며 의문을 가지면서도 세상 사람들의 말을 수긍할 수밖에 없다는 듯 임계득의 요절을 받아들였다. 아울러 이덕수는 정수현鄭壽玄(1707~1733)의 묘지명에서는 "내가 듣기로는 세상이 잘 다스려지는 때에는 부모가 자식을 먼저 잃지 않는다고 하던데, 어째서 근세에는 이런 슬픈 일을 겪는 일이 많단 말인가? 풍기가 점점 어지러워짐에 따라 사람이 하늘로부터 품부 받은 것이 박해서 그러한 것일까?"[39]라며 혼탁해진 세상 때문일지도 모른다는 의문을 제기하기도 하였다.

이덕수가 '세상에서 재주가 있으면서 요절한 사람을 논하는 데에 반드시 이런 말을 한다'고 예로 든 논리는 동시대의 문인 이관명李觀命(1661~1733)이 쓴 〈이생해애사李生瀣哀辭〉에서도 찾아볼 수 있다. 이관명은 어리지만 재주가 있던 외손자 이해(1691~1719)를 잃고 슬

38 李德壽, 〈任童子壙記〉, 『西堂私載』 卷9, "任童子名桂得, 死時年十一, 殤也. …… 世之論才而早夭者 必曰, '物潔則易汚, 氣淸則易散.' 此在中古而已然, 况今世下而俗漓. 兒之慧又特異於人, 其何能久於世? 嗚呼! 其誠然乎? 其誠然乎?"

39 李德壽, 〈鄭秀才墓誌銘〉, 『西堂先生集』, p.378, "吾聞至治之世, 父不哭子, 何近世罹斯戚者多歟? 豈風氣漸漓, 人之稟於天者薄而然歟."

펴하는 누나를[40] “살다가 죽는 것은 보편적인 이치입니다. 우연히 왔다가 우연히 가고 장수하거나 요절하는 수명이 그사이에 뒤섞여 있는 것은 또한 가지런하지 않은 형세 때문에 그러합니다. 더구나 기氣가 맑은 자는 쉽사리 흩어지고 자질이 고운 자는 쉽사리 이지러집니다. 사람이 이런 기질을 부여받고 태어나 오래 살지 못한 자가 왕왕 많이 있으니 조물주의 장난에 어떻게 하겠습니까?”[41]라는 말로 위로하였다. 이러한 인식은 당대의 사람들에게 보편적이었던 듯하다. 이덕수 역시 이해의 죽음을 애도하는 만시 〈이생해만李生瀣挽〉를 지었는데, 그 수련에서 “천품이 고우면 하늘이 항상 해하고, 재주가 뛰어나면 귀신이 쉽게 성낸다고 하더구나.”[質美天常椓, 才高鬼易嗔.]라며 이해의 죽음을 해명하였다.

이덕수는 세상에서 말하는 그런 이유 말고도 자기 스스로 그 이유를 구명해 보려 노력하였다. 이는 최상리崔尙履(1692~1720, 자字 계수季綏)의 묘갈명에서 그러한 모습을 찾아볼 수 있다. 최상리는 최규서(1650~1735)의 6번째 아들로, 경인년(1710)에 진사시에 합격하고, 계사년(1713) 증광 문과에 을과로 합격하여 벼슬길에 올랐으며, 1720년 8월 29일 29세에 요절하였다. 부친인 최규서가 1720년 그의 행장을 자세히 기록해 놓았으며,[42] 이덕수는 그 행장을 토대로 묘갈명을 지

40 이관명의 누나는 洪重箕와 결혼하였는데, 그 딸이 李昌輝와 결혼하여 李瀣를 낳았다.

41 李觀命, 〈李生瀣哀辭〉, 『屛山集』 卷15, “我姊氏喪其女之子幼而才者, 哭之若己出. 余間馳往慰之曰, ‘生之有死, 理之常也. 適來適去, 久速之期, 參錯於其間者, 亦不齊之勢然也. 況氣淸者易散, 質姸者易虧. 人得此以生不能久者往往多有之, 其於造物之戱劇何哉?”

42 崔奎瑞, 〈亡兒持平行狀 庚子〉, 『艮齋集』 卷12.

었는데, 그 서두에서 높은 재주를 제대로 펼쳐보지도 못하고 요절한 최상리의 천명에 대해 다음과 같은 이유를 찾아 설명하였다.

> 내가 세상사에 대해 알기 시작한 뒤로, 항상 빼어난 재주나 뛰어난 학문을 가진 사람이 일찍 죽어서 그 재주를 펼치지 못하는 것을 많이 봐왔는데, 이는 기이한 보배가 깨어진 것보다 더 통곡하게 만든다. 나는 그 까닭을 하나도 알 수가 없어 시험 삼아 꽃을 심어 보았다. 꽃이 곱게 피는 종류가 반드시 일찍 시들어 기르기가 어려웠지만, 무성하게 자라는 것은 곧 천한 것이었다. 그래서 세상의 이치[物理]란 본래 이러한 것으로 괴이하게 여길 필요가 없는 것이며, 무릇 사람도 빼어나고 맑으면 오래 살지 못한다는 것을 알게 되었다. 이제 최군 계수의 죽음을 통해 그러한 이치를 더욱 믿게 되었다.[43]

이덕수가 이 묘갈명을 저술한 것은 최상리가 세상을 뜨고도 대략 20년이 흐른 후인데[44] 그렇다면 이덕수가 68세 무렵이다. 따라서 이 글에는 그만큼 이덕수 평생의 경험과 통찰이 담겨 있다고 볼 수 있다. 이덕수는 빼어난 재주나 뛰어난 학문을 가진 사람이 일찍 죽는 이유는, '곱게 피는 꽃이 일찍 시드는 것처럼 사람도 빼어나고 맑으면 오래 살지 못한다.'는 세상의 이치 때문이라고 믿는다. 괴이해 보

43 李德壽, 〈司憲府持平崔君墓碣銘〉, 『西堂私載』 卷7, "自余省事以來, 恒見高才絶識, 多夭閼不遂, 使人幾失聲於奇璧之隕毁. 余壹不知其故, 嘗試種花. 其品之佳者, 必易枯難養, 其菀則乃所賤也. 乃知物理有如此者無怪, 夫人之秀而淸而不享厚年. 今於崔君季綏之逝 尤信其然."

44 최규서가 쓴 행장에서는 최상리의 아들이 겨우 40일 되었다고 하였는데. 이덕수가 쓴 묘갈명에서는 최상리의 아들 최재홍이 '이석희의 딸에게 장가들어 아들 하나를 두었는데 어리다.'고 하고 있으므로 대략 20년 정도의 시간이 흐른 것으로 유추해볼 수 있다.

여도 세상의 이치란 본래 그러한 것임을 노령의 나이가 되어서는 새삼 깨닫고 받아들이게 된 것이다.

이덕수는 요절한 사람들의 천명에 대해서는 물건이 너무 깨끗하면 더러움을 타기 쉽고 기운이 너무 맑으면 흩어지기 쉬우며, 곱게 피는 꽃이 일찍 시드는 것이 세상의 이치인 것처럼, 남들보다 빼어난 품성과 재주를 가진 이들은 하늘로부터 받은 수명[천명]이 그것뿐이므로 인간으로서는 어쩔 수 없는 것이라 인식하였다. 이는 부모보다 먼저 세상을 뜬 이들의 죽음이 그 누구의 죄나 잘못 때문이 아니라 하늘이 시기해서 그런 것이거나 하늘의 뜻일 뿐임을 밝힘으로써 그 죽음에 대한 충격과 비통함을 완화 시키는 작용을 했을 것으로 보인다.

2) 운명으로서의 '천명'에 대한 이덕수의 인식

앞에서 다룬 천명이 '타고난 수명'이라는 의미로 주로 해석되는 반면, 이 부분에서 다루어지는 천명은 타고난 수명이란 의미에 더해 타고난 운명이라는 의미도 함께 가진다.

이덕수가 친형처럼 따랐던 외사촌 형 심제현沈齊賢(1661~1713)의 맏아들 심옥沈鈺(1686~1710, 자字 사장士章)은 25세에 요절하였다. 이덕수는 〈심사장애사沈士章哀詞〉에서 "죽고 사는 데는 길고 짧음이 있으나 하늘이 부여한 바가 아님이 없다. 심옥의 명이 이러하니 어찌하겠는가? …… 심옥의 죽음이 비록 제명대로 다 살지 못한 죽음이라 해도 애초에 명이 아닌 명이 없으니 어찌 그로부터 달아날 수 있겠느냐?"[45]며 인간의 수명은 그것이 길든 짧든 모두가 천명이므로 인간으로서는 어찌할 수 없는 것이며, 또 그러한 운명에서는 벗어날 수 없는 것임을 분명하게 인지하고 있음을 알 수 있다. 이는 "죽고 사는 것은 명命이다. 그것은 마치 밤과 낮의 교대가 일정한 것처럼 자연적인지라 사람이 관여할 수 없는 바가 있으니 이것이 모든 사물의 실상이다."[46]라는 장자의 말을 떠올리게 한다.

이덕수가 1732년에 30세의 나이로 세상을 떠난 그의 아들 이산배의 죽음을 대하는 자세에서는 거기서 한 걸음 더 나아간 모습을 엿볼 수 있다.

> "무서우냐? 사람의 수명의 길고 짧음은 이미 이 세상에 태어날 때부터 정해진 것이다. 육칠십을 살기는 어려운 일이고, 그 아래에서는 어릴 때 죽는 사람도 있고, 스물에 죽는 사람도 있고, 삼사십까지 사는 사람도 있어 들쭉날쭉하여 가지런하지 못한 것이 천명이다. 너는 비록 위로는 부족하지만, 아래와 비교하자면 남음이 있는 것이니, 마땅히 운명에 맡기고[安命] 분수를 지키어 생사를 마음에 두지 말고 가슴 속을 평탄히 하여 얽매임이 없게 하여 억지로라도 약을 들어서 조치할 방법을 다하여라."[47]

이덕수는 사람의 타고난 수명이란 것은 본래 들쭉날쭉한 것이어서 사람으로서는 어찌할 수 없는 것이므로 그것을 순순히 받아들이

45 李德壽, 〈沈士章哀詞〉, 『西堂先生集』, p.138, "雖然死生脩短無非天所命, 君其如命何哉. …… 君之死雖若非命, 而未始非命命, 其可逃乎?"

46 『莊子』「大宗師」, "死生, 命也, 其有夜旦之常, 天也. 人之有所不得與, 皆物之情也."

47 李德壽, 〈亡兒墓誌銘〉, 『西堂私載』 卷10, "若怖乎? 人生修短, 已定於有生之初. 其能至六七十難矣, 其下則或有稚孩死者, 有冠而死者, 有至三十四十者, 其參差不齊, 天之命也. 若雖上方不足, 而下比有餘矣, 當安命順分, 置死生於度外, 使胸中坦然無所係, 强進藥物, 以盡調治之道."

고 하늘이 정한 운명에 생사를 맡기고 분수를 지켜 마음을 평안히 해야 한다고 아들을 타이른다. 이는 "그 어떻게 할 수 없음을 알고 명에 편안해 하는 것이 덕의 지극함이다."[48]라는 장자의 '안명安命'의 입장과 유사하다. 안명은 운명의 존재를 인정하여 그대로 따른다는 자세이며,[49] 명을 어떤 예정된 결정성으로 이해하는 태도가 아니라 우리의 삶과 끊임없이 관계를 맺고 있는 상관성으로 이해하여 그 상관성 속에 자신을 편히 맡기는 태도이다.[50] 그러나 장자의 안명론은 도가적 배경과 더불어 유가적 배경도 가지고 있는데, 대체로 운명을 주제로 한 것은 유가 쪽의 영향이고, 운명에 대한 대응 자세로서 '안명'을 주장한 것은 도가 쪽의 영향이다.[51] 유가와 도가 모두 운명의 존재를 인정한다는 점에서는 같지만, 운명적 사태를 처리하는 자세에서는 차이가 난다. 공자의 '지명知命'은 운명의 존재를 인정하지만 자신의 소임을 수행해 나가는 자세인 반면, 장자의 '안명安命'은 운명의 존재를 인정하여 그대로 따른다는 자세이다.[52]

이덕수가 '안명'을 이야기하며 죽음을 앞둔 아들을 위로한 것에는 아들 이산배가 장자의 사상에 깊이 심취해 있었을 뿐만 아니라 잘 이해하고 있었기 때문일 것이다. 이덕수가 아들의 묘지명에서 "아들 산배가 한번은 〈수요설壽夭說〉을 지었는데 거기서 '100세 늙은이가 10세에 죽은 사람을 진정 일순간이라고 할 것이다. 800세를 산 팽조

---

48 『莊子』「人間世」, "知不可奈何, 而安之若命, 德之至也."

49 이석현, 「동양사상의 운명론 쟁점 - 유불도 삼교사상을 중심으로」, p.403.

50 정병석, 앞의 논문, p.68.

51 이석현, 앞의 논문, p.406.

52 위의 논문, p.403.

가 100세를 산 노인을 보는 것은 100세를 산 노인이 10세를 산 사람을 보는 것과 똑같다. 10세, 100세, 800세에서 천세, 만세에 이르기까지 확장 시킨다면 한마당 꿈에 지나지 않는다. 꿈이 기냐 짧으냐 하는 것은 또 무엇이 논할 것이 있겠는가?'라 하였는데, 이는 마치 그가 거의 자신의 생을 스스로 위로한 것만 같았다."[53]라고 소개한 일화에서 그러함을 엿볼 수 있다. 그리고 서종태가 1691년 이덕수에게 준 글에서 "이덕수는 자질이 민첩하고 학문을 좋아하여 약간의 나이에 이미 문장이 뛰어났으며 …… 도가의 여러 서적에 해박하여 밤낮으로 그치지 않고 부지런히 그 말뜻을 깊이 음미하였다."[54]고 한 것에서 이덕수 역시 젊어서부터 도가의 사상에 심취해 있었음을 알 수 있다. 따라서 이덕수는 죽음을 앞둔 아들을 위로할 만한 가장 그럴듯한 논리를 장자에게서 찾은 것이며, 그 논리로 아들을 위로하고 또한 그것을 통해 자신의 비통함을 달랬던 것이라 유추해 볼 수 있다.

운명으로서의 '천명'에 대해 이덕수는 사람의 수명이 그러하듯이 사람의 운명 역시 이미 하늘에 의해 결정되어 있는 것이므로 사람의 힘으로는 그것을 바꿀 수도 없고 거기서 벗어날 수도 없다고 인식한다. 이는 운명의 존재를 받아들이고 인정하는 것이며, 운명에 대한

---

53 李德壽, 〈亡兒墓誌銘〉, 『西堂私載』 卷10, "嘗作壽夭說曰, '使百歲老觀十歲殤, 固爲一瞬間. 使八百歲彭祖觀百歲老, 與百歲老觀十歲殤等耳. 十歲百歲八百歲, 推而至於千齡萬齡, 都不過一夢. 夢之延與促, 又何足論?' 其言殆若自慰其生."

54 徐宗泰, 〈贈李弟仁老小序 辛未春(1691)〉. 『晩靜堂集』 卷11, "中表弟全城李仁老, 資敏而嗜學 …… 又博綜道家諸書, 窮日夜, 亹亹不自休, 深味乎其言之也."

이덕수의 자세는 도덕적 수행을 중시하는 공자의 '지명'보다는 운명이란 존재를 인정하고 그대로 따르는 장자의 '안명'에 좀 더 가깝다고 볼 수 있다.

5. 맺음말

이덕수는 18세기 전반 소론계를 대표하는 관료 문인으로 당대 문장가로 명망이 높았던 인물이다. 특히 그는 금석문 저술에 뛰어나 그에게 묘도를 요청하는 사람들이 많았다. 본고에서는 이덕수가 남긴 만시, 제문, 애사, 비지문 등 망자를 위해 지은 시문 중에서도 36세 이전에 단명한 이들에 대한 것을 대상으로 하여 거기에서 보이는 이덕수의 천도와 천명에 대한 인식을 살펴보았다. 본고에서 천도는 하늘의 바른 도리, 천명은 인간이 타고난 수명 혹은 인간이 타고난 운명이라는 의미에 초점이 맞추어져 있다.

'단명'은 그 자체가 천도와 천명을 다시 한번 생각하게 할 만큼 비통한 일이다. 이덕수가 단명한 사람들을 위해 다수의 비지문을 저술한 것은 비단 그의 뛰어난 문장력 때문만은 아니다. 거기에는 자신의 부인, 동생, 아들, 딸이 젊은 나이에 세상을 떴던 경험으로 인해 형제나 자식을 잃은 사람들의 아픔과 비통함을 그 누구보다도 잘 알고 있기에 망자의 형제나 부모를 조금이라도 더 위로하고 슬픔을 덜어주고자 한 이덕수의 진정한 마음도 작용했기 때문이기도 할 것이다.

『서당사재』는 저자인 이덕수 자신이 생전에 시문을 정리하고 자편한 문집인데, 문집에 첫 번째로 수록된 작품은 계유년(1693)에 지은 〈숙심면중만叔沈勉仲挽〉이다. 이 만시는 이덕수가 계유년에 겪었던 자신의 부인 및 여러 명의 젊은 친인척의 죽음을 경험한 후 지은 것으로 천도와 천명에 대한 강한 의구심이 담겨 있다. 그리고 이덕수는 살아가는 동안 자신의 동생과 자식을 비롯한 수많은 사람이 젊은 나이에 세상을 뜨는 것을 지켜봐야 했으며, 그로 인해 그들은 왜 그리 짧은 명을 갖고 태어난 것인가 혹은 뛰어난 재주를 가지고 태어났음에도 왜 그것을 제대로 펼쳐보지도 못하고 그리 일찍 세상을 떠나야 했는가 등에 대해 끊임없이 의문을 품고 고민했다. 따라서 이덕수가 그 이전에 지은 시를 한 수도 수록하지 않고 이 만시를 문집의 첫 작품으로 선정하여 수록한 데에는 천도와 천명에 대한 그의 관심과 고민이 반영된 특별한 편집 의도가 있었다고 볼 수 있다.

'천도'에 대한 이덕수의 인식은 기본적으로 유가에서 바라보는 천도에 대한 관념에 바탕을 두고 있기는 하지만 그에 대한 의심 또한 거두지 않았다. 그렇다고 그것을 성리학자나 도학자처럼 유가적 사상을 가지고 천도를 해명하지도 않는다. 이덕수는 천도는 마땅히 그래야 하는 올바른 정의이고 도리이긴 하지만 그것이 지켜지느냐 어긋나느냐는 별개의 문제이며, 그러하기에 의심하고 또 원망할 수도 있는 것이라고 인식하였다.

인간이 타고난 수명이란 의미로서의 천명에 대해 이덕수는 요절한 사람들의 경우에는, 물건이 너무 깨끗하면 더러움을 타기 쉽고 기운이 너무 맑으면 흩어지기 쉬우며, 곱게 피는 꽃이 일찍 시드는 것이 세상의 이치인 것처럼, 남들보다 빼어난 품성과 재주를 가진 이들은 하늘로부터 받은 수명이 그것뿐이므로 인간으로서는 어쩔 수 없는 것이라 인식하였다. 이는 부모보다 먼저 세상을 뜬 이들의 죽음이 그 누구의 죄나 잘못 때문이 아니라 하늘의 뜻일 뿐임을 밝힘으로써 그 죽음에 대한 충격과 비통함을 완화 시키는 작용을 했을 것으로 여겨진다. 그리고 인간이 타고난 운명이란 의미로서의 천명에 대해서는 사람의 수명이 그러하듯이 사람의 운명 역시 이미 하늘에 의해 결정되어있는 것이므로 사람의 힘으로는 그것을 바꿀 수도 없고 거기서 벗어날 수도 없다고 인식하였다. 이는 운명의 존재를 받아들이고 인정하는 것이며, 운명에 대한 이덕수의 자세는 도덕적 수행을 중시하는 공자의 '지명知命'보다는 운명이란 존재를 인정하고 그대로 따르는 장자의 '안명安命'에 좀 더 가깝다고 할 수 있다.

지금까지 천도와 천명에 대한 이덕수의 인식을 살펴보았는데, 본고는 이덕수만의 독특한 인식을 찾아내는 데 목적이 있었다기보다는, 아직까지 다른 문인들의 천도와 천명에 대한 인식을 살펴본 연구가 이루어진 적이 없었기에 이덕수의 시문을 통해 그가 살았던 당대의 천도와 천명에 대한 인식의 일면을 살펴본 데 그 의의가 있다 하겠다. 천도와 천명에 대한 이덕수의 인식을 성리학자나 종교인과 비교해 본다거나 혹은 이덕수와 다른 인식을 보이는 문인들과 비교해 본다면 그 인식의 차이가 좀 더 분명하게 드러날 수 있을 것이며 천도와 천명에 대한 좀 더 다양한 인식을 확인해볼 수도 있을 것이다. 이는 차후 과제로 남긴다.

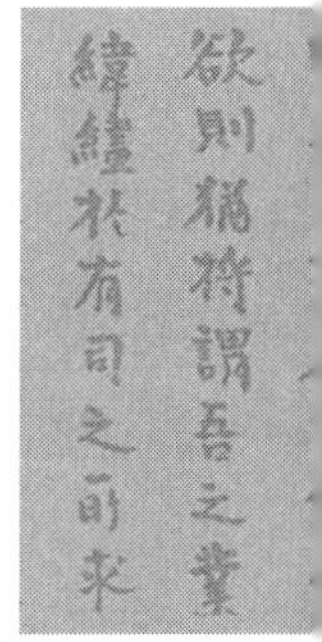

II. 서당 이덕수의 동유 체험과 시적 형상화

김효정

1. 서론

여행은 복잡한 일상에서 벗어나 해방감을 느끼고 심신의 안정을 찾는 재충전과 힐링의 기회를 제공하는 소중한 경험이다. 이 때문에 동서고금을 막론하고 여행에 대한 갈망은 꾸준히 이어져 왔다. 여행을 떠나는 동기와 목적은 시기와 개인의 상황에 따라 다양하게 나타나는데 16세기 이전 조선의 사대부들은 산수 유람을 유가적 수양의 하나로 인식하고 산수 자연 속에서 심성을 수양하고, 기개를 키워 세상에 나가고자 하였다.[55] 이들에게 산수는 심성 도야의 장場이며, 이를 구현하는 공간으로 인식된 것이다. 하지만 17세기 이후 이와 같은 유가적 수양관은 산수 자체를 즐기고 그 안에서 아름다움을 발견하고 이를 시문으로 형상화하는데 주력하는 변화를 보인다. 이전

55 윤재환 「옥동 이서의 금강산 기행시문 연구 - 동유록과 동유편을 중심으로」, 『대동한문학』 21, 대동한문학회, 2004, 205면.

시기와 달리 이념적 요소를 배제하고 사물 자체를 그대로 바라보며 그 속에서 사물이 본래 지닌 미적 요소들을 찾으려는 태도를 보인다.

이와 같은 탐미적 태도는 적극적으로 명승지를 찾아 나서는 동인動因이 되었다. 전국의 다양한 명승지 중 가장 많은 사람들이 선호했던 곳이 금강산을 비롯한 관동지역이었다. 관동지역은 금강산 · 설악산 · 한계산 등 수려함을 자랑하는 명산들과 관동팔경[56]이라 일컬어지는 삼일포 · 총석정 · 경포대 · 낙산사 등의 명소들이 즐비한 천혜의 자연환경을 자랑한다. 이 때문에 전통시대부터 현재에 이르기까지 최고의 승처勝處로 손꼽히는 곳이다. 관동지역의 유람을 의미하는 '동유東遊'는 수많은 문인들이 평생에 꼭 한번 이루고 싶어하는 소망 중의 하나였다.

> 내가 듣기로 산수가 기이하고 수려한 것은 관동이 제일이라고 한다. 金蘭[통천]의 叢石 · 丹穴과 高城의 三日浦와 翼嶺[양양]의 洛山이야 말로 비록 봉래산과 방장산을 보지 못했지만 능히 이보다 뛰어나지 못할 것으로 생각된다. 나는 일찍이 거기를 한 번이라도 보면 죽어도 한이 없겠다고 생각했으나 속세를 헤어나지 못하고 천 리나 아득하니 속절없이 동쪽만 바라볼 뿐이었다.[57]

56 李重煥, 「八道總論」, 『擇里志』, 「江原道」. "多樓臺亭觀之勝, 若歙谷之侍中臺, 通川之叢石亭, 高城之三日浦, 杆城之淸澗亭, 襄陽之靑草湖, 江陵之鏡浦臺, 三陟之竹西樓, 蔚珍之望洋亭, 國人號爲關東八景, 九郡之西則爲金剛 · 雪岳 · 五臺 · 頭陀 · 太白等山, 山海之間, 多奇勝處, 洞府幽深, 水石淸潔, 或傳仙靈異蹟."

57 李奎報, 「送全右軍奉使關東序」, 『東國李相國集』 권21. "予聞山水之奇秀, 關東爲最, 若金蘭之叢石丹穴, 高城之三日浦, 翼嶺之洛山, 則雖未覩蓬萊方丈, 想不能過此也. 僕嘗以爲苟得一見, 雖死無恨, 但塵驂未鞭, 千里悠然,

위의 글은 고려의 문인 이규보李奎報(1168~1241)의 「송전우군봉사관동서送全右軍奉使關東序」의 일부이다. 이규보는 현재 통천 지역인 금란의 총석정과 고성의 삼일포, 그리고 양양지역의 낙산 등 관동지역의 명승지를 선계仙界인 봉래산과 방장산에 비유하며 죽기 전에 꼭 한번 보기를 소망하였다. 이규보는 관동 유람을 속세에서 벗어나는 일이라고 하면서 이를 시행하지 못하고 동쪽만 하염없이 바라볼 수밖에 없는 현실을 안타까워했다. 이를 통해 관동 유람이 고려조에서도 이미 문인들 사이에서 인생에서 꼭 이루고 싶은 일대사一大事 중의 하나였고, 속세를 벗어나는 일로 인식되었음을 알 수 있다.

고려의 문인 이곡李穀(1298~1351)의 「동유기東遊記」[58], 안축安軸(1287~1348)의 「관동와주關東瓦注」[59] 이후 관동지역을 유람하고 이를 시문詩文으로 형상화한 문학작품의 창작이 점차 증가하였고, 18세기에 이르러서는 문단의 한 경향을 형성하기에 이르게 된다. 여기에는 농암農巖 김창협金昌協(1651~1708)과 삼연三淵 김창흡金昌翕(1653~1722)의 영향이 컸다. 김창협은 1671년 여름 31일에 걸쳐 금강산과 관동지역 일대를 유람하고 「동유기東遊記」[60]를 지었다.[61] 이후 김창협의

空悒悒東望而已."

58 「동유기」는 이곡이 1349년(충정왕 1) 가을에 개성에서 철원을 거쳐 금강산을 돌아보고, 통주, 고성, 강릉, 삼척, 평해 등지를 유람하고 기록한 유기이다. 「동유기」에는 날짜별 여정과 풍경, 그리고 감회 등을 기록되어 있다.

59 「관동와주」는 안축이 1330년(충숙왕 17) 5월 강릉의 존무사로 부임하여 1331년(충혜왕 1) 9월에 임기를 마치고 개성으로 돌아올 때까지 관동지역을 돌아보고 지은 유기이다.

60 「동유기」는 날짜별로 일정을 기록하고 있는데 개인적인 의론이나 감상이 배제된 실경 묘사에 주력한 특징을 보인다. 이는 이전 시기의 동유기들이 의론에 주력하고 있는 것과 대조되는 양상이다(강혜선, 「17,8세기 금강산의

문인들이 연이어 금강산과 관동지역 기행에 나서면서 이의현李宜顯(1669~1745)의 「유금강산기遊金剛山記」, 이하곤李夏坤(1667~1724)의 「동유록東遊錄」, 어유봉魚有鳳(1671~1744)의 「동유기東遊記」·「유금강산기遊金剛山記」·「재유금강내외산기再遊金剛內外山記」 등이 쏟아져 나왔다.[62]

이 시기 소론계열 관료문인 서당西堂 이덕수李德壽(1673~1744)도 1714년(숙종 40)과 1724년(경종 4) 두 차례에 걸쳐 관동지역을 기행하고 「풍악유기楓嶽遊記」와 「대호정기帶湖亭記」·「백탑동기百塔洞記」 등의 유기遊記와 다수의 시를 남겼다. 서당은 경종과 영조 대에 활약한 소론계열 핵심관료로 30여 년간 관직에 있으면서 출중한 문장력과 온후한 성품으로 영조의 두터운 신임을 받았고, 이천보李天輔(1698~1761)·오원吳瑗(1700~1740)·남유용南有容(1698~1773)·황경원黃景源(1709~1787)·조최수趙最壽(1670~1739)·조귀명趙龜命(1693~1737)·임상원林象元(1709~?)과 함께 당대 8문장으로 불렸으며[63] 여러 차례 문형文衡을 역임하는 등 당대의 명문장가로 이름이 높았다. 이유원李裕元(1814~1888)은 서당의 행장에서 "매번 한 편의 글을 지으면 다투어 서로 전하고 보여주었고, 비록 공을 미워하는 자들도 역시 마음으로 감복하지 않음이 없었다. 금석문에 더욱 뛰어

문학적 형상화에 대한 연구」, 『관악어문연구』 17, 서울대학교 국어국문학과, 1992, 98면.).

61 강혜선, 「17,8세기 금강산의 문학적 형상화에 대한 연구」, 『관악어문연구』 17, 서울대학교 국어국문학과, 1992, 98면.

62 강혜선, 위의 논문, 98면.

63 李奎象, 「文苑錄」, 『幷世才彦錄』. "當時世目八文章, 吳瑗·李天輔·南有容·黃景源·李德壽·趙最壽·趙龜命·林象元."

나 역사가의 필법을 깊이 터득하였다. 묘도를 장식하려는 자들은 반드시 공에게 달려갔으니 문 앞이 시장 같았다."[64]라고 하며 서당의 문장을 높이 평가하였다.

서당은 1713년(숙종 39) 41세에 문과에 급제해 뒤늦게 관직에 진출했다. 하지만 급제 후 3년간 보직을 받지 못하다가 1716년(숙종 42) 문의현령文義縣令으로 첫 보임을 맡게 된다. 이후 30여 년 동안 평강현감平康縣監·간성군수杆城郡守·개성유수開城留守 등의 지방관과 병조좌랑·이조좌랑·대사성·대사헌·이조참판·예조판서 등을 역임하였다. 또한 1735년(영조 11) 동지부사冬至副使로 청나라 사행을 다녀오기도 하였다.

서당에 대한 선행 연구는 다양한 방면에서 연구되었는데 서당의 문학론과 문학 비평에 관한 연구[65]를 시작으로 교유 관계와 대청관을 살핀 연구[66], 불교관과 불교시에 대한 연구[67], 18세기 여성상[68]과

64 李裕元, 「吏曹判書西堂李公行狀」, 『嘉梧藁略』 책19. "每一文字出, 爭相傳示, 雖嫉公者, 亦莫不心服, 尤善於金石文, 深得史氏法, 凡爲墓道餙者, 必趍於公, 門庭如市."

65 강민구, 「서당 이덕수의 문학론 연구」, 『한문학보』 1, 우리한문학회, 1999; 「이덕수의 문학 비평에 대한 연구」, 『한문학보』 2, 우리한문학회, 2000; 윤재환, 「서당 이덕수의 시론과 문장론의 재검토」, 『동양고전연구』 85, 동양고전학회, 2021.

66 이승수, 「서당 이덕수의 사우 관계」, 『한국고전연구』 8, 한국고전연구학회, 2002; 「서당 이덕수의 對淸觀」, 『한국사상과문화』 20, 한국사상문화학회, 2003.; 이황진, 「서당 이덕수의 교유관계 고찰」, 『동양고전연구』 86, 동양고전학회, 2022.

67 유호선, 「西堂 李德壽의 佛敎觀과 詩文學 硏究」, 『한문교육연구』 18, 한자한문교육학회, 2003.; 「17C 後半~18C 前半 京華士族의 佛敎受容과 그 詩的 形象化 : 金昌翕, 崔昌大, 李德壽, 李夏坤, 趙龜命을 중심으로」, 고려대

비지류[69]에 관한 연구, 독서론과 글쓰기에 관한 연구[70], 서당의 산문을 전반적으로 다룬 연구[71], 서지적 연구[72] 등이 진행되었다. 지금까지 진행된 연구들을 살펴보면 대개 산문을 중심으로 이루어졌음을 볼 수 있다. 서당의 시문학에 관한 연구는 서당의 시론과 시평이 부기된 시를 대상으로 한 연구[73]와 불교 관련 시를 다룬 연구[74] 등에 불과해 서당의 시세계에 대한 추가적인 고찰이 필요한 실정이다.

서당의 문집[75]인 『서당사재西堂私載』에는 454제 627수의 시가 수

학교 대학원 박사학위논문, 2003.

68 강성숙, 「기억을 통해 드러나는 18세기 사대부의 여성상 - 西堂 李德壽의 어머니 아내 딸을 중심으로 -」, 『겨레어문학』 38, 겨레어문학회, 2007.

69 장규선, 「서당 이덕수의 비지류 산문 연구」, 경북대학교 교육대학원 석사학위논문, 2008.; 이황진, 「서당 이덕수의 天道와 天命에 대한 인식 - 短命한 亡者를 위해 지은 시문을 중심으로 -」, 『한민족어문학』 96, 한민족어문학회, 2022.; 최수완, 「서당 이덕수 신도비명의 인물 형상화 양상 일고」, 『온지논총』 80, 온지학회, 2024.

70 박은정, 「西堂 李德壽의 讀書論과 主意論的 글쓰기」, 『동방학』 11, 한서대학교 동양고전연구소, 2005; 김묘정, 「西堂 李德壽의 贈序類 산문 일고찰 - 글쓰기 기법과 주제 구현 양상을 중심으로 -」, 『한국민족문화』 79, 부산대학교 한국민족문화연구소, 2021.

71 유정열, 「이덕수 산문 연구」, 서울대학교 대학원 박사학위논문, 2019.

72 유정열, 『서당선생집(西堂先生集)』에 대하여」, 『국문학연구』 46, 국문학회, 2022.

73 장유승, 「서당 이덕수의 시론과 시세계」, 『한국한시작가연구』 14, 한국한시학회, 2010.

74 유호선, 「서당 이덕수의 불교관과 시문학연구」, 『한문교육연구』 18, 한국한문교육학회, 2002.

75 현전하는 서당의 문집은 규장각 소장본인 『서당사재』와 장서각에 소장본인 『서당집』, 그리고 전의이씨 청강공파 화수회에서 발행한 『서당선생집』 3종류가 있다. 『서당사재』는 12권 12책으로 서당이 생전에 시문을 정리하고

록되어 있어 서당의 시세계와 시적 역량을 살피는 것이 가능하다. 『서당사재』에 수록된 시는 만시가 가장 많은 수를 차지하고[76], 다음으로 기행시 · 사행시 등이 다수를 이루고 있다.

서당은 70여 년의 생애 동안 묘향산 · 황해도 연안 · 개경 · 금강산 · 전라도 변산 · 강원도 평강 · 설악산 등을 유람하였고, 사행을 통해 중국을 다녀오기도 하였다. 서당은 유람을 통해 얻은 감회를 다수의 기행시로 남겼는데 1714년과 1724년 두 차례에 걸쳐 이루어졌던 동유東遊 당시 지은 시가 많은 수를 차지한다. 서당에게 동유 체험은 특별한 경험이었고, 이는 시창작의 주요 동인動因이 되었다.

이에 본고에서는 두 차례의 동유 체험 당시 지은 시들을 대상으로 서당의 시세계 일면을 고찰해 보고자 한다. 이와 같은 작업은 서당의 시세계 면모를 구체화 시키고, 나아가 서당의 문학세계를 확장하는 데 의미가 있을 것으로 생각된다.

자편해 놓은 것으로 보인다. 권1~2는 시 450여 제가 연대순으로 수록되어 있고, 권3~4는 書(4), 序(37), 記(25), 題跋(19), 雜著(12) 등이 수록되어 있다. 권5~8은 神道碑銘(13), 墓碣銘(62)이, 권9~12는 墓誌銘(72), 墓表(23), 諡狀(4), 行狀(5) 등이 수록되어 있다. 『서당집』은 시가 빠져있고, 문만 수록되어 있는데 『서당사재』에 수록되지 않은 글들이 추가되어 있고, 편차가 잘못된 부분을 일부 수정하기도 하였다. 『서당선생집』은 서당의 후손이 소장하고 있던 소장본 19권 17책을 저본으로 삼고, 여기에 빠진 시문들을 장서각본에서 발췌 합편해서 간행한 것이다. 본고는 한국문집총간의 저본인 규장각본 『서당사재』를 연구대상으로 삼았다.

76 『서당사재』에 수록된 만시는 94제 162수로 전체 시수의 약 26%로 적지 않은 양을 차지한다.

2. 동유東遊 체험의 배경과 작품 현황

동유東遊 체험은 누구나 꿈꾸는 소망 중의 하나였지만 이를 실행하는 것은 쉬운 일이 아니었다. 우선 서울에서 금강산과 관동 일대를 유람하기 위해서는 한 달 정도의 시간과 상당한 비용이 필요했다. 현직에 있는 관료들은 시간을 내기가 어려웠고, 형편이 어려운 경우는 비용을 감당하기 어려웠다. 그럼에도 불구하고 조선후기 문인들이 동유 체험을 실행에 옮기고 싶어했던 이유는 금강산 일대의 유람을 통하여 '천유天遊'를 시도하고자 했기 때문이다.[77] '천유天遊'는 『장자』「외물」에 "마음속에 천유가 없으면 육착[78]이 서로 싸운다[心無天遊, 則六鑿相攘]"라고 한데서 나온 것으로 정신이 세속을 초탈하여 자연 속에 노니는 것을 뜻한다. 즉 동유는 단순한 유람이 아니라 세속을 초탈하는 탈속의 의미를 지니고 있다고 본 것이다. 서당의 동유 체험 역시 '천유'를 추구했음을 다음의 글에서 살펴볼 수 있다.

> 세상 사람들 보면 먼지가 가슴을 꽉 채워 그 마음이 天遊를 못한지가 오래되었다. 그럼에도 오직 영동을 유람하며 보는 승경만을 기뻐하며 칭송하는 탓에 수레와 말의 흔적이 추지령과 단발령 너머에서 서로 찾아오니 이는 오직 이목을 놀라게 하는 것만을 즐거움으로 삼아서이고 또 어찌 四纏의 깨끗하고 맑음을 나뉘는 것을 가까이서 살필 수 있겠는가. 이 방언으로 심후의 뜻을 널리 알리고, 또 훗날 이 정자에 오르는 사람들에게 항상 이것을 구하도록 하고자 한다.[79]

77 심경호, 「조선후기 문인의 東遊 체험과 한시」, 『한국한시연구』 6, 한국한시학회, 1999, 56면.

78 육착은 耳·目·口·鼻·心·志를 가리킨다.

위의 글은 「대호정기帶湖亭記」의 일부분이다. 서당은 1724년 두 번째 동유 당시 강원도 고성의 대호정을 방문했는데 당시 고성군수였던 심봉휘沈鳳輝의 부탁으로 「대호정기」를 지었다. 이 글은 서당이 생각하는 동유의 진정한 의미가 무엇인지를 잘 보여준다. 서당은 많은 사람들이 오직 눈과 귀의 즐거움을 위해 멀리서도 관동지역을 찾아오는 세태를 우려하면서 눈과 귀를 자극하는 유람은 진정한 유람이 아니라고 본 것이다. 서당은 진정한 동유의 목적은 '천유天遊'에 있다고 보았다. 동유가 점차 일반화되면서 많은 유람객들이 몰려들어 진정한 동유의 의미를 상실함을 지적하고 이를 경계한 것이다.

대개 동유에 나서게 되는 경우는 세 가지로 살펴볼 수 있는데 먼저 스스로 시간과 경비를 마련하여 동유에 나서는 경우이고, 두 번째는 관동지역의 지방관으로 부임하면서 이루어지는 경우이다. 세 번째는 관동지역의 지방관으로 나간 지인이나 친척의 초대로 동유를 하게 되는 경우이다. 대개 외직으로 나가게 되면 이를 안타까워하는 경우가 대부분인데 관동지역으로 부임하는 경우 오히려 축하해 주기도 한다. 서당도 1718년 강원도 관찰사로 부임하는 이조李肇(1666~1726)를 전송하면서 '외직을 욕하지 않아도 저절로 외직에 임명되고 또 부임하는 곳이 산수가 시원스러운 고장이라면 그 사람의 복이 아니겠는가.'[80]라고 하며 이조의 부임을 축하해주기도 하였다. 또한 자

---

79 李德壽, 「帶湖亭記」, 『西堂私載』 권4. "觀世之人, 塵埃塞胸, 其心之無天遊久矣. 而獨喜穪嶺東遊觀之勝, 車轍馬跡, 相尋於湫池斷髮之外, 是惟以蕩駴耳目爲快, 又烏能近察四纙之分湛明哉. 是以放言, 以廣沈侯之意, 且欲使後之登斯亭者, 尙以是求之."

80 李德壽, 「送李子始序」, 『西堂私載』 권3. "若夫不求而自至, 所得又山水淸凉之鄕, 則斯非其人之福歟. 今年李子始, 由春曺佐貳, 出按關東, 玆余所謂不

신처럼 간성 군수로 부임하는 이자평李子平에게 칠언절구 9수의 연작시 〈송이자평부임간성送李子平赴任杆城〉를 지어주며 1년간의 간성 군수 시절 동안 설악산과 풍악산의 유람으로 저절로 근심이 없어졌다[81]는 내용을 담아 전하기도 하였다.

서당의 첫 번째 동유는 스스로 떠난 경우이고, 두 번째 동유는 간성 군수로 재임하면서 이루어졌다. 첫 번째 동유는 1714년 8월에서 9월 사이에 이루어졌다. 서당은 1713년(숙종 39) 41세의 늦은 나이로 급제하였으나 한동안 보직을 맡지 못하다가 3년 뒤인 1716년이 되서야 문의 현령으로 첫 보임을 맡게 된다. 첫 번째 동유는 급제 후 발령을 기다리는 사이에 이루어졌다. 과거에 급제하고도 여전히 제대로 된 보임을 맡지 못해 실의에 잠겨 있던 때 금강산 기행을 떠난 것이다. 첫 번째 동유의 계기는 정치적 좌절감에서 비롯된 것이라고 할 수 있다.

서당은 이때 금강산을 거쳐 해금강이라고 일컬어지는 고성과 통천 지역의 명승들을 함께 유람하였다. 서당은 금강산 유람의 기록을 「풍악유기楓岳遊記」[82]로 남겼는데 여기에는 금강산 내에서의 일정만 기록되어 있다. 금강산 유람은 8월 22일부터 9월 1일까지 9일 동안

求而自至, 所得又山水淸凉之鄕者也. 所謂有地千里而懽愉咨戚係焉者也."

81 李德壽, 〈送李子平赴任杆城〉 9수 중 제5수, 『西堂私載』 권2. "雪岳春遊楓岳秋, 回谿幽磴入冥搜. 周年但喫杆城飯, 吏罵民嗔不自愁."

82 서당은 8월 22일~9월 1일까지 9일 동안 금강산을 기행하였다. 「풍악유기」는 일기체 유기로 날짜별 일정과 여행을 마친 후의 총평으로 구성되어 있다. 대개의 유기들이 여행의 동기나 동행을 소개하는 서두와 일정을 소개하는 본문, 그리고 여행을 정리하는 의견을 담은 마무리 부분으로 구성되어 있는 것과 달리 서두에 해당하는 부분이 없고 바로 일정을 시작하고 있는 것이 특징적이다.

이루어졌는데 실제 출발에서 금강산 유람 이후 관동지역을 유람한 일정까지 합하면 적어도 20일 이상이 소요되었을 것으로 예상된다. 대개 유기는 유람의 동기, 일행의 소개→유람의 여정→총평 등의 순으로 서술되는 것이 일반적이다. 그러나 「풍악유기」에는 유람의 동기나 일행의 소개 부분이 없이 바로 금강산 내의 일정이 바로 서술되어 있어 당시 동유의 동기나 일행 등에 대한 정황을 정확하게 포착하기 어렵다. 그러나 앞서 살펴본 「대호정기」에서 '천유'를 언급한 것을 보면 이때의 동유 역시 복잡한 세상사에서 벗어나 정신이 세속을 초탈하여 자연 속에 노니는 '천유'를 위해 떠난 것으로 짐작된다.

출발지에서 금강산까지의 여정은 이때 지은 시를 통해 유추할 수 있다. 서당은 강원도 철원의 창도역昌道驛과 금성金城 · 신안역新安驛 · 회양淮陽을 거쳐 금강산으로 들어간 것으로 보인다.[83]

서당의 두 번째 동유 체험은 1723년 겨울과 1724년 초가을에 이루어졌다.[84] 서당은 1722년 평소 친분이 있었던 김창집金昌集(1648~1722)이 역적으로 몰렸을 때 두둔했다는 이유로 삭거사판削去仕版 해야 한다는 탄핵을 받았으나 경종이 이를 허락하지 않았다.[85] 1723년

83 「풍악유기」와 당시 창작한 시를 토대로 1714년 동유 당시의 여정을 살펴보면 양근→창도역→금성→신안역→회양→화천→장안사→지장암→명경대→명담→정양사→개심대→안심대→표훈사→내원통사→진불암→수미대→만폭동→보덕굴→마하연→칠보대→만회암→백운대→성불암→불지암→묘길상→백하담→내수재→대적암→유점사→은신대→불정대→풍혈망→외원통암→폭포암→발연→옥류동→구룡연→구룡폭포→신계사→해산정→대호정→사선정→와룡담→총석정→추지령 순으로 이어졌다.

84 「대호정기」의 마지막 구절에 "甲辰初秋, 李德壽, 記"라는 기록이 있어 1724년 초가을에 금강산을 여행했음을 알 수 있다.

85 『景宗實錄』 경종 2년(1722년), 9월 17일(기해), 2번째 기사.

6월 종3품직인 세자시강원의 보덕에 제수된 후 지난날 탄핵받았던 것을 논박하는 상소를 올렸지만 결국 그해 11월 종4품직인 간성 군수로 좌천되어 부임하게 되었다.[86] 서당은 1년 동안 간성 군수로 지내면서 한계산·설악산·금강산 등을 유람하였다. 이때의 동유 역시 정치적으로 고난을 겪던 시기에 이루어졌다는 점에서 세속을 벗어나 마음의 치유를 위한 유람이었다고 할 수 있다.

서당은 두 번째 동유를 마친 후 「대호정기」와 「백탑동기」 2편의 단편 유기를 남겼다. 「대호정기」는 관동팔경의 하나인 고성의 대호정를 방문하고 쓴 유기이고,[87] 「백탑동기」는 금강산의 깊은 계곡에 있어 잘 알려지지 않은 백탑동을 탐승하고 기록한 유기이다.[88]

두 번째 동유는 간성 군수 재임시에 이루어졌으므로 공무로 인해 한꺼번에 긴 시간을 내기 어려웠으므로 두 차례에 걸쳐 설악산 일대와 금강산 일대 관동지역을 유람한 것으로 보인다. 두 번째 동유의 경우 일정을 확인할 수 있는 기문을 남기지 않아 자세한 여정은 파악하기 어려우나 이때 지은 시를 통해 대략의 여정을 짐작해볼 수 있다. 『서당사재』에 수록된 시는 대개 연도순으로 창작 순으로 배치되어 있는데 두 번째 금강산 기행의 시작을 보여주는 첫 번째 시가 〈숙해산정 추기심사군宿海山亭 追寄沈使君〉이다. 그 뒤를 이어 〈삼일포 차운三日浦 次韻〉·〈추유풍악秋遊楓岳〉·〈정양사正陽寺〉·〈백하담

86 『景宗實錄』 경종 3년(1723년), 6월 14일(신유), 4번째 기사.

87 「대호정기」는 고성의 군수인 沈鳳輝의 부탁을 받고 지은 것으로 대호정 주변의 승경을 묘사한 부분과 의론 부분으로 구성되어 있다. 「대호정기」는 승경의 묘사와 의론을 개진한 부분의 분량이 비슷하다는 특징을 보인다.

88 「백탑동기」는 금강산 깊은 골짜기에 있어 가는 길이 험해 잘 가지 않으려는 백탑동을 찾아가는 과정과 주변의 승경이 잘 묘사된 작품이다.

소좌白霞潭小坐〉 등의 순서로 이어지고 마지막 시가 〈관음굴觀音闍〉이다. 관음각은 양양의 낙산사에 있는 건물이다. 시의 창작 순서를 볼 때 두 번째 동유는 첫 번째 동유 때와 달리 고성 지역에서 외금강·내금강을 거쳐 양양 쪽으로 나왔음을 짐작할 수 있다.

서당이 두 번의 동유 체험 당시 창작한 시의 현황을 살펴보면 다음의 [표 1]과 같다.

[표 1] 『서당사재』 수록 관동지역 기행시 목록

연번	권	시제	시체	시수	창작시기	지역
1	1	東行寄弟大仲	칠언절구	1	1714년	
2	1	昌道驛 次板上韻	칠언율시	1	1714년	강원도 창도
3	1	金城道中	칠언율시	1	1714년	강원도 금성
4	1	新安驛村	칠언율시	1	1714년	강원도 신안
5	1	次淮陽板上韻	오언율시	1	1714년	강원도 회양
6	1	敬次判尹先祖淮陽題咏韻	칠언절구	1	1714년	강원도 회양
7	1	花川早發	칠언절구	1	1714년	강원도 화천
8	1	長安寺	오언율시	1	1714년	금강산
9	1	正陽寺	칠언절구	3	1714년	금강산
10	1	題萬瀑洞	칠언절구	2	1714년	금강산
11	1	楓岳	오언율시	1	1714년	금강산
12	1	自玉鏡潭至須彌臺 數十里之間 丹楓尤盛絢爛若 雲蒸霞鬱 戱爲一詩	칠언절구	1	1714년	금강산
13	1	登白雲臺	칠언절구	1	1714년	금강산
14	1	九龍淵	오언고시	1	1714년	금강산
15	1	又題一絶	칠언절구	1	1714년	금강산
16	1	海山亭 次板上韻	오언율시	1	1714년	강원도 고성
17	1	帶湖亭	오언율시	1	1714년	강원도 고성
18	1	又題一絶	칠언절구	1	1714년	강원도 고성
19	1	四仙亭 次板上韻	칠언절구	1	1714년	강원도 고성
20	1	臥龍潭	칠언절구	2	1714년	강원도 고성

21	1	叢石亭	칠언율시	1	1714년	강원도 고성
22	1	踰湫池嶺	칠언절구	1	1714년	강원도 고성
23	2	合江亭	오언율시	1	1723년	강원도 간성
24	2	彌時坡路傍 有蒼岩飛瀑 奇甚 舊名盜淵 余改以蒼壁潭 戲題一絶	칠언절구	1	1724년	강원도 간성
25	2	藍輿踰嶺	칠언절구	2	1724년	강원도 간성
26	2	余始登淸澗亭 得句云窄窄人間道路難 漫天荊棘礙危盤云云 旣而思之 古人謂劉夢得 蘓子瞻詩 多譏刺 殊乏風人敦厚之旨者 誠爲得之 乃改題絶句云	칠언절구	1	1724년	강원도 간성
27	2	爲還穀分俵 往烈山 歷憇花津	오언율시	1	1724년	강원도 간성
28	2	尋佡遊潭 少憇駕鶴亭	오언율시	1	1724년	강원도 간성
29	2	乾津村舍 次韻贈至禪上人	칠언절구	1	1724년	강원도 고성
30	2	三掛嶺三月晦日	칠언절구	1	1724년	강원도 간성
31	2	寒溪山	칠언율시	1	1724년	한계산
32	2	贈洪川倅金長叔	칠언절구	1	1724년	한계산
33	2	雪嶽	칠언율시	1	1724년	설악산
34	2	宿鳳頂菴	칠언절구	1	1724년	설악산
35	2	次金長叔留贈韻 却寄	칠언율시	1	1724년	설악산
36	2	聖人臺	칠언절구	1	1724년	설악산
37	2	上下食堂	오언절구	2	1724년	설악산
38	2	繼祖窟	오언율시	1	1724년	설악산
39	2	宿海山亭 追寄沈使君	칠언절구	2	1724년	강원도 고성
40	2	三日浦 次韻	칠언절구	1	1724년	강원도 고성
41	2	秋遊楓岳	칠언율시	1	1724년	금강산
42	2	正陽寺	칠언절구	1	1724년	금강산
43	2	白霞潭小坐	칠언절구	1	1724년	금강산
44	2	登萬景臺 回眺毗盧 夜來積雪皓然 俯臨大海 當前洶湧	오언율시	1	1724년	금강산
45	2	香爐菴	오언율시	1	1724년	금강산
46	2	龜潭下有穹石 人未嘗陟 余縋而登焉 上有雙瀑 下成一瀑 景致殊幽絶	오언절구	1	1724년	금강산
47	2	丁公藤歌	칠언고시	1	1724년	금강산
48	2	楓岳故路訪七松亭 贈主人權處士	칠언절구	3	1724년	금강산

49	2	望海	칠언율시	1	1724년	낙산사
50	2	洛山寺 次韻	오언율시	1	1724년	낙산사
51	2	觀音閣	칠언절구	1	1724년	낙산사
51제 60수						

[표 1]을 살펴보면 서당의 동유 시는 51제 60수로 나타난다. 이는 『서당사재』 수록 전체 시수의 약 9.5%를 차지하는 분량이다. 이를 시 형식별로 살펴보면 칠언절구가 26제 34수, 오언율시가 12제 12수, 칠언율시가 9제 9수, 오언절구가 2제 3수, 칠언고시 1제 1수, 오언고시 1제 1수의 순으로 나타난다. 이중 칠언절구가 전체 시수의 약 57%를 차지해 칠언절구의 창작이 가장 많음을 알 수 있다. 『서당사재』에 수록된 454제 627수의 시 형식을 살펴보면 칠언절구가 255수, 칠언율시 188수, 오언율시 121수, 오언절구 12수, 오언배율 42수, 칠언배율 8수, 칠언고시 1수로 나타난다. 이를 통해 서당이 칠언절구의 창작을 선호했음을 알 수 있다. 이는 조선시대 문인들이 대체로 칠언율시를 선호했던 경향과 다른 양상이라고 할 수 있다.

창작 시기별로 살펴보면 1714년 첫 번째 동유 당시 창작한 시는 22제 26수이고, 1724년 두 번째 동유 당시 창작한 시는 29제 34수이다. 이 중 같은 장소를 대상으로 창작한 시는 정양사와 해산정으로 나타난다. 이를 통해 서당이 같은 장소를 대상으로 중복적으로 창작하는 것을 선호하지 않았음을 유추할 수 있다.

대개 먼 거리의 유람은 혼자보다는 일행이 동행하는 경우가 많다. 하지만 서당의 첫 번째 동유의 경우 동행인에 관한 기록이 없어 동행인의 유무를 확인하기 어렵다. 당시 지은 「풍악유기」나 시에도 서당 이외의 인물이 등장하지 않는다. 동행인이 있는 경우 이들과 함께 시를 수창하거나 절구시聯句詩를 짓는 경우도 있는데 당시 창작한 시에는 이러한 면모가 보이지 않는다. 이때의 유람은 따로 동행이 없이 이루어졌던 것으로 짐작된다.

그러나 간성 군수 재임시 이루어졌던 두 번째 동유에는 유람하는 지역의 지방관들과 수창한 시들과 「대호정기」, 「백탑동기」를 통해 동행이 있었음을 알 수 있다. 특히 설악산 유람에 도움을 홍천 군수 김장숙이나 고성지역의 유람에 도움을 준 고성 군수 심사군沈使君에게 보낸 시나 이들과 차운한 시에는[89] 이들에 대한 그리움이나 고마움을 드러내기도 하였다.

서당은 금강산을 기행하면서 장안사 · 정양사 · 유점사 · 신계사 등의 사찰에서 묵었던 것으로 보인다. 하지만 금강산 기행 중 창작한 시에는 승려들과 교유한 시가 보이지 않는다. 평소 불교에 호의적이었고 상인上人들과 교유가 많았던 서당의 이력을 볼 때[90] 금강산 사찰의 승려들과 교유한 시가 한 수도 남아있지 않다는 점은 특기할 만하다.

---

89 李德壽, 〈贈洪川倅金長叔〉 · 〈次金長叔留贈韻 却寄〉 · 〈宿海山亭 追寄沈使君〉 · 〈楓岳啟路訪七松亭 贈主人權處士〉, 『西堂私載』 권2

90 『서당사재』에 수록된 시 중 승려와 관련된 시는 〈贈秋鵬上人〉 · 〈賓鉢菴重贈秋上人〉 · 〈隱寂菴贈守宗上人〉 · 〈演初上人居嶺南通度寺 今秋因事抵京訪余於城南第 皃和而言辯 類有得者 余於古德言句 涉獵畧遍矣 唯於六祖所謂四大聚沫 有生所托 精足神足 是生妙用 卽爲眞我之說 尋常蓄疑以爲是乃道家保形保神之術耳 似有乖於本來無物之旨 至是擧以叩師 師笑曰 眞我不離幻質 今措大乃欲離幻求眞 其亦遠矣 余於言下有省 雖未知師之所言果能透得曺溪本旨 而愛其深有契於禪理 臨別 贈以一詩〉 · 〈的宇上人 自湖南之松廣 訪余楊峽 不遇 訪良才 又不遇 訪龍湖 始相遇 其意甚勤 留一宿 凡內典微義 有所叩問 應之如響 盖法門中龍象也 將向沁洲 臨別 題贈一律〉 · 〈又次宇上人〉 · 〈用諸公題表忠祠韻。贈南鵬上人〉 · 〈乾津村舍 次韻贈至禪上人〉 등 8수로 나타난다.

3. 동유東遊 체험의 시적 형상화 양상

1) 초연超然한 삶의 추구와 선계仙界로의 청유淸遊

관동지역은 오래전부터 빼어난 경관으로 인해 선계로 인식되었는데 이와 같은 인식은 서당에게서도 찾아볼 수 있다.[91] 서당에게 '동유'는 복잡한 세상의 굴레에서 벗어나 탈속의 공간에서 마음껏 정신적 자유를 누리는 '천유'의 실행이었다. 서당은 동유를 통해 자신이 현재 겪고 있는 정치적 좌절에서 오는 번뇌를 해소하고 초월하고자 하는 진솔한 마음을 담아내었다.

신선이 돌아간 길로 말을 타니 산들바람 불고	仙人歸路馭輕風
말은 고삐를 벗고 새는 조롱에서 나오네	馬脫羈銜鳥出籠
눈에 보이는 가을 경치 여기저기 좋고	眼看秋光隨處好
한줄기 차가운 시내에 단풍이 어리네	寒流一帶映丹楓[92]

이 시는 〈화천조발花川早發〉로 1714년 첫 번째 동유 당시 금강산으로 가는 도중 강원도 회양의 화천에서 지은 시이다. 화천은 회양에 있는 개천으로 북한강의 상류이다. 회양은 금강산과 가까운 곳으로 이곳을 거쳐 금강산으로 가는 경우가 많았다. 대개 서울에서 금강산

91 李德壽, 「帶湖亭記」, 『西堂私載』 권4. "嶺之東九邑, 皆幷海有亭臺, 各以其勝競長, 層構傑觀, 相望於烟濤渺靄之間, 而高城尤稱爲仙境. 盖其蜿蜒淸淑之所鍾, 楓岳有不能專也. 則散泄其餘氣於海上, 如海山四仙之勝, 卽國內諸名區, 在所不論, 求之天下, 果能有兩海山兩四仙否乎. 夫以蕞尒之小邑, 有楓嶽爲之山, 又有海山四仙以爲亭, 稱之爲仙境宜爾, 乃又有帶湖亭, 列於其間, 則是何仙境之萃於高城, 若是多也."

92 李德壽, 〈花川早發〉, 『西堂私載』 권1.

으로 들어가는 길은 김화-금성-통구-단발령을 거쳐 장안사로 들어가는 경우가 많았는데[93] 서당의 경우는 경기도 양근에서 강원도 창도-금성-회양-화천을 거쳐 이동하였다.

이 시는 금강산을 목전에 두고 쓴 시로 곧 만나게 될 금강산에 대한 기대감과 함께 세상의 얽매임에서 벗어나 자유로움을 느끼고 싶은 시인의 심정이 잘 나타나 있다. 기구의 '선인귀로仙人歸路'는 지금 금강산으로 향해 가고 있는 길을 신선이 다녔던 길로 묘사함으로써 금강산을 선계로 묘사하였다. 이 시에서 시인의 마음을 가장 잘 보여주는 구는 승구이다. 말이 고삐를 벗고, 새가 조롱에서 나오는 장면은 억압된 상황에서 벗어나 자유로움을 누리고 싶은 시인의 심정을 대변한다. 기함羈銜과 농籠은 말과 새를 억압하는 도구로 현재 서당이 처한 답답한 현실을 의미한다. 서당이 과거에 급제하고도 보직을 받지 못해 관직에 나아가지 못하고 있는 현실의 우울함에서 벗어나 해방감을 누리고 싶은 초연한 마음을 볼 수 있다.

태선이 나를 백운대 가로 불러 오니	胎仙喚我白雲邊
눈 아래 아득한 큰 땅엔 안개 자욱한데	眼底蒼茫大陸烟
평생의 뜬인생 이곳에서 함께 부치니	百歲浮生同寄此
독 안의 벌레와 하루살이처럼 가여울 뿐이네	醯鷄蠛蠓祗堪怜[94]

이 시는 〈등백운대登白雲臺〉로 1714년 첫 번째 동유 당시 금강산의 백운대에 올라 지은 시이다. 백운대는 마하연 부근의 만회암 위쪽으

93 이영숙, 「경로를 통한 금강산 유람의 변천 고찰」, 『한국한문학연구』 77, 한국한문학회, 2020, 16면.

94 李德壽, 〈登白雲臺〉, 『西堂私載』 권1.

로 바위들이 겹겹이 쌓여 까마득한 절벽을 이룬 대로, 중향성과 골짜기들의 전망이 아름다운 곳이다. 서당은 8월 26일 만폭동과 보덕굴 · 마하연 · 칠보대 · 만회암 · 백운대 · 성불암 · 불지암 등을 유람하고,[95] 〈제만폭동題萬瀑洞〉 2수 · 〈풍악楓岳〉 · 〈자옥경담지수미대自玉鏡潭至須彌臺〉 · 〈등백운대登白雲臺〉 등의 시를 지었다.

이 시는 백운대에 올라 눈 아래 펼쳐진 광경을 보고 느낀 감회를 담고 있다. 태선胎仙은 대개 학의 별칭으로 사용되지만 여기서는 도교의 신을 의미한다. 도교의 경전인 『황정내경경黃庭內景經』「상청장上淸章」에 "태선은 바로 태령대신으로 태진이라고도 하는데 명당 안에 거주한다.[胎仙卽胎靈大神, 亦曰胎眞 居明堂中]"라는 구절이 나온다. 백운대는 중향성과 주변 봉우리들을 전망하기 좋은 위치에 있는데도 불구하고 이 시에서는 백운대와 주변의 경관은 전혀 묘사되어 있지 않다. 백운대의 경관보다는 이곳에서 느낀 감회가 더 컸기 때문에 경관의 묘사보다는 감정의 묘사에 중점을 둔 것이다.

기구에서 시인은 자신이 백운대에 온 것은 신선인 태선이 불러서 온 것이라고 하였다. 태선이 사는 백운대는 선계인 셈이다. 승구에서 시인은 백운대 아래 인간이 사는 땅은 안개에 자욱하다고 하였다. 이 광경은 실제로 안개가 자욱한 실경의 묘사일 수도 있지만 먼지로 가득 찬 진세塵世를 표현한 것이라고도 할 수 있다. 전구와 결구는

95 李德壽, 「楓嶽遊記」, 乙未(26일), 『西堂私載』 권4. "乙未入萬瀑洞, 滙者爲潭, 落者爲瀑, 急者爲湍, 徐者爲川, 其名有青龍潭, 拭巾岩, 洗頭盆, 黑龍潭, 碧霞潭, 眞珠潭, 火龍潭, 龜潭, 舟潭之屬, 幽奇儵夐, 言之所不能盡, 上至普德窟, 前架小菴, 撑以銅柱, 繚以鐵鎖, 俯臨千仞絶壑, 危不可久留. …… 至摩訶衍, 登七寶臺, 望見日出月出峯, 上至萬灰菴, 又上至白雲臺, 白雲菴石路懸空, 攀藤而上, 緣崖左轉, 堇容置一足, 以腹磨崖而過."

시인의 초연한 마음가짐을 잘 보여준다. 해계醢鷄는 '항아리 속의 초파리[甕裏醯雞]'라는 뜻으로 견식이 좁은 사람을 비유한 말이다.[96] 선계인 백운대에서 세상을 내려다보니 지금까지 살아온 인생이 부질없는 뜬인생이었고, 자신은 식견이 좁은 항아리 속의 초파리 같은 존재였음을 스스로 반성하는 모습에서 세상의 명리에 얽매이지 않으려는 시인의 초연한 의지를 엿볼 수 있다.

신선산의 승경을 훑어보고	領畧仙山勝
돌아오는 길에 다시 이 정자에 오르니	故程復此亭
신이 온 세상을 뿌려놓은 듯하고	神疑揮八極
겨드랑이는 두 날개가 되려하네	腋欲化雙翎
신기루처럼 영롱하게 보이고	蜃闕玲瓏見
신선의 피리 방불케 하는 소리 들리네	緱笙彷彿聽
이 몸 맑고 시원한 세상에서 놀다보니	遊身淸冷界
하룻밤 사이에 신령함이 통했음을 깨닫네	一宿覺通靈[97]

이 시는 〈대호정帶湖亭〉으로 1714년 첫 번째 동유 당시 강원도 고성의 대호정에서 지은 시이다. 서당은 고성 지역을 선경이라고 하였는데[98] 이 시 역시 선계의 향취가 듬뿍 배여 있다. 수련의 선산仙山은

96 『莊子』「田子方」에 의하면, 孔子가 老聃을 만나고 나서 顔回에게 "나는 도에 대해서 마치 항아리 속의 초파리 같았구나. 부자께서 그 항아리의 덮개를 열어주지 않았더라면 나는 천지의 위대한 참된 모습을 모를 뻔하였구나.[丘之於道也 其猶醯雞與 微夫子之發吾覆也 吾不知天地之大全也]"라고 하는데, 여기서 나온 말이다.

97 李德壽, 〈帶湖亭〉, 『西堂私載』 권1.

98 李德壽, 「帶湖亭記」, 『西堂私載』 권4. "夫以蕞尒之小邑, 有楓嶽爲之山, 又有海山四仙以爲亭, 稱之爲仙境宜爾, 乃又有帶湖亭, 列於其間, 則是何仙境

금강산을 가리킨다. 대호정으로 오기 이전 금강산을 유람하고 대호정으로 왔음을 알 수 있다. 함련과 경련은 대호정에서 바라본 풍경을 묘사한 것이다. 대호정 앞바다의 아름다운 풍경을 선계로 묘사하고, 주변에서 들리는 피리 소리를 신선이 부는 피리 소리와 같다고 함으로써 유선遊仙의 자취가 가득한 시상을 전개하고 있다. 구생緱笙는 신선이 부는 피리 소리를 말한다.[99] 미련은 대호정을 맑고 깨끗한 선계로 상정하고 그곳에서 하룻밤 머문 자신도 신령한 기운이 통하게 되었음을 밝히면서 대호정을 선계의 공간으로 만들고 있다. 청정한 선계의 공간 대호정에서의 청유淸遊를 잘 보여주는 작품이다.

2) 적극적인 탐승探勝의 의지와 유람의 홍취

서당은 동유를 체험하며 아름다운 절경 속에서 유람의 홍취를 즐겼다. 이러한 홍취는 현실에서 겪고 있는 좌절감과 우울감을 위로해주고 새로운 힘을 복돋아 주는 자극제가 된다. 험한 길도 마다하지 않고 숨어있는 절경을 찾아 나서는 적극적인 탐승의 의지는 현실의 어려움을 극복하겠다는 의지의 표현이라고 할 수 있다.

층친 절벽 비탈길을 나는 듯 밟고 올라	層崖絶磴躡翩翩
일찍이 산속에서 칠일 간 신선이 되어	曾作山中七日仙
절로 웃으며 절경을 찾았지만 아직도 부족해	自笑探奇猶未足
지팡이 짚고 다시 와룡담에 올랐네	携筇又上臥龍泉[100]

之萃於高城, 若是多也."

99 주나라 靈王의 태자인 王子喬는 피리를 잘 불어 봉황의 울음 소리를 내었는데 어느 날 신선인 浮丘公을 따라 仙道를 닦은 뒤, 30년 후 緱氏山에 학을 타고 내려와 가족들에게 손을 흔든 뒤 떠나갔다는 전설이 있다. (『列仙傳』)

이 시는 〈와룡담臥龍潭〉 2수 중 첫 번째 시로 1714년 첫 번째 동유 당시 지은 시이다. 와룡담은 강원도 고성의 와룡산에 있는 못이다. 당시 서당의 동유 일정은 금강산을 지나 고성 지역의 승경들을 유람하는 코스였다. 기구와 승구는 와룡담에 오기 전 들렀던 금강산 유람 당시를 묘사한 것이다. 기구는 금강산에서 험한 산길과 비탈길을 오르면서 적극적으로 승처勝處를 찾아 다녔던 장면을 묘사한 것이다. 이는 「풍악유기」에서 구룡연을 찾아갈 때 깎아지른 듯한 절벽을 승려들이 팔뚝을 잡아 연결하고, 밧줄을 사용해 아슬아슬하게 오르내렸던 장면이나[101] 시 〈구담하유궁석 인미상척 여추이등언 상유쌍폭 하성일폭 경치수유절龜潭下有穹石 人未嘗陟 余縋而登焉 上有雙瀑 下成一瀑 景致殊幽絶〉[102]의 시제에서 서술한 것처럼 아무도 올라간 적이 없는 곳을 매달리다시피 올라가는 모습 등은 시인의 적극적인 탐승의 의지를 보여준다. 하지만 이러한 고생도 금강산의 선경을 보고 나면 절로 잊게 되고 자신도 마치 신선이 된 것 같은 기분이 들게 된다. 시인에게 7일간의 금강산 유람[103]은 금강산의 절경을 다 보기에는 충분하지 못한 시간이었으므로 아쉬움이 많았다. 이와 같은 아

100 李德壽, 〈臥龍潭〉 2수 중 제1수, 『西堂私載』 권1.

101 李德壽, 「楓嶽遊記」, 『西堂私載』 권4. "過玉流以往, 危坂臨壑, 懸崖無路, 使諸僧, 連臂相接, 前者攀木, 後者挽引, 然後以足循而度者四, 用繩縋而上下者三, 循之危, 甚於縋之危."

102 李德壽, 〈龜潭下有穹石, 人未嘗陟, 余縋而登焉, 上有雙瀑, 下成一瀑, 景致殊幽絶〉, 『西堂私載』 권2.

103 「풍악유기」에 의하면 이때 서당은 8월 22일~9월 1일까지 9일 동안 금강산을 유람한 것으로 기록되어 있다. 하지만 도착한 첫날과 떠나는 마지막 날은 하루종일 온전한 유람을 하지 못했으므로 실제 유람한 날을 7일로 묘사한 것으로 보인다.

쉬움은 와룡담을 찾게 된 이유가 된다. 전구와 결구에서 시인은 금강산을 유람하고 왔음에도 여전히 그 유흥遊興을 다 채우지 못해 절경을 찾아 와룡담에 올랐다고 고백하면서 적극적으로 승경을 찾는 모습을 보여주고 있다.

봄에는 내설악에서 노닐고	春遊內雪山
가을에는 외설악에서 노니니	秋遊外雪山
봄가을 다른 경치가 없이	春秋無異景
안팍으로 모두 하나이네	內外捴一般

겹쳐 쌓인 눈처럼 층진 바위 하얗고	疊雪層岩白
비스듬한 하늘에 어지러운 봉우리들 푸르네	橫空亂嶂青
시냇물 소리에 골짜기 바람소리가 화답하니	溪聲和谷籟
거문고와 비파 소리처럼 정말 시원하네	琴筑正泠泠[104]

이 시는 〈상하식당上下食堂〉으로 1724년 가을 간성 군수 재임 시절 설악산의 식당암에서 지은 오언절구 2수이다. 식당암은 와우암臥牛岩이라고도 하는데 계조굴 앞에 있는 넓은 바위로 100여 명의 승려가 모여 공양하던 곳이라고 한다. 이 식당암 앞쪽에 있는 커다란 바위가 와우각臥牛角 즉 흔들바위이다.

첫 번째 시의 기구와 승구는 봄과 가을에 내설악과 외설악을 유람한 일을 묘사한 것으로 설악산의 경치가 봄가을 할 것 없이 모두 빼어남을 말하고 있다. 서당은 1723년 11월에 간성으로 부임하여 1724년 11월에 『경종실록』의 편찬 업무를 맡아 서울로 돌아갔으므

---

104 李德壽, 〈上下食堂〉, 『西堂私載』 권2.

로 그 이전인 가을에 외설악을 유람한 것으로 보인다. 설악산의 최고봉인 대청봉을 중심으로 서쪽은 내설악, 동쪽은 외설악이라고 하는데 외설악 쪽에는 기암절벽이 솟아있어 계조암 · 식당암 · 흔들바위 · 울산바위 등이 위치해 있다. 따라서 외설악에 있는 식당암을 탐방한 것은 1724년 가을이 된다. 봄에는 내설악을 이미 유람했음을 알 수 있다. 내설악과 외설악의 빼어난 승경을 찾아 봄과 가을에 걸쳐 두 차례나 설악산을 찾아 적극적으로 유람의 홍취를 즐기는 모습을 볼 수 있다.

두 번째 시는 시각과 청각, 그리고 촉각을 자극하는 감각적 이미지를 적극 사용하여 설악산의 전경을 입체적으로 그려내며 유람의 홍겨움을 흠뻑 누리고 있는 시인을 묘사하고 있다. 기구와 승구는 시선을 위로 향해 바라본 설악산 봉우리의 모습을 흰색과 푸른색의 색채어를 사용하여 한 폭의 그림처럼 묘사하고 있다. 설악산은 바위산으로 바위가 노출된 높은 봉우리들은 회백색을 띠게 된다. 기구는 이를 묘사한 것이다. 전구와 결구는 시선을 아래로 바꾸어 시냇물과 골짜기에 포커스를 맞추고 여기에서 나는 소리를 금축琴筑의 소리에 비유하였다. 금축은 거문고와 비파로 소리가 잘 어울리는 악기이다. 시냇물 소리와 골짜기에서 나는 바람 소리를 악기 연주 삼아 청량함을 만끽하는 시인의 모습에서 유람의 짙은 홍겨움이 전해진다.

백천교에서 장안사에 이르기까지	百川橋至長安寺
험한 잔도와 가파른 길 백 리나 구불거렸는데	危棧畏途盤百里
붉은 비단이 백옥봉을 알록달록 치장한듯하고	紅錦巧粧白玉峯
빛나는 구슬이 사찰에 어지럽게 쏟아지네	明珠亂瀉黃金地
누대는 저물녘 구름 속에 연이어 서 있고	樓臺連綴暮雲中

꽃비가 푸른 하늘 속에서 흩날리네　　花雨繽紛空翠裡
곳곳에 사람들이 알지 못하는 깊은 골짝 있지만　　處處洞深人不知
뛰어난 경치 말하는 것은 이것들뿐이라네　　形勝說來祗如是[105]

이 시는 〈추유풍악秋遊楓岳〉으로 1724년 두 번째 동유 당시 금강산을 유람하며 지은 시이다. 이 시에는 금강산 유람의 전 과정이 녹아 있다. 수련의 백천교는 외금강 지역의 유점사 아래에 있는 다리이고, 장안사는 내금강 지역에 있는 사찰로 본격적인 금강산 유람이 시작되는 지점이다. 대개 금강산 유람의 경로는 서울에서 출발하는 경우 내금강 지역의 장안사에서 외금강 지역의 유점사, 혹은 신계사로 내려가는 코스가 일반적이다. 출발지가 서울이 아닌 강원도나 다른 지역인 경우 반대로 외금강에서 내금강으로 유람 경로가 진행되기도 한다.

서당의 경우 1714년 첫 번째 동유는 내금강인 장안사에서 외금강인 신계사로 내려가는 경로로 이동하였고, 두 번째 동유는 반대로 고성 지역을 먼저 유람하고 외금강에서 내금강으로 넘어가는 경로로 이동하였다. 수련의 첫째 구는 이와 같은 여행경로를 보여준다. 두 번째 구를 통해 험하고 위험한 길을 수없이 지나는 어려움을 겪으면서도 포기하지 않고 끝까지 금강산 유람을 진행했음을 알 수 있다. 함련과 경련은 백천교에서 장안사에 이르는 길의 아름다운 경관을 압축적으로 묘사하고 있다. 함련은 붉은 단풍으로 울긋불긋 물든 산봉우리와 금강산 내의 소재한 수많은 사찰들을 묘사한 것이고, 경련은 전망이 좋은 곳곳에 세워진 누대들을 묘사한 것이다.

105 李德壽, 〈秋遊楓岳〉, 『西堂私載』 권2.

미련은 금강산 유람객들을 향한 아쉬운 마음과 그 이면에 담긴 시인의 적극적인 탐승 의지를 보여준다. 금강산 유람객들은 대개 널리 알려진 명소들을 중심으로 유람을 하고, 금강산의 절경이 자신이 유람한 곳이 전부인 것처럼 사람들에게 이야기한다. 시인은 이러한 점을 다소 아쉬워하였다. 금강산에는 사람들에게 잘 알려지지 않은 뛰어난 절경들이 곳곳에 숨어있다. 그러나 이곳들은 대개 험하거나 깊은 골짜기에 있어 접근하기 어려워 찾아가는 이들이 많지 않다. 시인은 숨어있는 절경을 찾기보다는 널리 알려진 명소만을 다니는 유람객들을 안타까워하는 시선을 보낸다. 그 이면에는 자신은 곳곳에 숨어있는 절경을 찾아 가겠다는 탐승 의식이 담겨있다. 이와 같은 탐승 의지는 금강산 골짜기 깊숙한 곳에 있어 사람들이 잘 찾지 않는 백탑동을 위험을 무릅쓰고 찾아가는 것으로 실행된다.[106]

3) 도불道佛에 대한 포용과 긍정적인 시선

관동지역은 일찍이 선계로 인식되었을 뿐만 아니라 오랜 역사를 지닌 거찰들이 있는 불가佛家의 성지이기도 하다. '금강'이란 말은 불교의 『화엄경』에 나오는 말로 법기보살法起菩薩이 금강산에 상주하면서 설법을 하던 곳을 말한다.[107] 또한 비로봉·중향성·수미대·

106 서당은 1724년 두 번째 금강산을 유람하면서 첫 번째 금강산 유람시 가지 않았던 백탑동을 찾아갔다. 그리고 백탑동에 가는 과정과 백탑동, 주변의 경관 등을 「백탑동기」에 자세하게 남겼다.

107 『화엄경』에 曇無竭[法起]菩薩이 상주하면서 천 이백명의 眷屬들과 함께 설법을 한 산이라는 내용이 있다.(實叉難陀 역, 「大方廣佛華嚴經諸菩薩住處品」 제32, 『華嚴經』, "海中有處 名金剛山 從昔已來 諸菩薩中 於中止住 現有菩薩 名曰法起 與其眷屬 諸菩薩衆 千二百人俱 常在其中 而演說法".)

마하연 등의 이름도 불교에서 유래한 것이고, 장안사 · 정양사 · 표훈사 · 유점사 · 신계사 등과 같은 유명한 사찰들이 자리하고 있다. 또한 신선이 사는 봉래산으로 불리는 선계仙界이기도 하다. 금강산은 불계와 선계가 공존하는 탈속의 공간인 것이다.

서당은 주자서를 비롯해 제자백가서와 노장, 불교 서적까지 두루 섭렵해 사유의 폭이 넓었다.[108] 특히 불교에 대해서 조예가 깊었고, 승려들과 교유하며 시를 지어 주기도 하였다. 이와 같은 서당의 학문 성향은 불교에 대한 긍정적인 인식을 지니게 하였고, 동유 체험시 불교나 도교에 관련된 시를 다수 창작하는 배경이 되었다.

곱디고운 비단같은 잎들 붉게 단장하고 문 열리니	嬈嬌錦葉開粧靨
우뚝하고 높은 구슬 같은 봉우리에 선남들 배우러	偃蹇瓊峯學善男
부지런히 달려와 연좌 아래에서 참선하며	奔走來參蓮座下
부처님께 일시에 미소를 공양하네	一時供笑老瞿曇[109]

이 시는 〈정양사正陽寺〉 3수 중 첫 번째 시로 1714년 첫 번째 동유 당시 금강산의 정양사에서 지은 시이다. 정양사는 내금강 지역에서 가장 전망이 좋은 곳으로 손꼽히는 금강산 유람의 필수 탐방처였다. 그러나 이 시는 정양사에서 바라본 금강산의 정경이 아니라 정양사 내부의 모습에 초점을 맞추고 있다. 기구와 승구는 단풍이 곱게 물

108 『英祖實錄』 영조 12년(1736년), 11월 25일(갑인), 3번째 기사. "臣年少時, 頗喜神仙之術, 如『參同契』諸書, 精思累年. 中歲偶觀佛語, 因愛其心學, 時有玲瓏透澈處. 晩而返于四書 · 二經, 讀已累周, 至『易經』, 老始下工, 終如隔膜觀物矣. …… 史臣曰: 早病耳聾, 聰明內專, 淹博貫穿, 汎濫諸家, 自六藝之餘, 百家之書, 至卜筮 · 相術 · 數學之類, 無不通曉, 尤深於老佛."

109 李德壽, 〈正陽寺〉, 『西堂私載』 권1.

든 정양사에 참선하기 위해 불자들이 몰려드는 모습을 묘사한 것이다. '금엽錦葉'은 단풍을 의미하는 것으로 이 시의 계절적 배경을 말해준다. '장엽粧靨'은 '면엽面靨'이라고도 하는데 보조개에 붉은 점을 찍는 당송대唐宋代의 화장법이다. 여기서는 단풍이 유난히 붉게 물든 일부분을 표현한 것으로 보인다. '선남善男'은 불가에서 불교를 신앙하는 남녀를 지칭하는 말이다. 전구와 결구는 부처님께 예불을 올리는 불자들의 모습을 그린 것이다. '구담瞿曇'은 석가모니釋迦牟尼의 성씨인 Gautama를 음역한 것으로 '노구담老瞿曇'은 부처님을 가리킨다. 연좌 아래에서 참선하며 부처님께 공손히 예불을 올리는 불자들을 바라보는 따뜻한 시선이 느껴진다.

부처님이 머무시던 담무갈은	佛住曇無竭
세상에서 도사의 궁궐이라 칭하는데	世稱羽士宮
높고높아 모두 땅에서 튀어 오른 듯하고	超超皆踴地
가고가서 하늘 위를 잡고 싶어지네	去去欲拏空
우뚝하게 겹친 바위 흰빛 뚜렷하고	白信稜層石
점점이 칠한 단풍나무 붉은빛 어여쁘네	紅怜点抹楓
봉래산이 여기인가 참으로 걱정했는데	蓬萊眞恐此
오래전부터 바다와 하늘 동쪽에 있었네	萬古海天東[110]

이 시는 〈풍악楓嶽〉으로 1714년 첫 번째 동유 당시 금강산에서 지은 시이다. 서당은 금강산을 '풍악'이라고 불렀는데 여기에는 2가지 함의가 있다고 여겨진다. 첫째는 두 번의 금강산 기행이 가을에 이루어졌기 때문에 '풍악'이라고 불렀을 가능성이 있고, 두 번째는 금

110 李德壽, 〈楓岳〉, 『西堂私載』 권1.

강산이라는 이름이 불교적인 색채가 짙으므로 일부러 이를 사용하지 않았을 가능성이다. 하지만 평소 불교에 호의적이었던 점을 고려하면 전자의 경우가 아닌가 한다.

이 시의 수련은 금강산이 도불道佛이 공존하는 공간임을 보여준다. 담무갈曇無竭은 법기보살을 가리키는 것으로 금강산에 머무르면서 반야를 설법했다고 한다. 그때 머무르던 곳이 중향성이었으므로 담무갈은 중향성을 가리키기도 한다. 우사羽士는 도교에서 도사나 신선을 말하는데 우사궁羽士宮은 도사가 머무르는 궁궐을 의미한다. 여기에서는 중향성을 가리킨다. 중향성이 불가에서는 담무갈 보살이 머무는 곳이지만 도가에서는 신선이 머무는 공간인 셈이다. 시인은 이 두 가지를 언급하며 어느 한쪽으로 기울어지지 않는 면모를 보여준다.

함련과 경련은 가을 단풍이 곱게 물든 중향성 주변의 정경을 색채어를 사용해 입체적으로 묘사하고 있다. 중향성은 비로봉 아래 하얀 돌기둥들이 겹겹이 엉켜있는 모습을 하고 있는데 「풍악유기」에도 "중향성衆香城, 엄렬백첩儼列百疊, 소병어전素屛於前."라고 서술하고 있다. 경련은 중향성의 하얀 바위 아래 붉은 단풍이 물든 정경을 묘사한 것이다. 미련에서 시인은 금강산의 다른 이름인 봉래산을 끌어와 금강산이 선계의 공간이기도 함을 보여주고 있다.

바닷가 외딴 마을 한밤중 삽살개 짖어 대고	海岸孤村吠夜狵
승려와 수령은 쌍을 이루고 앉아	緇袍黃綬坐成雙
등불 아래에서 한계산 승경 함께 이야기하는데	懸燈共說寒溪勝
눈보라가 휘이잉 창을 때리네	風雪蕭蕭正打窓[111]

이 시는 〈건진촌사 차운증지선상인乾津村舍 次韻贈至禪上人〉으로 지선상인에게 준 시이다. 건진乾津은 강원도 고성에 있는 마을로 현재의 천진리天津里이다. 이 시는 1723년 겨울 간성 군수 재임시 고성에 잠시 들렀을 때 지은 것으로 보인다. '치포緇袍'는 승려가 입는 검은 빛의 납의이고, '황수黃綬'는 '황수동인黃綬銅印'의 준말로 지방 수령이 차는 황색 인끈을 말한다. 여기에서는 시인과 지선상인을 비유한 것이다. 눈보라가 심하게 부는 한밤중에 스님과 나란히 앉아 도란도란 한계산의 승경을 이야기하는 시인의 모습은 평소 스님과 교유하며 불가에 포용적이었던 면모를 보여준다.

붉은 언덕 푸른 절벽 마주하고 펼쳐져 있고	丹崖翠壁對開張
소나무 아래 맑은 물 흐르고 저물녘 시원한 바람 부는데	松下淸流晩吹凉
오랜 세월 물방아에 골짜기는 바닥이 없고	千古水舂無底壑
사계절 꽃무늬 천에 향기 특별하네	四時花布別般香
세상 밖 구름노을 속 스님의 기운 많으니	雲霞世外多僧氣
숲속의 종과 불경소리에 부처의 빛이 퍼지네	鍾梵林中放佛光
내일 깊숙한 절 길 찾아가고 싶은데	明日欲尋深院路
적성 높은 곳에 돌다리가 길구나	赤城高處石梁長[112]

이 시는 〈한계산寒溪山〉으로 1724년 간성 군수 재임시에 한계산을 유람하고 지은 시이다. 한계산은 강원도 인제에 있는 산으로 설악산 서쪽에 있다. 이 시는 한계산이 빼어난 경관을 지닌 승경이며 불광佛光이 퍼져 나오는 불법의 세계임을 보여주고 있다.

111 李德壽, 〈乾津村舍 次韻贈至禪上人〉, 『西堂私載』 권2.

112 李德壽, 〈寒溪山〉, 『西堂私載』 권2.

수련과 함련은 한계산의 경관을 감각적 이미지를 적극 활용하여 입체적으로 묘사하고 있다. 붉고 푸른 절벽과 푸르른 소나무 아래 흐르는 맑은 물과 시원한 바람은 마치 한계산에 와 있는 듯한 생생한 장면을 연출하고 있다. 시각과 청각, 촉각적 이미지를 적극적으로 활용하여 시에 생동감을 주고 있다. 경련과 미련은 한계산이 탈속의 공간이자 불법佛法의 공간임을 묘사하고 이곳을 가보고 싶어하는 시인의 마음을 그리고 있다. '운하雲霞'는 속세에서 멀리 떨어진 곳을 비유적으로 가리킨 것으로 한계산이 탈속의 공간임을 말해준다. 여기에 숲속에서 은은하게 들리는 종소리와 불경 읽는 소리는 산속의 절에 있는 스님들이 열심히 불도를 닦고 있음을 상징한다. 내일 아침 산속 깊이 있는 절을 찾아가고 싶다는 시인의 마음에서 스님과 불교에 대한 긍정적인 시선을 느낄 수 있다.

4. 결론

서당은 1714년과 1724년 두 번에 걸쳐 동유를 체험하면서 다수의 시를 남겼다. 관동지역은 일찍이 선계로 인식될 만큼 뛰어난 승경으로 이름났었다. 수많은 문인들이 관동지역 유람을 일생의 소원으로 소망하였고, 이를 실행한 후 시문으로 남겼다. 동유는 많은 사람들이 꿈꾸는 일이었지만 시간과 비용이 적지 않게 필요했으므로 동유를 실천하는 일은 쉬운 일이 아니었다. 그럼에도 문인들이 동유를 실천하고자 한 이유는 정신이 세상에서 벗어나 자유로움을 누리는 '천유天遊'를 행하고자 했기 때문이다.

두 번에 걸친 서당의 동유 체험은 정치적 좌절과 맞물려 있었다.

과거에 급제하고도 제대로 보직을 받지 못해 3년이나 기다려야 했었고, 탄핵을 당해 간성 군수로 좌천을 당했던 시기에 동유에 나선 것이다. 서당에게 동유는 '천유'를 실행하고 탈속의 공간에서 현실의 어려움을 극복하고자 의지의 행위였던 것이다.

서당이 동유 체험시 창작한 시는 51제 60수로 그중 칠언절구가 26제 34수로 약 57%를 차지한다. 칠언절구의 선호는 『서당사재』에 수록된 454제의 627수의 시 중 칠언절구가 255수로 가장 높은 분포를 보이는 것과 일치한다. 이를 통해 서당이 시작詩作에 있어 칠언절구를 선호했음을 알 수 있다.

동유 당시 창작한 시의 형상화 양상은 '초연超然한 삶의 추구와 선계仙界로의 청유淸遊', '적극적인 탐승探勝의 의지와 유람의 흥취', '도불道佛에 대한 포용과 긍정적인 시선'으로 나타난다. 서당의 동유는 정치적 좌절감이 동유의 계기가 되었음에도 불구하고 그의 시에서는 우울함이나 세상을 탓하는 울분감을 표출한 시는 보이지 않는다. 오히려 세속에 얽매이지 않는 초연한 삶을 추구하고, 적극적으로 절경을 찾아가며 유람의 흥취를 만끽하는 모습을 보인다. 또한 성리학자이지만 도불道佛을 아우르는 폭넓은 학문을 바탕으로 도불에 대한 포용적이고 긍정적인 시선을 느낄 수 있었다. 이와 같은 면모들은 온후한 서당의 품성과도 연관성이 있다고 여겨진다.

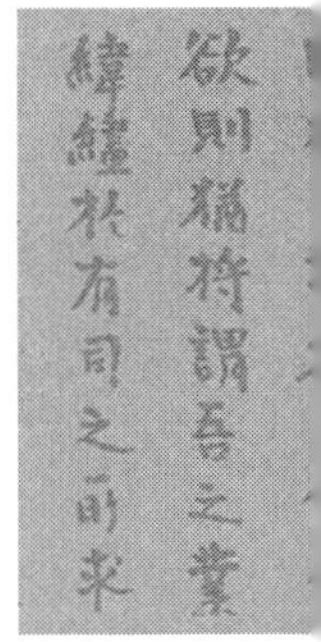

Ⅲ. 서당 이덕수 기문 연구

권진옥

1. 머리말

이 논문은 서당西堂 이덕수李德壽(1673~1744) 문학 연구의 일환으로 그가 창작한 기문記文을 고찰한 글이다. 이덕수의 본관은 전의全義, 자는 인로仁老, 호는 벽계蘗溪 또는 서당西堂이다. 젊은 시절부터 문명文名을 떨쳐 홍문관과 예문관의 관직에 여러 차례 올랐고, 대제학까지 역임한 인물이기도 하다. 특히 그는 영조英祖 시대 이른바 '팔문장八文章'의 한 사람으로 거론되기도 하였다.[113] 8살 때 여러 차례 병을 앓은 뒤로 귀가 잘 들리지 않게 되었고, 어린 시절부터 앓았던 귓병은 평생 그를 괴롭혔다. 1738년(영조14)에는 일상적인 대화가 어려울 정도로 심각했는데, 조정에서 영조와 함께한 자리에서도 귓병 때문에 많은 곤욕을 당했으나 그때마다 영조의 특별한 대우를 받

113 李奎象,『幷世才彦錄』. "當時世目八文章, 吳瑗 · 李天輔 · 南有容 · 黃景源 · 李德壽 · 趙最壽 · 趙龜命 · 林象元."

았으며, 그의 당파에 얽매이지 않는 처세와 뛰어난 문학적 재능으로 인해 꾸준하게 영조의 특별한 비호를 받았다.

지금까지 이덕수에 관한 연구는 활발히 진행되었으며, 그 성과도 적지 않다. 초기 연구는 그의 문학론文學論에서 시작되었다.[114] 뒤이어 그의 문학 비평, 한시漢詩, 한문산문漢文散文 등 문학을 위시한 다양한 연구 성과들이 축적되었고,[115] 그의 저술인 『파조록罷釣錄』, 정치적 문제, 사우士友 관계, 대청관對淸觀, 독서론, 여성 인식 등 다양한 주제의 성과들이 제출되었다.[116] 이와 같은 이덕수에 대한 다양한

114 강민구, 「서당 이덕수의 문학론 연구」, 『한문학보』 1, 우리한문학회, 1999. 최근에 문학론을 재검토한 연구 성과도 있다. 윤재환, 「西堂 李德壽의 詩論과 文章論의 再檢討」, 『동양고전연구』 85, 동양고전학회, 2021.

115 강민구, 「이덕수의 문학 비평에 대한 연구」, 『한문학보』 2, 우리한문학회, 2000; 유호선, 「西堂 李德壽의 佛敎觀과 詩文學 硏究」, 『한문교육연구』 18, 한국한문교육학회, 2002; 장윤선, 「서당 이덕수의 비지류 산문 연구」, 경북대학교 교육대학원 석사학위논문, 2008; 장유승, 「이덕수의 시론과 시세계」, 『한국한시작가연구』 14, 한국한시학회, 2010; 유정열, 「서당 이덕수 산문 연구」, 서울대학교 대학원 박사학위논문, 2019; 김묘정, 「서당(西堂) 이덕수(李德壽)의 증서류(贈序類) 산문 일고찰 - 글쓰기 기법과 주제 구현 양상을 중심으로 -」, 『한국민족문화』 79, 부산대학교 한국민족문화연구소, 2021; 김효정, 「西堂 李德壽의 東遊 체험과 詩的 形象化」, 『동양한문학연구』 61, 동양한문학회, 2022; 이승용, 「京都八景詩의 창작과 한양 도성의 형상화 - 李德壽, 吳光運, 洪世泰의 詩를 중심으로 -」, 『동방한문학』 90, 동방한문학회, 2022; 이황진, 「서당 이덕수의 天道와 天命에 대한 인식 - 短命한 亡者를 위해 지은 시문을 중심으로 -」, 『한민족어문학』 96, 한민족어문학회, 2022; 최수완, 「서당(西堂) 이덕수(李德壽) 신도비명의 인물 형상화 양상 일고」, 『온지논총』 80_온지학회, 2024.

116 조창록, 「『罷釣錄』과 『罷釣續錄』에 나타난 이덕수의 心學的 경향」, 『동방한문학』 54, 동방한문학회, 2013; 송호빈, 「이덕수 『파조록』에 대한 서지문헌학적 고찰」, 『어문연구』 41, 한국어문교육연구회, 2013; 이승수, 「17세기

연구 성과를 참고하여, 이 글은 그의 문학 세계를 연구하는 측면에서 한문 산문, 그 안에서 또 기문記文을 살펴보고자 한다.

이덕수 기문 연구의 유효성은 다음과 같다. 주지하다시피 한문 산문 가운데 기문은 문체상 기사記事, 사경寫境, 의론議論 세 가지 요소가 착종되어 있는 것이 특징인데, 이를 통해 다채로운 문학 양상을 살펴볼 수 있다. 이러한 요인으로 기문이라는 문체는 이른바 고문古文의 전형성을 보여주는 대표적 장르 가운데 하나이기도 하다. 주제 선정의 폭이 넓고 형식적 제약이 적기 때문에 작가의 특징이 비교적 잘 드러나며, 또한 청탁자에 따라 글쓰기 방식이나 구성이 달라지기 때문에 청탁한 사람의 의도를 반영하는 태도, 청탁자의 신분과 처지에 따른 서술 방식의 차이, 건물의 명칭을 파제破題하는 방법 등을 통해 작자의 창작 방식이나 사유와 감정이 안팎으로 드러난다.

또한 글쓰기의 측면에서 보면, 기문은 일차적으로 실용적 목적에 창작되지만 한편으로 작가의 사유와 감정을 안팎으로 드러내는 글쓰기이다. 사적 건물기建物記의 경우 자기를 돌아보는 '자기반성적 글쓰기'와 청탁자에 대한 공감과 당부를 드러내는 '소통적 글쓰기'로 접근할 수 있다. 한편 공적 건물기의 경우 건물의 성격에 따라 작자의

후반 노소 분기의 고민과 선택 - 서계 박세당의 고제자 서당 이덕수 - 」, 『문헌과 해석』 16, 문헌과해석사, 2001; 이승수, 「서당 이덕수의 師友 관계」, 『한국고전연구』 8, 한국고전연구학회, 2002; 이황진, 「서당 이덕수의 교유 관계 고찰」, 『동양고전연구』 86, 동양고전학회, 2022; 이승수, 「서당 이덕수의 대청관(對淸觀)」, 『한국사상과문화』 20, 한국사상문화학회, 2003; 박은정, 「西堂 李德壽의 讀書論과 主意論的 글쓰기」, 『동방학』 11, 한서대학교 동양고전연구소, 2005; 강성숙, 「기억을 통해 드러나는 18세기 사대부의 여성상 - 서당 이덕수의 어머니, 아내, 딸을 중심으로 - 」, 『겨레어문학』 38, 겨레어문학회, 2007.

목민관, 역사관, 학문관 등을 간취할 수 있다. 건물이라는 공간은 사적이든 공적이든 인간과 자연, 인간과 사회를 매개하는 기능을 하고, 그 공간을 사유하거나 공유하는 인간은 철리적 사유, 심미적 체험, 사회적 책무 등 다양한 인식과 경험을 하게 되는데 바로 이러한 주제 의식이 투영된 글이 건물을 대상으로 한 기문 이른바 건물기라 하겠다.

이덕수의 기문을 살펴보는 작업은 그가 지녔던 한문 산문에 대한 인식, 태도, 비평 등 문장론文章論을 확인하는 계기가 될 수 있다.[117] 산문 창작에 대한 방법론, 산문 창작의 활용 서적이나 전범 설정 등을 실제 그의 산문 작품에서 엿볼 수 있는 것이다. 이덕수의 문장론의 특징은 첫째 기氣(筆勢나 文勢)와 법法(篇章字句와 같은 법도)보다는 의意(주제의 전달에 집중하는 辭達 지향)를 중시하였으며,[118] 둘째 제자백가諸子百家의 가치를 높게 평가하고 문학적으로 수용하였다.[119] 이 글에서는 기문에 대한 전반적인 연구와 함께 문장론과

117 이덕수의 문학론을 위시한 연구는 다음의 연구 성과를 참고하기 바람. 강민구, 「서당 이덕수의 문학론 연구」, 『한문학보』 1, 우리한문학회, 1999; 윤재환, 「西堂 李德壽의 詩論과 文章論의 再檢討」, 『동양고전연구』 85, 동양고전학회, 2021.

118 李德壽, 「與洪仲經書」, 『西堂私載』 권3. "文以意爲主, 而以氣爲輔, 隨事命意, 言以宣之, 氣以鼓之, 法在乎其中, 此作文之訣. 故古人之文, 言必有以盡其意, 氣必有以充其言, 而法則未必皆同."; "文之必以意爲主, 則猶精一之心法, 愼徽之五典. 其法之不必同, 則忠質文之異尙也."; 李德壽, 「答崔孝伯書」, 『西堂私載』 권3. "文字者, 言之寓也, 則理順而可耳, 辭達而可耳, 烏有所謂藻繪華靡者乎?"

119 李奎象, 『并世才彦錄』. "金三淵書曰, '李仁老方讀莊子千篇, 未知究竟如何也.' 文章有氣力."; 李德壽, 「與洪仲經書」, 『西堂私載』 권3. "莊子之文, 喜爲參差俶詭之論, 故一篇之中, 屢更其端, 層見疊出, 而意則愈明. 左氏班氏,

관련한 측면도 실제 그의 산문 작품, 즉 기문을 통해서 확인하고자 한다.

2. 이덕수의 기문 개관

이덕수의 문집인 『서당사재西堂私載』 권4에 '기記' 부류의 작품들이 수록되어 있는데, 이 글에서 살펴볼 기문은 건물기에 한정한다. 「벽계기蘗溪記」, 「풍악유기楓岳遊記」, 「백탑동기百塔洞記」, 「월역기越役記」(영월에 있는 단종의 장릉莊陵의 역사役事를 맡아서 오갔던 뱃길을 기록)와 같은 유기遊記, 판관 최효일崔孝一의 사적을 기록한 「기최판관사紀崔判官事」, 갑자사화 때 참형을 당한 이원李黿을 기념하기 위해 세운 비문 「재사당유지기再思堂遺址記」, 임진왜란 때 승병僧兵을 이끌고 공을 세운 송운대사松雲大師의 사적을 기록한 「표충사사적기表忠祠事蹟記」, 죽은 아들 이산배李山培가 대필하고 사찰의 사적을 기록한 「불암사사적기佛岩寺事蹟記」는 대상에서 제외하였다.

일반적으로 건물기는 글의 성격에 따라 사적 건물기와 공적 건물기와 나눌 수 있다. 사적 건물기는 자신이 경영하거나 혹은 자신이 직접적으로 관여한 건물을 대상으로 한 기문과 청탁자가 경영하거나 혹은 그와 직접적으로 관련된 건물을 대상으로 한 기문으로 다시 구분할 수 있다. 이러한 사적 건물기는 대부분 사경寫境보다는 기사記事와 의론議論에 중심을 두는 특징이 있다. 또한 사적 건물을 대상으로 한 기문은 청탁자와 작자의 철리哲理를 교섭하여 주제 의식을 드

亦言簡而意著, 其法固皆不同, 而若其言能盡其意, 氣能充其言, 則無不同."

러내는 의론형議論型이 많고, 공적 건물을 대상으로 한 기문은 특정 인물의 사적을 기록하거나 남들에게 권계하는 내용의 기사형記事型이 많다.

이덕수의 건물기 가운데 자신과 관련된 작품들은 아래와 같다.

「江居小樓記」: 한강 가에 지은 이덕수 소유의 정자. 인생무상의 주제의식을 담고 있음.
「操舟亭記」: 이덕수가 지은 정자. 세상을 잊고 자신의 형체를 잊기 위해서는 전력으로 자신의 마음을 수양해야 함. 『莊子』「達生」에 나오는 '觴深', '養神', '養形'을 활용함.
「淸風亭宴遊記」: 이덕수와 任彦甫가 함께 지은 淸風亭. 스승인 朴世堂이 金時習에게 제사 지내기 위한 만든 齋舍 옆에 별도로 지은 건물.

이덕수의 건물기 가운데 청탁자와 관련된 작품들이 가장 많은데, 그 목록은 아래와 같다.

「帶湖亭記」: 자신이 命名한 高城의 帶湖亭. 이후 沈鳳輝가 중수함. 아름다운 경치나 신선을 외부에서 찾지 말고 자신의 깨끗한 마음에서 찾아야 함을 주장함.
「篔簹精舍記」: 崔而順이 지은 精舍. 외물에 구애되지 않는 즐거움과 정신세계를 추구함.
「樂健亭記」: 金子直이 지은 정자. 선비의 出處 의리를 개진함.
「小歇齋記」: 具魯瑞의 집. 세상의 이욕과 명분을 초월하여 무한한 정신세계를 추구하는 大休歇의 의미를 환기함.
「直養軒記」: 鄭子揮의 집. 直臣과 直友를 실천하고 나아가 본성과 본체의 곧음[直]을 기르기를 당부함.

「愚軒記」: 李濟而의 집. 진정한 어리석음[愚]에 대해서 의론함.

「始定堂記」: 徐持卿의 堂號. 육체의 定着보다는 마음의 安定이 중요함을 주장함.

「望海菴記」: 大瓠 朴魯의 암자. 병자호란 때 순국한 박로 부자의 충절을 높이 평가함.

「鏡浦臺記」: 강릉 부사로 부임한 曺雅中이 鏡浦臺를 중건함. 생겼다가 사라지는 천지의 운행, 물거품 같은 세상사를 언급함.

이덕수의 건물기는 그 성격으로 보면 사적 건물기가 많고, 앞서 언급한 것처럼 내용적으로 사경寫境이나 기사記事보다는 의론議論이 중심이 되고 있다. 한편 사적 건물기의 작품 수보다는 적지만 아래와 같은 공적 건물기가 있다.

「待士庫記」: 李漢佐가 殷栗 고을에 세운 곳간. 이한좌의 인재 양성과 교육 활동을 높이 평가함.

「澄源堂記」: 鄭師叔이 지은 聞慶의 관아. 교화의 근원이 되는 태수로서 지녀야 할 덕목을 제시함.

「八賢祠記」: 단종의 무덤 옆에 있는 死六臣 사당과는 별도로 金時習, 南孝溫, 成聃壽 등 여덟 명의 현인을 위해 八賢祠를 세움.

「制勝樓記」: 임진왜란 때 李廷馣이 왜군을 무찌른 전공을 기념하기 위해 세운 누각. 申聖夏가 중건함. 군사 훈련과 변방의 수비에 노력할 것을 당부함.

「龍岩書院記」: 栗谷 李珥를 배향한 龍岩書院. 朱熹와 이이의 학문과 정신을 계승하기를 당부함.

이덕수의 공적 건물기는 사적 건물기에 비해 의론이 중심이 되기보다는 기사가 중심이 되고 있다. 교육 기관, 지방관의 관청, 선현을 위한 사당, 전쟁의 공을 기념하는 누각 등 공적인 성격을 지닌 건물이 대부분이기 때문에 그 공간을 활용하고 공유하는 이들에게 사실 관계를 적시하고 덕목과 정신을 강조하여 계승하기를 당부하는 내용이 중심이 되고 있다.

아래 3장에서는 이러한 건물기 가운데 주목을 요하는 몇몇 양상들을 제시하여 이덕수 기문의 성격을 고찰하고자 한다. 첫 번째는 『주역周易』과 『장자莊子』를 활용한 의론 전개이고, 두 번째는 참신한 입론과 비유를 통한 주제 의식의 전달이며, 세 번째는 역사적으로 소외된 인물에 대한 연민과 추모이다. 이덕수의 건물기를 대상으로 글쓰기와 작법의 층위에서 첫 번째 『주역周易』과 『장자莊子』를 활용한 의론 전개, 두 번째 참신한 입론과 비유를 통한 주제 의식의 전달을 고찰한 것이고, 내용과 주제의 층위에서 세 번째 역사적으로 소외된 인물에 대한 연민과 추모의 측면을 고찰한 것이다.

3. 이덕수 기문의 제 양상

1) 『주역周易』과 『장자莊子』를 활용한 의론 전개

조선 중기 이후 건물을 대상으로 한 기문 가운데 『주역』과 『장자』를 활용하여 의론을 전개하는 사례를 흔히 볼 수 있다. 『주역』의 경우는 괘사卦辭나 효사爻辭를 활용하여 우주의 이치를 설명하거나 상대방에게 권면하며, 『장자』의 경우는 우언寓言을 활용하여 주제를 부각하거나 『장자』 특유의 비판 정신을 수용하여 기존의 통념이나 상식을 뒤집는 방식이다.

정자휘鄭子揮의 처소인 '직양헌直養軒'에 대해 쓴 기문인 「직양헌기直養軒記」는 『주역』의 건괘乾卦와 곤괘困卦에서의 '직直'의 함의를 활용하고 있다.

> 천지의 교화는 直일 따름이요, 사람이 살아가는 이치 또한 直일 따름이다. 乾卦의 象辭에서 '健'이라 하고 '不息'이라 하였으니, 이것은 直의 다른 이름이다. 坤卦의 三德 가운데 直이 으뜸이니, 천지는 直을 교화의 근본으로 삼지 않으면 안 된다고 하였다. 사람이 천지의 가운데 처하여 그 기운을 타고 나니 어찌 直을 본성으로 삼지 않을 수 있겠는가.[120]

> 내가 생각건대 子揮는 진실로 이 이름을 한때의 堂額을 수식하는 바탕으로 삼지 않고 필시 직접 실천하기를 생각할 것이다. 그러하니 이른바 至大와 至剛이라는 것이 단계를 밟아 차츰 이루어지는 것과 참으로 다르지 않다. 작은 것부터 실천해야 하니 조정에 들어가서 直臣이 되고 남들과 사귐에 있어서 直友가 된다면 軒名에 부끄러움이 없을 것이다.[121]

'직直'의 함의를 『주역』의 건괘와 곤괘에서 인용하여, 천지의 교화와 사람이 살아가는 이치가 바로 '직'이라는 것을 선험적으로 제시하였다. 천지가 '직'을 교화의 근본으로 삼고, 또한 사람이 천지의 가운

120 李德壽, 「直養軒記」, 『西堂私載』 권4. "天地之化, 直而已矣, 生人之理, 亦直而已矣. 乾之象曰健, 曰不息, 是直之異名也. 坤之三德, 直居其首, 謂天地不以直爲化不可也. 人處乎中, 氣其氣也, 烏得不以直爲性."

121 李德壽, 「直養軒記」, 『西堂私載』 권4. "余謂子揮誠不以斯名爲一時賁飾堂額之資, 而必思所以躬踐焉, 則所謂至大至剛者, 階此馴致, 固不異矣. 小之猶當, 立朝爲直臣, 交人爲直友, 斯爲不愧於軒名."

데 처하여 그 기운을 타고 나니 사람은 이러한 '직'을 본성으로 삼는 것이다. '직을 기른다'는 뜻의 '직양直養'은 건물의 주인인 정자휘가 본성으로서의 '직'을 훼손하지 않고 꾸준하게 고수하고 기르고자 하는 스스로에 대한 경계이자 당부인 것이다. 이러한 '직'의 본성을 실천한다면 결과적으로 조정에 들어가서는 '직신直臣'이 되고 남들과 사귐에 있어서는 '직우直友'가 될 수 있는 것이다. 이덕수가 정자휘에게 최종적으로 당부하는 내용은 바로 이것이다. 본성으로서 품부 받은 '직'을 기르고 실천하여, 출사해서는 올곧은 신하가 되고 사람들과의 관계에서는 올곧은 벗이 되기를 희망하는 것으로 '직양헌直養軒'에 의미를 부여하였다.

한편 『장자』를 활용한 기문으로 「조주정기操舟亭記」를 꼽을 수 있다.[122] 이 작품에서는 『장자』 「달생」에 나오는 '상심연觴深淵', 「각의刻意」에 나오는 '양신養神'과 '양형養形'을 활용하고 있다. 조주정操舟亭은 양근楊根에 이덕수가 지은 정자이다. 세상을 잊고 자신의 형체를 잊기 위해서는 전력으로 자신의 마음을 수양해야 함을 강조하고 있다.

> 楊根에서부터 강을 따라 10리를 내려가면 그윽한 골짜기가 나오는데 북쪽으로는 막혀 있고 남쪽으로 트여 있으며 아름다운 강산과 원림이 있으니 고을 사람들이 이곳을 '上心'이라 부른다. 내가 생각건대 옛사람들이 어떤 것에 命名한 모든 것들은 반드시 그 뜻을 담는다. 강물이 서쪽으로 흘러 큰 여울을 이루고 이러한 험난한 물길로 나라에

122 『장자』를 활용한 기문은 「始定堂記」도 있다. 이 작품은 『莊子』 「庚桑楚」에 나오는 "마음이 태연하고 안정된 사람은 천연의 광채를 발휘한다.[宇泰定者, 發乎天光.]"를 활용하고 있다.

> 이름이 났는데, 이 강물을 오르내리는 자들이 배를 조종하는 기술을 다하려고 하기 때문에 이름을 '觴深'이라 했을 것이고 그 소리가 와전되어 지금의 '上心'이 된 것이다. 내가 북쪽 기슭 아래에 집을 지어 노년을 보낼 계획을 세웠는데, 옛 이름을 '觴心'이라 고치고 그 정자에 '操舟亭'이라는 편액을 걸었다.[123]

> 그렇다면 형체를 잊는 데에는[忘形] 본디 방법이 있는 것인가? 그 방법이 있으니, 형체를 기르는 것[養形]을 옮겨서 정신을 길러서[養其神] 빈틈이 없이 정신을 온전하게 하는 것이다..[124]

양근에서부터 강을 따라 10리를 내려가면 아름다운 강산과 원림이 있는데, 고을 사람들이 이곳을 '상심上心'이라 불렀다. 특히 여기의 강물은 서쪽으로 흘러 큰 여울을 이루고 이러한 험난한 물길로 나라에 이름이 났을 정도이다. 그래서 이 강물을 오르내리는 자들이 배를 조종하는 기술을[操舟] 다하려고 하기 때문에 이름을 '상심觴深'이라 했을 것인데, 그 소리가 와전되어 지금의 '상심上心'이 되었다고 이름의 유래를 밝히고 있다. 『장자』「달생」에 다음과 같은 내용이 보인다. 안연顔淵이 중니仲尼에게 물어보기를 "언젠가 제가 상심觴深의 못으로 불리는 넓고 크고 깊고 물살이 센 곳을 건넌 일이 있었습니

123 李德壽, 「操舟亭記」, 『西堂私載』 권4. "自濱陽郡沿江而下十里, 有谷窈然, 阻北而通南, 有江山園林之勝, 土人稱爲上心. 余謂古人凡有所命名, 皆必有其義. 江水西流爲大灘, 以險聞於國中, 鼓柂上下者, 欲其盡夫操舟之術, 故名以觴深, 而音轉而訛耳. 余於北麓之下, 置精廬以爲攷老之計, 改舊名爲觴心, 而扁其亭曰操舟."

124 李德壽, 「操舟亭記」, 『西堂私載』 권4. "然則忘形, 固有術乎? 曰有之. 其惟移其養形者而養其神, 使全而無郤而已."

다만, 뱃사공이 배를 모는 솜씨가 마치 귀신같았습니다.[操舟若神] 그래서 제가 '배 젓는 일은 배워서 되는 겁니까?' 하고 물었는데, 사공이 말하기를, '되지요. 헤엄을 잘 치는 사람은 배 젓는 것을 빨리 익힐 수 있습니다. 이를테면 잠수부 같은 사람은 배를 한 번 보지도 않고 바로 배를 저을 수 있지요.'라고 했습니다. 제가 그 까닭을 물어보았지만 저에게 말해 주지 않았습니다. 감히 여쭈어보겠습니다만, 그게 무슨 뜻인지요?[吾嘗濟乎觴深之淵, 津人操舟若神. 吾問焉曰, 操舟, 可學邪? 曰, 可. 善游者, 數能, 若乃夫沒人則未嘗見舟而便操之也. 吾問焉而不吾告, 敢問何謂也?]"라고 하였다. 이러한 안연의 물음에 중니는 물을 잊어버리는 경지[忘水], 외물을 중시하는 마음에서[重外] 벗어나는 경지 등으로 대답한다. 이덕수가 "형체를 잊는 데에는[忘形] 본디 방법이 있는 것인가?"라고 자문自問한 것은 바로 물을 잊어버리는 경지나 외물을 중시하는 마음에서 벗어나는 경지를 가리킨다. 그리고 이에 대한 자답自答으로 형체를 기르는 것[養形]을 옮겨서 정신을 길러서[養神] 빈틈이 없이 정신을 온전하게 하는 것이라고 하였다. 요컨대 외물이나 욕망, 형체와 형상만을 쫓거나 얽매이지 않고 오히려 이것에 초연하여 자신의 정신을 온전하게 기르는 것을 스스로에게 다짐하고 있는 것이다.

「조주정기」와 마찬가지로 자신의 마음을 수양하는 것을[養神] 강조하는 내용이 여타 기문에서도 흔히 발견된다. 외물이나 경물 등에 현혹되지 말고 내부로 수렴하여 외부에서 자신의 몸으로, 다시 몸에서 심성으로 들어가 수양하라는 주제 의식이 상당히 많이 보인다. 「대호정기帶湖亭記」나 「원당정사기篔簹精舍」는 주변의 풍광과 경물이 뛰어난 곳에 입지한 건물이기 때문에, 건물을 소유하거나 공유하는 사람들이 외부적인, 감각적인 요소에 빠질까 경계하기 위해서 마음을 수양하는 양신養神을 주제로 삼은 것이고, 「소헐재기小歇齋記」나 「시정당기始定堂記」 역시 세속의 관료 생활, 출처 의리를 다루고 있는 글이기 때문에, 이 역시 벼슬에 나아가든 초야에 은거하든 마음 자세가 중요하다는 것을 당부하기 위해 양신을 주제로 삼은 것이라 할 수 있다. 이덕수가 이처럼 건물기를 통해 정신 수양을 강조하는 주제 의식을 자주 드러내는 것은 바로 이러한 의식 세계가 그의 삶이나 지향과 밀접한 관련이 있기 때문일 것이다.

2) 참신한 입론과 비유를 통한 주제 의식의 전달

의론을 위주로 하는 기문의 경우에는 기존의 개념이나 사실을 다른 시각으로 접근하여 참신하게 입론하거나 비유할 때가 있는데, 이러한 방식은 주제 의식을 효과적으로 전달하는 데 유효하다. 정사숙鄭師叔이 지은 문경聞慶의 관아에 대해 쓴 기문인 「징원당기澄源堂記」가 그 사례이다. 지방관이 근무하는 관아를 대상으로 하는 공적 건물기, 지방관의 청탁을 받아 창작하는 공적 건물기는 일반적으로 여민동락與民同樂에 기초한 올바른 목민관의 자세를 주제 의식으로 삼는데, 「징원당기」는 이러한 전형성을 탈각하여 참신한 입론과 비유를 통해 주제 의식을 드러내고 있다.

> 물의 속성은 그 근원이 맑으면 그 아래로 흐르는 물은 맑고 그 근원이 탁하면 그 아래로 흐르는 물은 탁한 법이니, 이 때문에 물이 맑은지를 살펴보면 그 근원도 맑은 것을 알 수 있고, 물이 탁한지를 살펴보면 그 근원도 탁한 것을 알 수 있다. 태수는 한 고을의 근원이니 백성의 향방은 오직 그 고을의 태수를 따르기 마련이다. 태수가 청렴하면 백성은 태수의 청렴함에 훙기되어 도적질은 절로 사라질 것이고, 태수가

어질면 백성은 태수의 어짊에 흥기되어 모진 행동들이 절고 없어질 것이다.[125]

지방관으로 지녀야 할 덕목을 강조하기 위해 물의 속성을 가지고 비유하고 있다. 물의 근원이 맑으면 그 아래로 흐르는 물은 맑고, 이와 반대로 근원이 탁하면 그 아래로 흐르는 물은 탁한 법이다. 거꾸로 아래의 물이 맑은지를 살피면 그 근원도 맑은 것을 알 수 있고, 물이 탁한지를 살피면 그 근원도 탁한 것을 알 수 있는 것이다. 이러한 물의 속성은 지방관과 그곳의 백성 사이의 관계에서도 마찬가지다. 태수는 한 고을의 근원이니[太守一邑之源] 그 고을에 살고 있는 백성의 향방은 오직 그 고을의 태수에 달려 있다. 물의 속성처럼, 태수가 청렴하면 백성은 태수의 청렴함에 흥기되어 도적질은 절로 사라질 것이고, 태수가 어질면 백성은 태수의 어짊에 흥기되어 모진 행동들이 절고 없어지는 것이다. 다시 말해, 물의 근원이 맑으면 그 지류도 맑은 것처럼 태수는 고을의 근원이므로 그곳의 백성은 태수의 마음과 행동에 지대한 영향을 받는다는 주장이다. 지방관에게 흔히 당부할 법한 내용, 즉 백성과 동고동락을 강조하거나 백성에게 선정을 베푸는 것을 미덕으로 삼는 것을 말하지 않고, 고을의 본보기로서 지방관의 역할을 강조하되 그러한 논리를 물의 속성에 비유하여 설득력을 높이고 있다. 이처럼 「징원당기」는 기존의 전형성을 탈각하여 참신한 입론과 비유를 통해 주제 의식을 드러낸다고 할 수

125 李德壽, 「澄源堂記」, 『西堂私載』 권4. "水之爲物, 源淸則流淸, 源濁則流濁, 是故觀其流之淸而知其源亦淸, 觀其流之濁而知其源亦濁, 欲其淸而無濁, 亦在乎澄其源而已. 夫太守一邑之源也, 民之趣嚮, 唯視太守. 太守廉則民興於廉, 而盜竊自息矣, 太守仁, 則民興於仁而嚬呻自絶矣."

있다.

아래에 인용한 「시정당기始定堂記」 역시 기존의 관념을 벗어나 새로운 시각으로 의론을 개진한 작품이다. 시정당始定堂은 서지경徐持卿이 거처하는 건물이자 그의 당호堂號이기도 하다. 그는 소옹邵雍이 여러 곳을 옮겨 다니며 비로소 육체의 정착을[始定] 찾았다는 고사를 참고하여 '시정'이라고 명명命名한 이유를 밝히고 있다.[126] 소옹도 그렇고, 이를 참고한 서지경 역시 자신의 육체가 안정되고 편안한 곳을 희망하는 뜻으로 '시정'의 개념을 풀이한 것이다. 그런데 이덕수는 이 '시정'의 의미를 확대하여 육체와 함께 마음의 측면을 강조한다.

> 莊子가 말하기를 "마음이 태연하고 안정된 사람은 천연의 광채를 발휘한다."라고 하였으니, 어찌 이 말을 믿지 않을 수 있겠는가. 지금 그대가 康節을 사모하는 경우로 말하자면, 백 갈래의 산속에 있으면서 비록 깊은 밤이라도 일찍이 옷깃을 바로잡고 단정하게 앉지 않은 적이 없으니, 그 기른 바가 이와 같다. 그러므로 마음이 안정을 얻어 천하의 이치가 그 밝음에서 벗어날 수가 없다. 강절을 배우고자 한다면 응당 그 마음의 안정을 배워야 할 것이요 반드시 신체가 한곳에 정착하는 것을 배울 필요가 없다. 마음이 안정되면 신체가 불안정한 것은 아무런 문제가 되지 않고, 마음이 불안정하면 신체가 편안히 정착하는 것에 무슨 보탬이 되겠는가! 持卿 그대가 만약 신체가 편안히 정착하는 것을 기쁜 일로 여기지 않고 오직 자신의 마음이 불안정한 것을 근심으로 여긴다면, '始定'의 뜻이 이에 더욱 커질 것이다.[127]

126 李德壽, 「始定堂記」, 『西堂私載』 권4. "昔康節邵先生, 走吳適楚, 過魯客梁晉, 久而歸, 始定居于洛. 余也京人也, 自京而遷于楊, 自楊而忠, 自忠而踰嶺, 寓乎福州. 自福而移淸峽, 自淸又還楊, 始有定居之志焉, 則堂號之揭以始定者, 盖有慕於康節之爲, 子能文以發其意乎?"

소옹을 배우고자 한다면 그 마음의 안정을[安定] 배워야 할 것이고, 육체가 한곳에 편안하게 정착하는 것을 배울 필요가 없다. 마음이 안정되면 육체가 불안정한 것은 아무런 문제가 되지 않는다. 그래서 이덕수는 서지경이 단순히 육체가 편안히 정착하는 것을 기쁜 일로 여기지 않고 오직 자신의 마음이 불안정한 것을 근심으로 여겨서 마음의 안정을 위해 노력한다면 '시정'의 뜻이 더욱 커질 것이라 당부한다. 이처럼 청탁자의 의도를 간파한 뒤에 거기에 함의를 더욱 심층적으로 분석하여 참신한 입론을 개진하는 방식은 이덕수의 건물기에서 자주 보이는 모습이다.[128]

3) 역사적으로 소외된 인물에 대한 연민과 추모

이덕수의 건물기에는 역사적으로 소외된 인물에 대한 연민과 추모 의식을 엿볼 수 있다. 「청풍정연유기淸風亭宴遊記」는 이덕수와 임언보任彦甫가 함께 지은 청풍정淸風亭에 대해 쓴 건물기이다. 이덕수의 스승 박세당朴世堂(1629~1703)이 일찍이 김시습金時習(1435~1493)이 노닐던 자리에 조그만 재사齋舍를 짓고 봄가을에 제사를 지냈는데, 이후 재사 옆에 이덕수와 임언보가 발의하여 청풍정을 창건하였다.

127 李德壽, 「始定堂記」, 『西堂私載』 권4. "莊生有言, 宇泰定者, 發乎天光, 詎不信哉? 今以子所慕康節言之, 其在百源山中, 雖深夜, 未嘗不整襟危坐, 其所養如此. 故心得其定, 而天下之理, 無所逃於其明. 欲學康節, 宜學其心之定, 而不必學其身之定. 心苟定矣, 無害於其身之不定, 心苟不定, 奚益於其身之得定哉! 持卿苟不以其身之得定爲喜, 而惟以此心之未定爲患, 則始定之義, 於是乎爲大矣."

128 李濟而의 집을 대상으로 한 기문 「愚軒記」도 진정한 어리석음[愚]에 대해 참신한 의론을 개진한 작품이다.

> 옛날 光廟(세조)가 潛邸에 있다가 왕위에 오를 적에 용맹한 선비와 보필하는 측근이 누군들 端宗의 신하가 아니었겠는가마는 끝내는 모두 기린각에 畫像이 걸리고 공신의 반열에 들었으며, 成謹甫(성삼문) 등 6명은 외로이 의리를 주창하다가 참형을 당해 세상을 떠났다. 그러나 이들 死六臣은 오히려 반드시 죽었어야만 하는 책무가 있었지만, 東峰(김시습)과 같은 이는 다만 평범한 백성이었을 따름이었는데 천만 사람 가운데서 제 몸을 버리고 절의를 세웠다. 이익을 즐기고 해가 되는 일을 피하는 것이 人之常情이니, 저 동봉 역시 어찌 이런 점을 전혀 몰랐겠는가. 오직 綱常이 실추되어서는 안 되고 義理가 민멸되어서는 안 된다고 생각하여, 가을 서릿발 같은 늠름한 기운이 가슴속에 뭉치고 서리어 스스로 어찌할 수 없었기에 마침내 미친 사람처럼 행동하며 떠나버린 것이다. …… 아! 伯夷는 거의 천 년 전의 인물인데 비록 삼척동자라도 모두 그 이름을 들었고 그 풍모를 사모하여 '首陽' 두 글자만 들어도 맑은 기운이 가슴을 파고드는 것처럼 한다. 심지어는 백이가 소리 높여 노래를 부르고 고사리를 캐는 형상을 벽에다 그림으로 그린 경우도 있다. 그런데 유독 수백 년 전의 동봉의 일에 대해서는 평범하게 보고 범범하게 듣고 마니, 심하도다![129]

사육신死六臣이 후대에 영원히 그 충신과 절개로 추앙을 받는 것은 당연한 일이지만, 이들은 당시의 신분적으로 그럴 수밖에 없었던

---

129 李德壽, 「清風亭宴遊記」, 『西堂私載』 권4. "昔我光廟龍興於潛邸也, 虎奮之士, 翊戴之佐, 孰非端宗臣也, 而終皆啚麟閣而列鼎享, 成謹甫五六人, 獨抗義而磔而死. 然彼猶有必死之責, 若東峰者, 特一編氓, 乃於千萬人中捨身以立慬. 夫樂利而違害, 乃恒人之情, 彼東峰亦豈不計之熟也? 惟以爲綱常不可墜也, 義理不可泯也, 凜乎秋霜之氣, 鬱然蟠其胸腹, 輪囷而不自制焉, 遂佯狂而去之. …… 噫! 去伯夷今幾千年矣, 雖三尺童子, 皆莫不聞其名, 而慕其風, 聞首陽二字, 颯爽如清飆入懷, 至以其高歌採蕨之形, 摸畫於壁上者有之, 獨於數百年東峰之事, 忽視而汎聽, 甚矣!"

책무가 있었다. 이에 반해 김시습은 평범한 백성이었을 따름이었는데 천만 사람 가운데서 제 몸을 버리고 절의를 세웠다. 그는 오직 강상이 실추되어서는 안 되고 의리가 민멸되어서는 안 된다고 생각하여, 가을 서릿발 같은 늠름한 기운이 가슴속에 뭉치고 서리어 스스로 어찌할 수 없었기에 마침내 미친 사람처럼 행동하며 떠나버린 것이다. 단종端宗을 보필한 측근들은 훗날 기린각에 화상畫像이 걸리고 공신의 반열에 오르며, 사육신은 참형을 당해 세상을 떠났지만 훗날 만고의 충신으로 추앙을 받았다. 그러나 조정에서 벼슬을 하지 않아 이들처럼 목숨을 던질 의리도 없었던, 명분이나 의리의 측면에서 어떠한 책무도 없었던 김시습도 이들처럼 강상과 의리를 주장하여 제 제 몸을 미친 사람처럼 행동하여 내버렸지만 역사적으로 소외되었던 것이다. 이덕수는 이러한 김시습을 백이伯夷와 같은 절개를 지녔다고 판단하고, 사육신과 비교하여 수백 년 뒤에 평범하게 보고 범범하게 듣고 끝나버릴 정도로 역사적으로 인정을 받지 못한 김시습에 대한 연민과 추모를 이 건물기에 담아내었다.

단종과 관련하여 김시습에 주목한 사례처럼, 「팔현사기八賢祠記」 역시 단종의 무덤 옆에 있는 사육신 사당과는 별도로 세운 팔현사八賢祠에 대해 쓴 건물기이다. 이 팔현사에 배향된 여덟 명의 현인은 김시습을 포함하여 남효온南孝溫, 성담수成聃壽, 조려趙旅, 이맹전李孟專, 원호元昊 등의 이른바 생육신生六臣, 그리고 권절權節과 정보鄭保이다.

> 이 여덟 명의 현인은 비록 의리에 대처한 점들이 다르지만, 마음이 편안한 바를 얻어서 의리와 명분에 어긋남이 없었으니 死六臣과 입장을 바꾸었다면 모두 그렇게 했을 것이다. …… 사육신의 일은 어제의

> 일처럼 환하게 알고 있지만 이 여덟 명 현인의 사적은 세상 사람들이 잘 모르니, 이것은 이들이 몸을 깨끗이 하고 스스로 고요하게 지내서 그 행적이 은미하여 밖으로 드러나지 않아서가 아니겠는가. 행적을 드러내어 당일의 心事로 하여금 日月과 같이 어두운 거리를 밝게 비추질 못했으니, 청맹과니 무리들이 어찌 우러러볼 수 있었겠는가.[130]

앞서 김시습처럼 사육신에 비해 역사적으로 소외되었던 이들에 대한 추모 의식이 잘 드러나 있다. 생육신과 나머지 2명의 현인은 비록 의리에 대처한 점이 사육신과 달라 목숨을 버리지는 않았지만, 의리와 명분에 어긋남이 없었던 점은 동일하다. 그런데 사육신의 일은 세상 사람들이 어제의 일처럼 환하게 알고 있지만 이 여덟 명 현인의 사적은 잘 모른다. 이것은 이들이 몸을 깨끗이 하고 스스로 고요하게 지내서 그 행적이 은미하여 밖으로 드러나지 않았기 때문이다. 사육신처럼 목숨을 잃지 않았지만, 단종에 대한 절의를 지켜 평생 벼슬길에 나아가지 않고 초야에 묻혀 살았던 생육신, 그리고 권절과 정보가 역사적으로 사적이 크게 드러나지 않는 점에 대해 문제의식을 제기하고, 이들에 대한 연민과 추모를 통해 역사적으로 재조명되기를 소망하는 이덕수의 마음이 담긴 작품이라 할 수 있다.

130 李德壽, 「淸風亭宴遊記」, 『西堂私載』 권4. “斯八賢者, 雖其處義或殊, 而得其心之所安, 而無疚乎義命, 則與六臣易地而皆然矣. …… 六臣之事, 炳炳如昨日, 而八賢之迹, 世或昧焉, 豈不以潔身自靖者, 微而不彰而然歟? 苟不表章焉, 使當日心事, 如日月之耀乎昏衢, 則衆矇奚瞻焉?”

4. 맺음말

상술한 본론을 통해서 이덕수의 기문을 전반적으로 살펴보았다. 이덕수의 문집인 『서당사재』에 수록되어 있는 기문 가운데 건물기를 주요 연구 대상으로 삼았다. 이덕수의 건물기는 그 성격으로 보면 사적 건물기가 많고, 이 사적 건물기는 내용적으로 사경寫境이나 기사記事보다는 의론議論이 중심이 되고 있다. 이덕수의 공적 건물기는 사적 건물기에 비해 의론이 중심이 되기보다는 기사가 중심이 되고 있다. 교육 기관, 지방관의 관청, 선현을 위한 사당, 전쟁의 공을 기념하는 누각 등 공적인 성격을 지닌 건물이 대부분이기 때문에 그 공간을 활용하고 공유하는 이들에게 사실 관계를 적시하고 덕목과 정신을 강조하여 계승하기를 당부하는 내용이 중심이 되고 있다.

이러한 건물기 가운데 주목을 요하는 몇몇 양상들을 제시하여 이덕수 기문의 성격을 고찰하고자 하였다. 첫 번째는 『주역』과 『장자』를 활용한 의론 전개이고, 두 번째는 참신한 입론과 비유를 통한 주제 의식의 전달이며, 세 번째는 역사적으로 소외된 인물에 대한 연민과 추모이다. 이덕수의 건물기를 대상으로 글쓰기와 작법의 층위에서 첫 번째 『주역』과 『장자』를 활용한 의론 전개, 두 번째 참신한 입론과 비유를 통한 주제 의식의 전달을 고찰한 것이고, 내용과 주제의 층위에서 세 번째 역사적으로 소외된 인물에 대한 연민과 추모의 측면을 고찰한 것이다.

정자휘의 처소인 '직양헌'에 대해 쓴 기문인 「직양헌기」는 『주역』의 건괘와 곤괘에서의 '직直'의 함의를 활용하고 있다. 본성으로서 품부 받은 '직'을 기르고 실천하여, 출사해서는 올곧은 신하가 되고 사람들과의 관계에서는 올곧은 벗이 되기를 희망하는 것으로 '직양헌'에 의미를 부여하였다. 『장자』를 활용한 기문이 「조주정기」이다. 이 작품에서는 『장자』에 나오는 '상심연', '양신', '양형' 등을 활용하고 있다. 세상을 잊고 자신의 형체를 잊기 위해서는 전력으로 자신의 마음을 수양해야 함을 강조하고 있다. 한편 「조주정기」와 마찬가지로 자신의 마음을 수양하는 것을 강조하는 내용이 여타 기문에서도 흔히 발견된다. 외물이나 경물 등에 현혹되지 말고 내부로 수렴하여 외부에서 자신의 몸으로, 다시 몸에서 심성으로 들어가 수양하라는 주제 의식이 상당히 많이 보인다. 이덕수가 이처럼 건물기를 통해 정신 수양을 강조하는 주제 의식을 자주 드러내는 것은 바로 이러한 의식 세계가 그의 삶이나 지향과 밀접한 관련이 있기 때문일 것이다.

의론을 위주로 하는 기문의 경우에는 기존의 개념이나 사실을 다른 시각으로 접근하여 참신하게 입론하거나 비유할 때가 있는데, 이러한 방식은 주제 의식을 효과적으로 전달하는 데 유효하다. 정사숙이 지은 문경의 관아에 대해 쓴 기문인 「징원당기」가 그 사례이다. 물의 근원이 맑으면 그 지류도 맑은 것처럼, 태수는 고을의 근원이므로 그곳의 백성은 태수의 마음과 행동에 지대한 영향을 받는다는 것을 주장하였다. 지방관에게 흔히 당부할 법한 내용, 즉 백성과 동고동락을 강조하거나 백성에게 선정을 베푸는 것을 미덕으로 삼는 것을 말하지 않고, 고을의 본보기로서 지방관의 역할을 강조하되 그러한 논리를 물의 속성에 비유하여 설득력을 높이고 있다. 이처럼 「징원당기」는 기존의 전형성을 탈각하여 참신한 입론과 비유를 통해 주제 의식을 드러낸다고 할 수 있다. 「시정당기」 역시 기존의 관념을 벗어나 새로운 시각으로 의론을 개진한 작품이다. 소옹을 배우고자 한다면 그 마음의 안정을 배워야 할 것이고, 육체가 한곳에 편안하게 정착하는 것을 배울 필요가 없는 것이다. 단순히 육체가 편안히 정착하는 것을 기쁜 일로 여기지 않고 오직 자신의 마음이 불안정한 것을 근심으로 여겨서 마음의 안정을 위해 노력한다면 '시정'의 뜻이 더욱 커질 것이라 당부하였다. 이처럼 청탁자의 의도를 간파한 뒤에 거기에 함의를 더욱 심층적으로 분석하여 참신한 입론을 개진한 것이다.

이덕수의 건물기에는 역사적으로 소외된 인물에 대한 연민과 추모 의식을 엿볼 수 있다. 「청풍정연유기」는 이덕수와 임언보가 함께 지은 청풍정에 대해 쓴 건물기이다. 이덕수의 스승 박세당이 김시습이 노닐던 자리에 조그만 재사를 짓고 봄가을에 제사를 지냈는데, 이후 재사 옆에 이덕수와 임언보가 발의하여 청풍정을 창건하였다. 사육신처럼 조정에서 벼슬을 하지 않아 이들처럼 목숨을 던질 의리도 없었던, 명분이나 의리의 측면에서 어떠한 책무도 없었던 김시습도 이들처럼 강상과 의리를 주장하여 제 제 몸을 미친 사람처럼 행동하여 내버렸지만 역사적으로 소외되었던 것이다. 이덕수는 이러한 김시습을 백이와 같은 절개를 지녔다고 판단하고, 사육신과 비교하여 역사적으로 인정을 받지 못한 김시습에 대한 연민과 추모를 이 건물기에 담아내었다. 「팔현사기」 역시 단종의 무덤 옆에 있는 사육신 사당과는 별도로 세운 팔현사에 대해 쓴 건물기이다. 김시습처럼 사육신에 비해 역사적으로 소외되었던 이들에 대한 추모 의식이 잘 드러나 있다. 단종에 대한 절의를 지켜 평생 벼슬길에 나아가지 않고 초야에 묻혀 살았던 생육신, 그리고 권절과 정보가 역사적으로 사적이 크게 드러나지 않는 점에 대해 문제의식을 제기하고, 이들에 대한 연민과 추모를 통해 역사적으로 재조명되기를 소망하는 이덕수의 마음이 담긴 작품이라 할 수 있다.

한편 이덕수의 건물기를 통해 그의 문장론과 관련되는 지점도 확인할 수 있다. 이덕수 문장론의 특징으로 의意를 중시한 측면, 제자백가를 문학적으로 수용한 측면을 거론할 수 있다. 본론에서 살펴본 여러 개의 사적 건물기와 공적 건물기는 건물의 성격에 따라 기사의 측면이 일부 도드라지는 경우도 있지만, 전반적으로 의론이 중심이 되고 이 의론의 개진은 주제 의식을 선명하게 또 설득력 있게 전달하는 방식으로 창작되었다. 또한 참신하게 입론하고 적절하게 비유하는 경우에 제자백가 가운데 특히 『장자』를 활용한 경우가 많이 보인다. 이를 통해 그의 문장론 특징이 건물기에서도 드러나는 것을 확인할 수 있다.

Ⅳ. 서당 이덕수 증서류 산문 연구
- 글쓰기 기법과 주제 구현 양상을 중심으로 -

김묘정

1. 머리말

이 글은 당대 뛰어난 문장가들과 함께 대표적인 산문가 중 한 명으로 지칭된 소론少論계열 문인 서당西堂 이덕수李德壽(1673~1744)의 증서류贈序類 산문을 연구 대상으로 삼아 글쓰기 기법과 주제 구현 양상을 파악해 그의 문학적 역량을 재조명하기 위해 기획된 첫 연구이다. 서당의 경우 영조대英祖代 문장가로 조정에서 제일로 일컬어졌음에도 불구하고[131] 여전히 산문에 대한 연구는 소략하다고 생각된다. 산문 관련 선행 연구를 조금 더 자세히 살펴보면 크게 두 가지 측면에서 논의되었는데, 첫 번째는 서당의 고문론에 대한 탐색이 시도되었다. 이에 신복호는 서당이 과거 합격에만 힘쓰는 당대문풍當代文風을 비판批判하고 문장 표현 방식에 있어 이순사달理順辭達과

131 신복호, 「18世紀 館閣文學 硏究 : 李宜顯, 李德壽, 徐命膺을 중심으로」, 고려대학교 대학원 박사학위 논문, 2003, 1면.

의주기보義主氣輔를 중시했음을 밝힌 바 있으며,[132] 박은정은 독서론讀書論, 작문론作文論, 문법론文法論으로 분류하여 서당의 고문론을 살폈다. 이에 독서론에서는 서당이 협흡浹洽과 정精을 강조했으며, 작문론에서는 명의무정命意務正과 이순사달理順辭達을 중시했고, 문법론적 측면에서 서당이 활법活法과 생의生意를 언급했음을 논의하였다.[133]

두 번째는 산문 중에서도 비지류碑誌類로 대별되는 일부 산문만이 연구 대상이 되었다. 선행 연구에서는 문집 속의 제문祭文이나 묘지명墓誌銘을 살피면서 가족 내 여성을 애도한 작품에 주목하였는데, 서당이 이상적 여성의 덕목과는 다른 지점에 주목하여 양식화된 틀을 벗어난 작품을 창작하였으며, 이러한 면모가 여성 인식의 폭을 넓혀주었다고 평하였다.[134] 이렇게 본다면, 서당의 산문은 고문론에 대한 논의, 비지류 산문에 대한 논의에 국한되었음을 볼 수 있다. 따라서 이 글에서는 서발문序跋文 가운데서도 기존에 다뤄지지 않은 증서류贈序類에 주목하여 서당의 글쓰기 기법을 살펴봄으로써 실제 작품에 구현된 그의 문학적 역량을 살펴보는 것을 목적으로 한다. 이 글을 통해 두 가지 성과를 견인할 것으로 생각되는데 첫 번째는

---

132 신복호, 「18世紀 館閣文學 研究 : 李宜顯, 李德壽, 徐命膺을 중심으로」, 고려대학교 대학원 박사학위 논문, 2003, 65~89면.

133 박은정, 「西堂 李德壽의 讀書論과 主意論的 글쓰기」, 『東方學』 11, 한서대학교 동양고전연구소, 2005, 79면.

134 강성숙, 「고전문학 : 기억을 통해 드러나는 18세기 사대부의 여성상 - 서당(西堂) 이덕수(李德壽)의 어머니, 아내, 딸을 중심으로 - 」, 『겨레어문학』 38, 겨레어문학회, 2007, 79~109면; 장윤선, 「西堂 李德壽의 碑誌類 散文 研究」, 경북대학교 교육대학원 한문교육학과 박사학위 논문, 2008, 1~71면.

서당의 경우 지금까지 관각문인館閣文人으로만 주목받았으나, 또 다른 종류인 증서류가 연구됨에 따라 서당의 문학적 역량이 온전하게 드러날 것으로 보인다. 두 번째로는 서발문序跋文 중에서도 증서류로 분류 가능한 작품을 통해 서당의 특징적인 글쓰기 기법技法을 확인할 수 있으리라 판단된다. 서사·의론·서정의 다양한 기법을 구사하는 동시에 규정된 형식이 아닌 자유로운 방식으로[135] 주제를 전달하고자 하는 서당의 글을 통해 뛰어난 문장가로서의 면모를 구체적으로 볼 수 있다.

이에 먼저 2장에서는 서발문序跋文 전체를 개관하는 작업을 거쳐 증서류贈序類 산문의 특징을 확인하도록 하겠다. 서당의 서발문을 문집 수록 순서대로 정리하고 형식에 따라 서발류序跋類·증서류贈序類로 분류한 후 각각의 특징을 살피고자 한다. 다음으로 3장에서는 서당 이덕수의 증서류 산문에 드러난 주제별 글쓰기 기법을 자세히 논의하고자 한다. 이에 먼저 사적 관계를 중심으로 한 서정적 서사 전개 양상을 살펴본 후 두 번째로는 비유와 예시를 통한 우회적 교훈 제시 및 권면 양상을 확인하고자 한다. 마지막으로는 당론黨論에 대한 직설적인 의론 개진 면모를 고찰하고자 한다. 이러한 증서류의 검토는 서당의 문학적 역량을 확인하는 방법이 될 것이며 그동안 논의된 바 없는 서당의 산문을 다룬다는 점에서, 서당의 문학세계를 온전히 이해하는데 일조할 수 있으리라 기대한다.

135 심경호, 「퇴계의 서발문」, 『퇴계학과 유교문화』 25, 경북대학교 퇴계학연구소, 1997, 58면.

2. 서당 이덕수의 증서류贈序類 산문 개관

서당 이덕수의 문집은 12권 12책으로 구성되어 있는데 서발序跋은 따로 부기되어 있지 않다. 1~2권에는 450제題의 시詩가 수록되어 있으며, 3권에는 서서書序 가운데 서書 4편, 서序 37편, 4권에는 기記 25편, 제발題跋 19편, 잡저雜著 12편이 담겨있다. 5~8권에는 신도비명神道碑銘 13편, 묘갈명墓碣銘 62편이 있으며, 9~12권에는 묘지명墓誌銘 72편, 묘표墓表 23편, 시장諡狀 4편, 행장行狀 5편이 수록되어 있다.

먼저 이 장에서는 서당의 서발문序跋文을 문집 수록 순서대로 정리하되, 형식에 따라 서발류序跋類·증서류贈序類로 분류해보고자 한다. 이에 3권에 수록된 서서書序 중 서문序文 37편을 비롯해 4권에 수록된 제발題跋 중 발문跋文 9편을 서발문序跋文으로 규정하고자 하였다. 문집을 살펴보면 서발류序跋類로 편차 되어 있지 않고 서서書序, 제발題跋의 형태로 묶여있어 서발序跋의 범주를 서書, 제題로 확장할 수도 있으나,[136] 이글에서는 서발문을 내용상의 특징으로 구별하여 정리하였다. 따라서 문집과 시문에 쓰는 서발류, 송별의 과정에서 쓰는 증서류으로 나누어 서당의 서발문을 개관하였다. 이를 정리해보면 아래와 같다.

136 來裕恂(1873~1962)의 『漢文典』에서는 序跋類의 하위 갈래로 序·跋 외에도 引·題·書·讀을 분류하였다. (백진우, 「연민 서발문의 특징과 자료적 가치」, 『淵民學志』 35, 연민학회, 2021, 121면. 참조)

[표 1] 서당 이덕수의 서발문 개관

연번	제목	대상	형식
1	送友人序	친구 전송	贈序類
2	送關西按使李公序	관서 안사 이공 전송	贈序類
3	鑄谷壽宴詩序	주곡 수연의 시에 대한 서문	序跋類
4	贈嶺南觀察使趙公詩序	영남 관찰사 조공 전송	贈序類
5	送嶺南按使金公序	영남 안찰사 김공 전송	贈序類
6	送李仲謙序	이중겸 전송	贈序類
7	送李尙輔按察湖南序	호남 안찰사로 떠나는 이상보 전송	贈序類
8	送李評事序 台佐	이평사 태좌 전송	贈序類
9	贈文僉知序	문첨지 전송	贈序類
10	叙囚	사면할 만한 죄수에 대한 논의	序跋類
11	贈洪叔士能序	홍치중 전송	贈序類
12	贈兪生拓基序	유척기 전송	贈序類
13	送冬至書狀官韓錫甫序	동지사 서장관으로 떠나는 한석보 전송	贈序類
14	送申正甫序 靖夏	신정보 전송	贈序類
15	送尹伯脩序	윤백수 전송	贈序類
16	花樹契帖序	화수계첩 서	序跋類
17	送李子始序	이자시 전송	贈序類
18	送金仲禮序	김중례 전송	贈序類
19	送叔使日本序	일본에 가는 이계통 전송	贈序類
20	送金士源序	김사원 전송	贈序類
21	諸家文粹引	제가문수에 대한 인문	序跋類
22	贈洪伯亨序	홍백형 전송	贈序類
23	楓崖集序	풍애집 서문	序跋類
24	縣夫人江陵崔氏七十一歲壽序	강릉 최씨 칠십일세의 수연에 쓴 서문	序跋類
25	送蔡仲耆序	채중기 전송	贈序類
26	老子要解序	노자요해 서문	序跋類
27	耐齋集序	내재집 서문	序跋類
28	愛孋子文稿序	애란자 문고 서문	序跋類
29	心適堂集序	심적당집 서문	序跋類
30	宣政賡韻圖序	선정 갱운도 서문	序跋類

31	悟齋集序	오재집 서문	序跋類
32	送尹雲仲序	윤운중 전송	贈序類
33	和隱集序	화은집 서문	序跋類
34	溫陵誌序	온능지 서문	序跋類
35	錦平尉賜几杖詩序	금평위 궤장 하사한 시 서문	序跋類
36	章懿公子孫系譜序	장의공 자손 계보의 서문	序跋類
37	詩川集序	시천집 서문	序跋類
38	養拙窩跋	양졸와의 발문	序跋類
39	春谷集跋	춘곡집의 발문	序跋類
40	御贊貞明公主墨跡跋	정명 공주의 글씨에 대한 임금의 기림에 대한 발문	序跋類
41	鳳寺事跡跋	봉사의 사적 발문	序跋類
42	日新齋大易跋	일신재 대역 발문	序跋類
43	省齋集跋	성재집 발문	序跋類
44	舊本楞嚴經跋	구본 능엄경 발문	序跋類
45	御製四句帖跋	임금이 지은 사귀 첩자의 발문	序跋類
46	寫眞小跋	나의 진상에 대한 작은 발문	序跋類

위 표를 통해 서당 이덕수의 서발문序跋文을 개관해보면, 서발류序跋類 26편과 증서류贈序類 20편을 저술했음을 알 수 있다. 서발류序跋類는 시문집의 서발문으로 주로 시문의 평가에 대한 논의가 담겨있는데, 서당은 가장 보편적인 형태인 다른 사람의 시문집에 서발문을 썼으며, 그 외에도 자신의 글에 붙인 자서自序, 계첩에 쓴 글, 장수를 축하하는 수서壽序가 확인된다. 서발류는 대체로 문집에 부기하는 경우가 많은 만큼 해당 글에 대한 예찬이라는 틀 안에서 의례적으로 서술됨을 확인할 수 있다. 다음으로 이 글에서 다루고자 하는 증서류를 개관해보면, 이별하는 상황에서 증언贈言하는 것으로[137] 부임지

137 권진옥, 「택당 이식의 서발류·증서류 산문 일고」, 『동아한학연구』 5, 고려

로 떠나는 이를 전송하는 형태가 대다수를 차지한다. 증서류는 비공식적인 형태로 사적인 부탁에 의해 이루어지거나, 개인적인 친분을 바탕으로 지어지는 경우가 많으므로 서술 기법 역시 서사·의론·서정을 넘나드는 다양한 면모를 보인다.[138]

서발문序跋文 전체의 내용을 개관해본 결과, 서당은 서발류序跋類보다 증서류贈序類를 창작할 때 자신의 의견을 더욱 더 자유롭게 서술했으며, 다수의 증서류 산문을 창작하면서도 다양한 글쓰기 기법을 활용해 주제를 구현하였다. 증서류가 서발류보다 좀 더 자유롭다는 특징을 지니므로, 서술 내용과 방식이 다양함을 볼 수 있다. 따라서 이 글에서는 증서류 작품을 통해 서당의 특징적인 글쓰기 기법을 확인하는 동시에 다양한 방식으로 주제를 전달하고자 하는 서당의 글을 기반으로 뛰어난 문장가로서의 면모를 구체적으로 살펴보도록 하겠다.

3. 서당 이덕수 증서류贈序類 산문의 글쓰기 기법과 주제 구현 양상

1) 사적 관계를 중심으로 한 서정적 서사 전개

서당은 증서류贈序類 산문을 창작하면서, 증서인인 자신과 피증서

대학교 한자한문연구소, 2009, 226면.

138 윤재환, 「겸재(謙齋) 조태억(趙泰億) 시문집(詩文集) 서문(序文)의 서술(敍述) 기법(技法) 일고(一考)」, 『한국문학과 예술』 36, 숭실대학교 한국문학과예술연구소, 2020, 155면.

인과의 관계를 서술한 후 글을 전개하였다. 사적 관계에 대한 내용은 주로 도입부에 서술되어 있는데, 서당은 친분이 있는 경우에 한정하여 사적 관계에 대한 서술 및 작성 배경에 관한 내용을 개진하는 방식으로 글을 전개하였음을 볼 수 있다. 서당의 증서류 산문 도입부가 대체로 의견 제시 형식으로 구현되어 있음을 감안한다면, 이와 같은 서정적 서사 전개 양상은 의례적인 서술 방법이라기보다 진실한 관계를 기반으로 한 기술이라고 할 수 있다. 사적 관계를 중심으로 한 서정적 서사는 글의 진정성을 증폭시키는 기재가 될 뿐만 아니라 대상에 대한 깊은 이해를 기저로 한다는 점에서 서당의 사고와 표현 방식, 그리고 그의 문장가적 면모를 살피기에 충분하다. 서문의 일부를 인용해 이와 같은 특징을 확인해보도록 하겠다.

> [1]이상보의 아버지 장헌공과 우리 돌아가신 아버지와는 한 글방에서 공부한 친근한 벗이며, 진사시에도 함께 합격하였기에 내가 상보를 어릴 때부터 알고 있었다. 그러므로 나와 상보의 사이는 통가하는 아주 가까운 집안이다. 몇 해 전부터 우리 두 사람은 하늘이 돌보지 아니하여 여러 해 동안 병으로 앓고 삼년상을 마친지 수년 만에 서울에서 비로소 만났다. 슬픈 일이다. 나의 병이 점점 심해져서 학문은 진전되지 않아 선인의 남기신 구업을 실추하여 사람 노릇을 못할까 심히 두려워하였는데 상보는 장헌공께서 살아계실 때부터 이미 과거에 급제하여 공부 잘한다는 소문이 날로 퍼졌다. 그러더니 이제는 또 형조의 작은 관원으로서 호남의 안찰사로 나아가니 그 영광은 이루 말할 수 없어서 세상 사람들이 장헌공의 아들을 잘 두었다고 칭찬하니, 상보가 이름을 날리어 어버이를 빛나게 하는 데에 유감이 없다고 하겠다.
>
> …(중략)…
>
> [2]돌이켜 생각해보니 내가 관례를 치르기 전에 서호에서 장헌공을

뵈었을 때에 시를 지어 정표로 주시면 장헌공께서 말씀하시기를, "너는 앞으로 더욱 수양과 공부에 힘쓰라."라고 하였다. 다음에 또 성남의 도제에서 뵈었을 때 따뜻한 가르치심이 전보다 더 곡진하였다. 나는 현재 어느 정도 학문에 대하여 눈을 뜨게 되자 장헌공께서는 이미 세상을 뜨시었으니, 다시는 가르침을 받지 못하게 되었다. 현재 장헌공께서는 말씀하시던 변함없는 글을 가지고 상보의 행실을 이끌고자 하며, 다시 말할 것은 상보가 또한 우리 돌아가신 아버님께 가르침을 받은 사람이라 우리 두 집안의 여러 대에 걸친 우의가 이에서도 볼 수 있을 것이니 인세의 오르내림에 감격이 깊도다. 상보가 이것을 보고 어떻게 생각할까. 슬프도다. 정해년 3월에 서한다.[139]

위 글은 「송이상보안찰호남서送李尙輔按察湖南序」 중 일부분인 서론과 결론을 인용한 것이다. 서문을 지어 준 대상은 같은 소론少論계열 문인인 이광좌李光佐(1674~1740)이며, 1708년 이광자가 전라도 관찰사 부임할 당시 창작된 것으로 추정된다. 주제적 측면에서 이 글은 부임지로 떠나는 이광좌를 전송한 작품인데, 임지에 대한 언급과

139 李德壽, 「送李尙輔按察湖南序」, 『西堂私載』 卷3, "李尙輔尊君掌憲公, 與吾先子, 有世講之好, 而實同司馬榜, 余之識尙輔. 盖又在丱角之日, 則余於尙輔, 有通家之誼舊矣. 頃年吾二人者, 不吊于天, 後先煢然在疚, 旣闋服數年, 始於京城. 相視而悲也. 余病日益痼, 而學不進, 深惧荒墜先業, 將爲匪人哉, 而尙輔自掌憲公在世時, 已能擢魁科, 文日有聲矣. 今又由少秋官, 出按湖南, 推恩之榮, 至及於泉塗, 世皆謂掌憲公有子, 則尙輔之於成名顯親, 其可謂無憾歟. …(중략)… 抑余未冠之年, 謁掌憲公於西湖, 以詩贄焉, 掌憲公謂"孺子可敎, 謬加奬許." 後又拜於城南之桃堤, 其所以勉誨焉者, 視前有加. 余今粗能知操觚, 而掌憲公已謝世, 不獲有所就質. 今而餙其不腆之文, 以道尙輔之行, 而其所言, 又尙輔所嘗奉勉於吾先子者也, 雖吾兩家屢世之誼, 於是焉亦略槪見而已, 不勝其俛仰人世之感矣. 尙輔視此, 又當以爲如何也. 悲夫. 丁亥三月, 序."

피증서인의 뛰어난 능력을 드러내기보다는[140] 서당 자신과 이광좌의 친분을 서론과 결론에 걸쳐 서술하였다는 점에서 특징적이다. 서론 [1]에 잘 드러나 있듯이 이들은 어린 시절부터 집안 대대로 친분을 유지하였음을 알 수 있다. 또한 결론[2] 같은 경우 일반적으로 증서인이 피증서인에게 바라는 점을 서술하며 송축을 겸하는 것이 보편적이나, 서당은 자신과 이광좌의 부친 이세귀李世龜(1646~1700)와의 일화를 서술하면서, 자신의 학문을 되돌아보고 있으며 대대로 이어온 집안 간의 우의를 강조한 점이 특기할 만하다. 실제로 서당은 이세귀에 대한 만시 〈이장헌양와장천장만李掌憲養窩丈遷葬挽〉[141]을 지을 정도로 이세구와 사적 친분을 맺은 것으로 보인다. 이처럼 서당은 증서류 산문을 창작함에 있어 부임지로 가는 대상을 전송하면서도 의례적인 서술 방식이 아닌, 사적 관계를 기반으로 한 서정적 서사를 전개하였음을 볼 수 있다.

[1] 유척기 군이 영남으로 부임하는 그의 아버지를 따라 나서기 앞서 그가 나에게 떠나게 되었다고 고하고 나서 말하기를 "내가 멀리 떠나게 되었다고 하자 친구들이 모두 나에게 뜻을 표시하였는데, 그대만

140 이군선, 「한국한문학 산문의 전개와 발전 양상; 증서류의 특징과 발전 양상」, 『東方漢文學』 31, 동방한문학회, 2006, 114면.

141 李德壽, 〈李掌憲養窩丈遷葬挽〉, 『西堂私載』 卷1, "失養靡不消, 得養靡不長. 奚獨物爲然, 聖狂養不養. 偉哉養窩公, 善養聖人黨. 厥養曰伊何, 方寸戒奔放. 慾芽萌必察, 理條導漸暢. 所養旣有餘, 及物何其廣. 誠信著六親, 小大皆攸仰. 孰寒我往衣, 孰飢我其餉. 匪直骨肉懿, 南民猶懷曩. 字惠及鰥寡, 鼓舞無老壯. 惜哉君民志, 千百不一償. 養窩久已空, 儒林孰宗匠. 池虛悴紅荷, 庭空捿翠莽. 歲月人間疾, 水有逝浪. 佳城啓白日, 厚夜還黃壤. 鄒聖寡欲訓, 何由聆講帳. 徒然涕泚筆, 遙和薤露唱."

나를 전송하는 뜻을 표시하지 않으려고 하는가?"라고 하였다. 내가 말하기를, "옛날 사람이 사람을 전송할 때는 술을 먹여 주었는데, 지금 또한 그대에게 술을 먹여주면 되겠는가?"라고 하니 유군이 말하기를 "술은 내가 좋아하지 않는다."고 하였다. 내가 말하기를, "옛날 사람이 사람을 전송할 적에 시를 지어주었는데, 지금 또한 그대에게 시를 지어주면 되겠는가?"라고 하니 유군이 말하기를, "나는 시를 숭상하지 않는다."고 하였다. 내가 말하기를, "그러면 옛날 사람이 사람을 전송할 적에 문을 지어 주었는데, 지금 또한 그대에게 문을 지어 주면 되겠는가?"라고 하니 유군이 말하기를, "그러면 매우 다행이겠다. 그렇지만 제가 아직 젊어 글을 읽고 문장을 짓는 법을 모르니, 그대는 글을 읽고 문장을 짓는 법을 말씀해주어 나의 이번 걸음을 면려해 주었으면 한다. 그러면 조석으로 그 말에 따라 하고 싶은 것이 나의 소망이다."라고 하였다.

2 대체로 그 누가 나처럼 글을 읽어도 거칠고 문장을 지어도 멸렬한 사람이 있겠는가. 그래서 그 법을 남한테서 찾아보려고 하던 참이었다. 어느 겨를에 그 법을 남에게 말해 줄 수 있겠는가. 그렇지만 유척기의 뜻이 간곡하여 끝내 말해 주지 않을 수 없었으므로 옛날에 들은 바를 말해볼까 한다.[142]

…(후략)…

142 李德壽, 「贈兪生拓基序」, 『西堂私載』 卷3, "兪生拓基將隨其大人官于嶺南, 前期以行告, 且曰, "吾有遠行, 親舊皆有以送我, 子獨無以送我乎." 余曰, "古之人送人, 飮以酒, 今亦飮子以酒乎." 生曰, "酒非吾所嗜也." "古之人送人, 贈以詩, 今亦贈子以詩乎." 生曰, "詩非吾所尙也." "然則古人贈行, 有以文者, 今亦贈子以文乎." 生曰, "幸甚, 雖然, 吾年尙少, 不知讀書爲文之法, 願子道所以讀書爲文之法, 以勉吾行. 庶得以朝夕從事, 斯吾所望也." 夫讀書而鹵莽, 爲文而蔑裂, 世孰有如我者. 方將求其法於人. 遑可以其法告人乎. 雖然, 生之意勤, 不可以終無言, 則請誦舊所聞."

위 인용문은 유척기兪拓基(1691~1767)를 전송하며 지은 「증유생척기서贈兪生拓基序」의 서론과 본론 도입부를 인용한 것이다. 서당은 유척기와 주고 받은 내용을 대화체 문장으로 서술함으로써 증서류 산문의 창작 배경을 드러내었다. 이 글은 부친인 유명악兪命岳(1667~1718)이 임지로 부임하자 부친을 따라가는 유척기를 전송한 것이기에, 정황 상 부임하는 주체가 부친이므로 임지에 대한 내용이 담겨 있지 않다. 그에 따라 이 증서류 산문은 오직 전송 그 자체를 목적으로 삼는다. 또한 발췌한 서론①에서 확인할 수 있듯이 이 증서류 산문은 피증서인의 요청에 의해 작성되었음을 볼 수 있다. 그러나 요청에 따른 의례적인 전송의 글이 아니라, 사적 관계를 기반으로 한 충분한 대화가 글의 전제로 작용했음을 볼 수 있다. 서당은 유척기를 술로 전송하려 했으나 이도 원하지 않고, 시로 전송하고자 했으나 이도 아니라는 유척기와의 문답 과정을 그대로 옮겨둠으로써, 위 증서류 산문에서 유척기가 요청한 내용에 해당하는 문장 짓는 법에 관해 서술하게 된 과정을 가감 없이 드러냈다. 이렇게 본다면 서당은 서론에서 서정적 서사 방식을 구현한 글쓰기 기법을 필두로 본론에서 논지를 전개하였음을 알 수 있다. 직접적으로 ②에 해당하는 본론 도입부를 통해 볼 수 있듯, 서당은 유척기의 요구에 따라 글을 짓고 문장 짓는 법을 서술하되 여러 내용을 인용하여 서사를 전개하였음을 밝힌 바 있다. 이처럼 서당은 대화체 글쓰기 기법을 활용해 서정적 서사를 구현함으로써 이 글의 작성 배경과 사적 관계에 의한 서술 배경을 동시에 개진하였다는 특징을 보인다.

2) 비유와 예시를 통한 우회적 교훈 제시 및 권면

서당은 증서류贈序類 산문을 창작하면서 비유와 예시를 통해 전달하고자 하는 의도를 우회적으로 드러내기도 하였다. 증서류의 경우 공식적인 형태의 글이 아니므로 자유로운 모습을 보이는데[143] 서당은 글의 내용에 따라 다양한 서술 기법을 활용해 서문을 완성했다. 서당은 증서인인 자신과 피증서인의 관계나 당시 증서문을 창작하는 상황에 따라 교훈을 제시하거나 권면하는 내용을 담아내었으므로 전문을 인용해 자세히 살펴보도록 하겠다.

> [1] 영남 관찰사 조공이 떠날 때 나에게 붓을 선물하고 별시를 지어 달라고 청하였다. 옛 어른들의 선물하는 법이 꼭 많거나 커야만 되는 것이 아니다. 적은 것에서도 그 참 뜻을 찾아볼 수 있는 것이다. 곧 공이 보내주신 붓은 이것이 정치하는 대요를 말하는지 못할 까닭이 없지 않겠는가.[144]

먼저 살펴볼 작품은 「증영남관찰사조공시서贈嶺南觀察使趙公詩序」로 서당이 영남 관찰사로 떠나는 조태수趙泰壽(1658~1715)를 보내며 지은 증서이다.[145] [1]은 글 가운데 서론을 인용한 것인데, 증서를 창

---

143 윤재환, 「겸재(謙齋) 조태억(趙泰億) 시문집(詩文集) 서문(序文)의 서술(敍述) 기법(技法) 일고(一考) 」, 『한국문학과 예술』 36, 숭실대학교 한국문학과예술연구소, 2020, 175면.

144 李德壽, 「贈嶺南觀察使趙公詩序」, 『西堂私載』 卷3, "嶺南觀察使趙公將行, 贈余以筆, 而徵一言爲別. 余惟古人之於物, 不必盡于其大. 雖小者, 亦必有觀之道焉. 卽公所贈之筆, 而獨不可推言爲政之大要乎."

145 이 증서류 산문의 피증서인은 趙公으로, 趙泰壽로 추정된다. 서당은 이 작품 외에도 「司導僉正趙公墓誌銘」을 창작해 그의 죽음을 애도한 바 있다.

작하게 된 배경이 담겨있다. 서당은 붓을 선물 받고 붓이라는 소재를 활용해 정치에 대해 기술하게 되었음을 밝히고 있다.

> 2-① 털들이 가죽에 붙어 있을 때는 길고 짧은 것이 뒤섞여 있다. 이것들을 뽑아서 추리어 그 끝을 똑같이 다듬고 아교로 씻고 묶어서 한 대통 속에 넣어 졸라맨 뒤에 잡동사니 투성이던 것이 가지런히 정돈되었다. 이 붓을 가지고 크고 작고 굽고 꺾이고 하도록 사용하는 것은 사람 마음대로 한다. 이 점이 정치하는 道와 무엇이 다르겠는가? 영남에는 州 또는 縣이 72군데 있다. 그 백성들이 돈후하기도 하고 야박하기도 하며 착하기도 하고 악하기도 하며 모두가 다르고 아전이 그 사이에 끼어서 있고 그 정치의 완만하고 촉급하고 너그럽고 사나운 것이 또한 같지 않다. 그러나 科條를 분명히 일러 주어 백성과 약속을 단단하게 하고 출척을 엄하게 하여, 권벌을 조종하는 요령을 요점만 따서 하나의 기준에 똑같이 적용한다면 그 道는 매우 쉬운 정도가 털이 가지런하지 아니한 것을 묶어서 대통에 넣는 것과 같이 그 쓰임이 매우 쉬운 것과 같다.[146]

다음으로 본론은 내용에 따라 2단락으로 구획 가능하므로 한 단락씩 차례로 살펴보도록 하겠다. 서당은 붓이라는 소재를 예로 들어 붓과 관련된 특정 내용을 먼저 개진한 후 이와 정치를 빗대어 서술

146 李德壽, 「贈嶺南觀察使趙公詩序」, 『西堂私載』 卷3, "毫之群附于皮者, 其初固雜然也. 拔而齊其端, 沐之以膠, 而束之一管之中, 然後毿毶尤茸, 千萬其數者, 始得整而不亂. 用以大小屈折, 惟人意之所欲. 政之道, 其奚異是也. 嶺之南爲州若縣者, 七十有二. 其民心之敦薄善惡, 固不能盡同, 而吏於其間者, 其政治之緩急寬猛, 又不一也. 然明科條以約束之, 嚴黜陟以勸罰之, 所操者至要且約, 而同而一之者, 其道顧甚易, 猶毛之不齊, 管以束之, 而其爲用甚易也."

함으로써 정치하는 도道에 대한 자신의 견해를 우회적으로 개진하고 있다. 2-①을 살펴보면, 먼저 붓의 털을 예로 들어 털이 가공되기 이전에 가죽에 붙어 있을 때에는 각기 다른 형태이다가 모아서 묶고 나면 가지런히 정돈됨을 언급한 후 이를 정치하는 도道에 빗대어 설명하고 있음을 알 수 있다. 영남의 백성들은 모두 각기 다른 성품을 가지고 있으며 정치하는 방법 역시 다르지만, 규율을 분명히 정해 이대로 적용한다면 가지런하지 않은 털을 정리하듯이 쉽다고 설명하고 있다.

2-② 붓을 만들 때 짐승의 털만으로 되는 것이 아니라, 땅에 굴을 뚫고 풀을 뜯어 먹고 사는 토끼 따위와 풀을 뜯어 먹고 물을 먹고 사는 염소나 양 강아지 털 돼지 털들을 쓰지 못할 것은 아닌데 그 중에서 누른 족제비 털이 제일 좋기 때문에 다른 짐승의 털은 소용이 없는 것이다. 이와 마찬가지로 법에도 선이니 악이니 하는 것이 있고 열대를 두고 좇아야 할 것이 있어서 처음 시작할 때에는 좋지 않은 것이 없으나 이것이 오래 쓰이는 동안에 폐가 따르게 되어 이것을 바로잡아서 그 나쁜 것은 버리고 쓸만한 것만 고르기를 힘써서 너무 옛날 제도에만 집착하지 말도록 하여야 할 것이다. 또 하물며 먼저 안찰사로 있던 사람들이 각각 자기가 생각하는 대로 즉흥적으로 법을 만든 것은 본디 그 법이 진선진미하다고 말할 수는 없는 것이다. 그러므로 아주 못 쓸 법은 자세하게 살피어 쓸 만한 것을 구하여 보존하도록 하여야 할 것이고, 못 쓸 것은 미련 없이 버려야 할 것이니 이것이 마치 붓을 만드는 사람이 꼭 황서만을 취하고 다른 털들이 그 속에 섞이지 않도록 똑같게 간추리는 것입니다. 그리하여 붓끝이 날카로운 것은 글씨 쓰기에는 알맞지만 곧 끝이 닳아서 못 쓰게 될 것이고 끝이 무딘 것은 마음대로 쓰기가 힘든 것이다. 너무 날카로우면 일을 하는데 여유가 없어서 그 날이 쉽게 무디어 지고 무딘 것은 응체되어 운용의 묘를 거둘

> 수가 없게 될 것이니 반드시 중용의 도를 밟아야 한다. 무릇 내가 말한 것은 정치라는 큰 틀을 요약하여 말한 것이다.[147]

다음으로 본론 [2]-②에서는 붓을 만드는데 사용하는 털의 종류를 선택하는 방법과 다양한 법 제도를 취사선택하는 방법을 대등한 층위에 두고 비유적으로 논의하였다. 다양한 짐승의 털이 모두 붓의 재료가 될 수 있지만 그 중에서도 족제비 털이 제일이라 다른 털이 소용없듯이, 법 제도 중에서도 옛 제도가 폐단이 있다면 그 가운데 좋은 것만 취하고 아닌 것은 버려야 함을 언급하였다. 이어서 서당은 붓의 날카로움과 무딤을 예로 들어 이를 정치에 비유하였는데, 너무 날카롭거나 무딘 것은 좋지 않으므로 정치에서도 중용의 도를 중시해야 한다고 서술하였다. 이렇듯 서당은 비유와 예시라는 서술 기법을 사용해 우회적으로 문장을 구사하면서도 올바른 정치가 실현되기를 권면하고 있다.

> [3] 돌이켜 생각하면 공께서 붓을 내게 선물한 것은 내가 글을 지을 줄을 조금 안다고 믿기 때문일 것입니다. 그런데 무딘 저로서는 보답

147 李德壽, 「贈嶺南觀察使趙公詩序」, 『西堂私載』 卷3, “宜於筆者, 不專一族穴處, 草伏之貔兎, 齕草飮水之羔羊與夫胎狗兒猪, 其毛靡不可用, 而必取黃鼬者, 以其品之最善, 而他族莫得望也. 法亦有善惡之可言, 累代之所遵行, 其初未始不善, 而旣日久而弊隨, 則矯而通之, 務去其不善, 而使歸於善, 有不宜泥守. 況後先按道之人, 各以其意, 設爲一時之法者, 固不能盡善. 而又不至盡不善, 則詳求其善者而存之, 不善者而去之, 其與用筆者之必取黃鼠, 而不令他毫有所雜於其間者, 又無所不同焉. 筆之銛者, 宜於作字而不能壽, 其用鈍尤不堪鉤伸. 爲治太銳, 則作事無漸, 而其鋩易蠹, 創是而壹事夫糊塗淹滯焉, 則亦豈可哉, 是必有中之可執者. 凡余所言者, 而政之大, 亦略可見矣.”

> 할 길이 없습니다. 공의 연세가 이제는 쇠경을 향하고 있습니다. 그런데도 머리는 약간 희끗하지만 정성은 왕성하여 백살까지는 능히 장수할 것입니다. 앞으로 공의 연세가 60이 되는 수신에는 내가 이 붓으로 술잔을 올리는 글을 지어 드릴 수 있을 것이고, 70의 공의 생신에는 또 마땅히 시나 글을 지어 드릴 수 있을 것입니다. 70이면 고례에 치사하는 법이라, 하물며 공이 너그러운 마음으로 안아 주시면 공의 별장이 호우에 있는데 경치 좋기로 이름난 곳이라 공이 각건을 쓰고 그곳에서 한가히 노닐 때에는 제가 여러 대부의 뒤를 따라 동문 밖에서 배웅하며 그 장한 기구에 길옆에서 구경하는 사람이 모두 찬탄할 것이니, 그런 날에는 제가 비록 글재주가 없으나 또한 이 일을 크게 부풀리어 다른 날의 기념이 되게 할 것입니다. 그러면 공이 선물한 세 자루의 붓을 제가 잘 간직하여 차례로 써 나갈 것입니다. 그러면 공에게 쓴 말을 한 것과 축하하는 것, 이 두 가지를 모두 이 붓으로 나타낼 것이니 이것으로써 공이 붓을 내게 선물한 고마움을 시로 지어 다시 보답할까 합니다.[148]

마지막으로 결론 ③을 보면 서당은 붓을 선물 받고 이를 보답하기 위해 이 글을 지어 드리게 되었음을 표명하고 있다. 아울러 피증서

148 李德壽, 「贈嶺南觀察使趙公詩序」, 『西堂私載』 卷3, “抑公以筆與余者, 以余粗能知屬詞. 而顧余獨無以報公哉. 公年今向衰. 髭髮雖少變, 而精力尙王, 其必享有期頤也. 前去六十而當公之壽辰, 則余當有侑觴之作, 七十而當公之壽辰, 則又當有詩若文. 七十而致仕, 古禮也, 況公雅意沖挹, 而別業之在湖右者, 久擅林麓之勝, 公角巾歸臥, 必有其日, 則余尙從諸大夫之後, 祖餞上東門外, 其供帳車馬之盛, 與夫路傍咨嗟歎息, 如當日踈傳之事, 余雖無文, 猶當書以張大之, 以爲他日之觀. 然則公所贈三筆, 余當藏之, 以俟次第之用. 而所以規公與祝公者, 於是乎兩得其盡矣, 旣以是副公贈行之須, 而復係之以詩云.”

인인 조공이 60세, 70세가 될 때 각기 이 붓으로 글을 지어 드릴 수 있게 되기를 바라는 동시에 추후 다시 시를 더 지어 보낼 것을 기약하고 있다. 앞서 서당은 서론과 본론 부분에서 붓을 들어 정치에 대해 모두 서술했으므로, 결론 부분에서는 증서인인 자신과 피증서인인 조공의 관계를 언급하는 동시에 선물에 대한 감사함을 재차 강조하고 있음을 볼 수 있다. 이렇듯 서당은 예시와 비유라는 서술 기법을 활용해 정치에 대한 서사와 의론을 유려하게 개진하면서도 마지막 단락에서 증서류 산문의 특징 중 하나인 관계에서 비롯된 서정을 담아냈음을 확인할 수 있다. 이 작품을 통해서 서당이 문장 창작에 뛰어난 능력을 견지하였음을 실질적으로 볼 수 있다.

서당은 「송이중겸서送李仲謙序」라는 작품에서도 예시라는 방식을 구사하여 교훈을 제시하면서 권면하도록 유도하고 있으므로 전문을 서론, 본론, 결론 3단락으로 나눠 살펴보기로 한다.

> 1 옛날 군자들은 말을 하기가 어려운 것이 아니라 실행하기가 어렵다고 하였다. 실행하되 말하지 않는 것은 군자로서 해될 것이 없다. 말만하고 행동하지 못하는 자는 소인이 되기에 알맞다. 여기에 한 사람이 있다고 할 때 한걸음 한걸음 마음속으로 재고 헤아려서 요임금을 일컫고 순임금의 방법을 말하여 그 발언하는 것이나 토론하는 것이 걸핏하면 고훈의 육경의 글을 인용한다. 주자나 정자의 말이 물결이 출렁이듯이 그 입에서 흘러나오는데 이를 선비라고 할 수 있을까? 아니다. 그저 하늘 이치에 따르고 또 성현의 가르침을 그대로 좇아 이를 얻지 못하면 그만두지 않고 알지 못하면 그치지 않아 자기 힘이 부족함이 있다는 것까지도 잊어버리고 매미가 허물을 벗듯이 덜덜 떤다고 하면 지나칠까? 휘번덕거리기는 하지만 행동이 미치지 못하였다고나 할까? 이것은 선비라는 이름에 어긋나는 것이다.[149]

1은 서당이 이현익李顯益(1678~1717)을 전송한 서문의 서론을 발췌한 것으로, 말 보다도 실행하기 어려움을 언급하며 말과 행동이 일치하느냐 아니냐에 따라 군자와 소인으로 나뉨을 서술한 것이다. 이후 서당은 한 사람을 예로 들어 그의 일화를 통해 교훈을 제시하고 있는데, 육경의 글을 인용할 줄 알고 주자나 정자의 말을 인용하더라도 행동에까지 이르지 않으면 선비라고 일컬을 수 없다는 논지를 전개하고 있다.

2 전에 직접 내 몸으로 시험하여 보니, 처음에는 경전을 함부로 읽어 나가면서도 그 내용이 무슨 말인지 잘 모르다가 어느 정도 지난 다음에 그 뜻하는 바가 무엇인지를 어렴풋하게나마 알게 된 뒤로부터 다른 사람과 말을 할 때 그 대지를 들어서 설명할 수 있을 정도까지 되었다. 그 뒤로는 비록 통달하지 못하는 것이 있더라도 이미 통달한 것을 바탕으로 그것을 부연하여 설명할 수도 있고 또 동쪽 것을 끌어다가 서쪽 것을 깁고 보태며 왼쪽 것과 오른쪽 것을 대비할 수도 있어서 손뼉을 쳐 가면서 자기주장을 변론할 여유까지 있게 되는 것이다. 그러나 물러나서 곰곰이 생각하면 스스로 자신을 부끄럽게 생각하지 않는 것이 없을 것이다. 공자는 대성이신데도 오히려 말씀하시길, "그 말할 것을 먼저 실행한 뒤에 말이 뒤따라야 한다." 실행하기 같이 어려운 것은 없고 말하기 같이 쉬운 것은 없다. 이 말은 소인들은 말 쪽으

149 李德壽, 「送李仲謙序」, 『西堂私載』 卷3, "古之君子, 非言之爲難, 惟行之難. 行而不能於言, 無害其爲君子. 言而不能於行, 無害其爲小人. 有人於此, 規步而矩趍, 稱堯而道舜, 其發言吐論, 動引古訓六經之文. 朱程所云, 滔滔焉從其口吻流出, 斯可謂儒乎. 未可也. 其必循循焉聖道之遵, 不得不措, 不知不已, 忘其力之有不足, 而幡然遷之如蛻焉, 恐恐然言之或過歟. 瞿瞿然行之有未逮歟. 斯無負儒之名矣."

로 쏠리지만 군자는 이런 것을 버리는 것이다. 내가 이러한 주장을 세우고 사람들을 관찰하여 보면 이 울타리를 벗어나는 사람은 거의 없었다. 어찌 세상 사람들이 본래부터 口耳의 학문만을 학문으로 착각하고 이에만 매달리고 이보다 먼저 큰 학문에 기준을 둘 줄을 몰라서 선비들이 끼리끼리 모여 앉으면 이런 종류의 말이 아니면 이야기 거리가 없는 모양이니, 이것은 명예를 취하려고 하는 것인가? 혹은 쓸데없이 말하는 데에만 신경을 쓰고 그 실천에는 전혀 관심이 없어서 성현 문하의 고족 제자로서도 이러한 작태를 면하지 못하고 이러면서도 현재 사람만 잘못했다고 책망할 수 있겠는가? 그렇지 않으면 이 세상에는 쓸만한 인재가 없는 것도 아닌데 특히 내가 널리 구하지도 못하고 정세하게 관찰하지 못한 까닭일까? 어쩌면 그렇게도 말로는 모든 일을 수월하게 할 것 같은데 실지 행동하는 사람은 지나치게 적으니 탄식할 일이로다.[150]

[2]는 본론 전문을 인용한 것인데, 서당은 이 부분에서도 자신의 경우를 예로 들어 논지를 전개하면서 말보다도 실행에 힘쓸 것을 우회적으로 촉구하고 있다. 서당은 처음 경전을 읽을 때는 거칠게 이해하다가 이후로는 그 뜻을 통달하여 자신의 주장을 변론할 수 있게

150 李德壽, 「送李仲謙序」, 『西堂私載』 卷3, “嘗試驗於吾身, 其初漁獵經傳, 茫乎其不省爲何語, 旣久稍能尋其意旨所屬, 則出而與人語, 輒能擧其大指. 雖有未通者, 因其所已通, 而敷演成說, 又輒能牽東而補西, 引左而就右, 其於抵掌而騁辯也, 有餘裕矣. 退而內省, 未嘗不自愧也. 孔子大聖也, 猶曰“先行其言而後從之.” 莫難於行, 而莫易於言, 今不抑其易而勉其難, 將無使易者愈易, 而難者愈難. 其不爲小人之歸而君子之棄也, 幾希矣. 余操是說, 以觀於人, 其能免於此者, 盖寡. 豈世固以口耳爲學, 而不知先立乎大者, 士之群居而族處者非是, 無所資談說而取名譽乎. 其或徒言之務而有愧其實者, 自聖門高弟, 已不能免焉, 而有不當責於今人者乎. 抑無乃世未嘗無其人, 而特余求之有未廣, 察之有未精. 何其能言者多, 而行之者固少也, 可嘅已.”

된 과정을 기술하는 동시에 그러한 지난날의 자신을 부끄럽게 여기게 되었음을 고백하였다. 이후 서당은 공자의 말을 인용하여 말하기는 쉬우나 실행하기 어려움을 언급하며, 말만하고 실천하지 않는 사람들의 태도를 지적하였음을 볼 수 있다. 서당은 자신의 개인적 경험을 예로 들어 기술하는 것을 시작으로 논지의 범주를 넓혀나가는 방식을 택하였는데, 이는 이후 결론에서 제시할 권면의 내용을 뒷받침하는 논리로 활용된다는 점에서 의미를 지닌다.

> [3] 나의 벗 이중겸은 자질이 민첩하고 학문을 좋아하며 옛날부터 성현께서 주장한 대의의 그 요점을 정확하게 이해하지 못하는 것이 없어서 앉은 자리에서 그 말만 들으면 척척 알아듣고 이치에 맞게 분석하는 것이 엉클어진 실마리를 찾아내고 흐르는 물줄기의 근원을 파악하듯이 막힘없이 처리한다. 중겸의 나이는 매우 젊은 편인데 그 학문이 이미 이와 같으니, 정말 기특한 일이로다. 그러나 내가 중겸을 안 지가 그럭저럭 10여 년이 되는데 옛날과 비교하여 보면 별로 달라진 것이 없는 것 같다. 중겸의 학문이 안으로 깊어서 내가 그 겉을 보고 속은 알지 못하는 것일까? 나 혼자 생각에 두려운 것은 중겸의 잘못이 오래전부터 싹 터서 날이 갈수록 모든 것을 잃어버리어 속에 짙은 학식이 그 말보다 적은 것은 아닌지, 무릇 얻기는 어려운데 잃기는 쉬운 것이 시간이다. 중겸이 혹시 '내일 힘쓰면 될 것인데 무엇을 서두를 것이 있겠는가?'하고 안이하게 생각하는 것이나 아닌지. 말보다도 실천에 중점을 두어 나의 의심이 싹 가시어 이 세상에는 인재가 없는 것이 아니라, 전일에 비쳐 보지 못한 훌륭한 점을 보이도록 하는 것이 내가 중겸에게 바라는 가장 큰 소망이다. 계미년에 중겸이 그 숙부를 따라 해서로 가는 길에 나에게 한 마디 가슴에 새겨 둘 만한 교훈을 말하여 달라고 하기에 내가 중겸과 하루 이틀의 사귐이 아니기에 다른 말을 하지 않고 이와 같은 말로 부탁하는 것이니, 그리 알고 이해하시

기를 계미년 동짓날에 서하노라.[151]

마지막으로 결론에 해당하는 3을 살펴보면, 서당은 먼저 이현익李顯益의 장점을 언급하며 칭송하고 있음을 볼 수 있다. 또한 이현익에게 권면할 것을 요청하고 있는데, 이는 피증서인인 이현익이 더욱 발전해가기를 바라며 서술한 것으로 증서류 산문에서 의례적으로 볼 수 있는 부분이다. 그러나 앞서 서론과 본론에서 자신의 경우를 예로 들어 개진한 내용을 바탕으로 말보다는 실천이 중요함을 재차 강조했다는 점에서 문단 간의 유기성이 돋보이는 작품이다.

지금까지 살펴본 바 있듯 서당은 증서류 산문을 창작하면서 비유와 예시라는 서술 기법을 활용해 전달하고자 하는 의도를 우회적으로 전달하고 있다. 또한 서론, 본론, 결론까지 하나의 논지를 점층적으로 강화시키면서 교훈을 제시하고 권면하기를 촉구하고 있다. 이를 통해 서당이 다채로운 창작 방법을 차용해 증서류 산문을 지었음을 확인할 수 있으며, 이는 서당의 문장가적 재능을 단적으로 보여준다.

151 李德壽, 「送李仲謙序」, 『西堂私載』 卷3, “余友李仲謙, 資敏而嗜學, 自古賢聖立言大義, 未有不能擧其要者, 坐而聽其言, 類有得者, 纚纚若縷之理析, 而水之派分也. 仲謙之年甚少, 而其學已能如此, 斯固奇矣. 然余知仲謙前後十年, 以令而考乎昔, 卒未見其大有異焉. 仲謙所得者內, 而余所見, 特其外, 則固不足以盡仲謙. 獨恐仲謙之繆悠成習, 日忘月失, 而所以存諸中者, 或不如其言也, 夫難得而易失者. 時則仲謙其無謂尙有來日, 勉焉孜孜. 思有以踐其言, 使余之疑, 有以釋然而知世果未嘗無其人, 不復有前日未見之歎者, 豈非所以望於仲謙者也. 歲之癸未, 仲謙隨其叔父, 有海西之行, 索余一言之贈, 余於仲謙, 非一日之交也, 故其贈不以他, 而以此以附責善之義, 且質所疑焉, 癸未至月, 序.”

3) 당론黨論에 대한 직설적 의론 개진

서당의 증서류贈序類 산문에는 직설적 의론議論을 개진한 내용이 다수 보이는데, 뛰어난 인재가 부당한 현실적 상황으로 인해 외직으로 가는 경우를 비롯해 좌천된 경우[152] 이와 같은 양상이 확인된다. 서당은 유독 증서류 산문에서 당론黨論에 대한 견해를 표출하였는데, 이는 노소老少 갈등이 심화 된 당시 정치적 상황을 반영한 것으로 보인다. 실제로 서당은 다기多岐한 정치적 현실 속에서 김창협金昌協(1651~1708) 가문과 스승인 박세당朴世堂(1629~1703) 사이에서 고뇌하였다는 점에서[153] 당론을 주제로 한 논지 전개 면모는 서당의 내적 갈등 그 자체를 반영한다고 하겠다. 논지 개진 양상을 살펴보면, 서당은 도입부에서 본격적으로 당론에 대한 직설적 의론議論을 전개하였기에, 우선 2편의 서론 부분만을 발췌하여 살펴본 후 이후 1편의 전문을 인용하여 주제 구현 양상과 서술 기법을 자세히 살피기로 한다.

> 黨論의 폐해가 요즘에 이르러 극도에 달했다. 그 이유는 어떤 일이 저 사람으로 인해 발단되었을 경우에는 순순히 용서해 주려고 하지 않다가, 나로 인해 발단되었을 경우에는 오직 부식하기에 힘써 밖으로는 공적인 것에다 기탁하면서 안으로는 사욕을 채우는 것으로 말미암은 것에 불과하다. 대체로 저 사람의 한 일이 열 가지기 옳고 한 가지가 그를 경우에는 한 가지 그른 일을 가지고 열 가지 옳은 일을 엄폐하고,

152 안세현, 「유몽인의 증서류 산문 연구」, 『고전문학연구』 31, 한국고전문학회, 2007, 410면.

153 이승수, 「17세기 老少 분기의 고민과 선택 - 西溪 朴世堂의 高弟子 西堂 李德壽」, 『문헌과 해석』 16, 문헌과 해석사, 2001.

내가 한 일이 열 가지가 그르고 한 가지가 옳은 경우에는 또한 한 가지 옳은 일을 가지고 열 가지 그른 일을 엄폐한다. 이렇게 이기려고 하다가 이기지 못하면 그만두지 않는데, 지금 세상의 사람들이 모두 다 그렇다. 비록 민생이 곤궁에 시달리고 국사가 무너져도 말단의 자잘한 일로 여겨 털끝 하나도 까딱하지 않으므로 식자들이 곁에서 보고 그저 한숨만 쉴 뿐이다.[154]

…(후략)…

위 글은 「송김중례서送金仲禮序」의 서론에 해당하는 부분을 발췌한 것으로, 김재로金在魯(1682~1759)가 외직을 요청하여 관북關北의 안변부安邊府로 가게 되자 서당이 그를 전송하는 증서류 산문을 지은 것이다. 서당은 김재로를 떠나보내며 당론黨論에 대한 직설적 의론議論을 필두로 글의 포문을 열고 있는데, 이와 같은 면모는 위 인용문에서 잘 드러난다. 서당은 당론의 폐해가 극도에 달한 원인을 찾아가는 방식으로 의론을 전개하고 있는데, 남과 나를 구분 짓고 각기 다른 잣대로 옳고 그름을 판가름하는 실상을 비판적 시선으로 바라보고 있으며 사람들의 이러한 태도가 당론을 심화시켰다고 지적하였다. 이후 결론에서는 김재로가 다시 조정으로 돌아왔을 때에는 당인黨人의 사적인 호오好惡에 이끌리지 않기를 부탁하는 동시에 다시 하루빨리 조정으로 돌아오기를 바라고 있다. 이렇게 본다면 서당은 외

154 李德壽, 「送金仲禮序」, 『西堂私載』 卷3, "黨論之害, 至近日而極矣. 其故由於在彼, 則不肯善恕, 在我則唯務扶植, 外以托乎公, 而內以濟其私, 如此而已矣. 夫彼十是而一不是, 今以其一不是而掩其十是焉, 我十非而一不非, 今亦以其一不非而掩其十非焉. 以是而求勝, 不勝則不已, 今世之人, 皆然也. 雖民生困悴, 國事壞敗, 視爲末務細節, 曾不動其一毫, 識者旁觀, 但有太息而已."

직으로 가는 김재로를 전송하면서, 당대 현실적인 문제인 당론의 폐해에 대한 의견을 개진하고 이를 해결하는 방법을 제시함으로써 의론을 전개하고 있음을 알 수 있다. 외직으로 가는 이를 전송하는 글이지만, 자신의 의론을 기세 있게 전개하고 있다는 점이 특징적이다.

> 우리나라 조정에 黨論라는 것이 생긴 지 거의 200년이 지났다. 아버지는 아들에게 알리고 아들은 아버지의 주장을 이어 받아서 각각 자기의 주장을 세우고 자기가 알고 주장하는 이론을 기준으로 자기와 주장이 다른 사람을 헐뜯고 훼방함으로써 진흙탕 개싸움이 갈수록 더 사나워졌다. 윗사람은 항상 그 반을 쓰고 그 반은 버리며, 그 반 가운데에 또 다시 그 반을 쓰고 반을 버리니, 이것은 항상 하나를 쓰고 항상 그 셋은 버리는 셈이다. 인재를 제대로 다 불러 쓰지 못하여 풍습이 나날이 각박해지는 근본 원인이 바로 여기에 있다. 그래서 안목이 있는 사람은 항상 이것을 한스럽게 생각하였다. 나의 벗 채중기는 현량하고도 재주가 있어서 그 시는 더욱 옛 어른에게 핍근해 있었다. 일찍 벼슬길에 올라 조정에 서게 되었는데, 당적을 떠나서 한번 물러난 뒤로 다시 당론에 개입하지 않은 지가 30년이다.[155]

위 인용문은 「송채중기서送蔡仲耆序」의 서문을 인용한 것으로, 1725년 전라북도로 부임하는 채팽윤蔡彭胤(1669~1731)을 보내며 지은 서문이다. 이 작품 역시 당론黨論에 대한 비판적 견해를 담아내는 것으

155 李德壽, 「送蔡仲耆序」, 『西堂私載』 卷3, "我朝黨論之行, 垂二百年矣. 父詔子承, 各守其說, 專其所知, 以訾所異, 狺狺之鬪久而益狠. 上之人又常用其半而棄其半, 於半之中, 又用其半而棄其半, 是常用其一而常遺其三也. 人材之不盡見用, 風習之日就渝薄, 皆由於是. 識者恨焉. 吾友蔡仲耆賢而有才, 其詩尤逼古人. 嘗釋褐位于朝矣, 坐黨籍, 一斥而不復者, 三十年."

로 포문을 열고 있다는 특징을 보인다. 여기에서는 당론의 역사와 세습 양상에 대한 문제를 언급하는 동시에 인재를 제대로 채용하지 못하는 당대 사회의 폐단을 지적하였다. 이후 서당은 채팽윤이 당론에 개입하지 않은 인물임을 강조한 후, 지방으로 부임하는 채팽윤의 뛰어난 정치적 능력을 언급하는 것으로 서문을 맺었다. 이렇듯 서당은 서문에서 당론에 대한 자신의 확고한 의견을 펼치는 동시에 도입부에 의론議論을 포진시킴으로써 자신의 주장을 논리적으로 전개하는 글쓰기 방법을 구현하였는데, 이는 앞서 살펴본 작품과 맥락을 같이한다.

다음으로는 「증홍숙사능서贈洪叔士能序」 전문을 서론[1], 본론[2], 결론[3]으로 나누되 내용에 따라 5단락으로 구분하여 살펴보고자 한다. 이 글은 서당이 홍치중洪致中(1667~1732)에게 써준 증서인데, 주로 문답법問答法 방식을 활용해 자문自問·자답自答하며 당론黨論의 폐단을 지적하였다는 점에서 특징적이다.

> [1] 당론이 세상의 폐단이 된 지 오래되었다. 사대부들이 이를 걱정스럽게 여기면서도 결국 모면하지 못하고 자신이 그 전철을 밟는 바람에 휩쓸리듯이 다 함께 돌아가고 마는데, 그 이유는 무엇인가 하면 利害에 이끌리거나 喜怒에 동요되어 그렇게 된 것뿐이다. 대체로 편당을 만들면 자신에게 이롭고 편당을 만들지 않으면 자신에게 해로운데, 인정상 어떻게 자신에게 해로운 것을 버리고 자신에게 이로운 쪽으로 나가지 않을 수 있겠으며, 나의 당파가 되면 그 사람이 좋아지고 나의 당파가 안 되면 그 사람이 미운데, 인정상 어떻게 좋아하는 사람을 진출시키지 않고 미운 사람을 배제하지 않을 수가 있겠는가. 이로 말미암아 당론이 날마다 치성하여 그 사이에 혼자 수립한 사람이 드물었으니 탄식할 일이 아니라고 말할 수 있겠는가.[156]

서론 [1]은 서당이 당론黨論의 폐단을 문제시하면서 이러한 문제가 생긴 이유에 대해 분석한 부분이다. 이해利害에 이끌리거나 희로喜怒에 동요되어 당파黨派를 만들고 자신이 소속된 당파의 사람들만 이끌어주고 다른 당파에 소속된 사람들은 배제하는 당대 현실을 비판적 시각으로 바라보고 있다. 서술 기법을 살펴보면, 현재 상황인 당론의 폐단에 대한 대략적인 문제를 언급하는 것을 시작으로 그러한 연유에 대한 질문의 답을 제시하고 있는 동시에 서론 마지막 부분에서는 당론의 문제점을 재차 강조하면서 이 글의 당위성을 부여하고 있다.

> [2]-① 그렇다면 지조와 학문이 있는 사람이라도 세상에 나가 조정에서 벼슬을 하려면 당파를 모면할 수 없을 것이니, 어느 당파에 들어가야 하겠는가? 臧의 당으로 들어가더라도 장의 당이 반드시 다 옳지는 않을 것이고 穀의 당에 들어가더라도 곡의 당이 반드시 다 옳지는 않을 것이다. 그렇다고 장의 당에도 안 들어가고 곡의 당에도 들어가지 않은 채 혼자 중립을 지킨다면 이는 子莫의 執中이나 다름없을 것이다. 또 장의 당에도 들어가지 않고 곡의 당에도 들어가지 않고 중립도 안 지킨 채 옳은 것도 없고 그른 것도 없이 막 태어난 송아지처럼 물끄러미 바라만 보고 있을 것인가? 是非를 가리는 마음은 사람마다 있는데 그렇게 하는 사람은 시비를 가리는 마음이 없으므로 사람이라고

156 李德壽, 「贈洪叔士能序」, 『西堂私載』 卷3, "黨論之爲世道害久矣. 搢紳大夫類能爲憂, 而卒不免以身蹈之, 靡然同歸, 此其故何哉, 不過曰利害之所牽, 喜怒之所動, 如斯而已矣. 夫爲黨乎, 則利於身, 不爲黨乎, 則害於身, 人之情安得不捨其害於身者, 而趣其利於身者也, 爲吾黨乎, 則其人可喜, 不爲吾黨乎, 則其人可怒, 人之情安得不進其所可喜者, 而擠其所可怒者也. 由是之故, 黨論日熾, 而其能有所樹立於其間者鮮焉, 可不爲之太息乎."

이를 수 없다.[157]

본론 [2]-①은 당파黨論의 폐단을 지적한 서론의 내용을 이어받으면서도 자문자답自問自答 구조를 활용해 구체적이고 심화 된 질문을 던진 후 그에 대한 답을 제시하고 있다. 문장을 살펴보면, "~재哉"로 질문하고 "~야也"로 대답하는 동일 구조 반복이라는 형식적 특징을 보임을 알 수 있다. 내용을 살펴보면, 서당은 이러한 당파의 폐단이 치성한 상황 속에서 조정에서 벼슬을 하려면 당파에 들어가지 않을 수 없으므로 어느 당파에 들어가야 하는지 묻고 있다. 나아가 이에 대한 경우의 수를 언급하고 있는데, (1)장臧의 당 (2)곡穀의 당 (3)무소속 중립이라는 3가지 측면에서의 예를 들었다. 그리고 각각의 문제를 서술하였는데, (1),(2)의 경우 어떤 당을 선택하여 소속되더라도 그 당파가 반드시 옳지 않다는 문제가 발생하며, (3)의 경우 시비를 가리는 마음 자체가 없는 중립 상태일 경우 사람이 아니라는 논지를 전개하였다.

> [2]-② 그렇다면 어떤 당으로 들어가야 되겠는가? 장의 당에도 들어가지 않고 곡의 당에도 들어가지 않고 중립도 지키지 않고 시비의 논쟁도 벌이지 않은 채 오직 마음과 입만 상응하면 된다고 본다. 마음과 입이 상응하지 않는 사람이 세상에 꽉 차있다. 곡에게서 의논이 나오면 장의 마음에는 반드시 그르다고 여기지 않아도 입으로 그르다고

157 李德壽, 「贈洪叔士能序」, 『西堂私載』 卷3, "然則士君子出身而仕于朝, 固不免於爲黨矣, 其將奚黨之黨而爲可哉. 黨乎臧乎, 臧未必盡是也. 黨乎穀乎, 穀未必盡是也. 不黨乎臧, 不黨乎穀, 而中之立乎, 是子莫之執中也. 不黨乎臧, 不黨乎穀, 不爲中之立, 而無是無非, 瞋瞋如新生之犢乎. 是非之心, 人皆有之, 若是者, 是無是非之心者也, 不可謂之人矣."

말하고, 장에게서 의논이 나오면 곡의 마음에는 반드시 그르게 여기지 않아도 입으로는 그르다고 말한다. 그런가 하면 장에게서 의논이 나왔을 경우에는 장의 당 사람들은 마음속으로 반드시 옳다고 여기지 않으면서도 입으로는 반드시 옳다고 말하는데, 이는 장과 곡도 마찬가지이다. 이를 두고 마음과 입이 상응하지 않는다고 말한 것이다. 마음과 입이 상응한 사람은 그렇지 않아서 옳은 것은 옳다고 하여 장과 곡을 따지지 않고, 그른 것은 그르다고 하여 장과 곡을 따지지 않는다. 마음에 옳게 여기면 입도 옳다고 말하고 마음에 그르게 여기면 입도 그르다고 말하되, 당과 의논하지 않고 마음속으로 따져보고 당의 말을 듣지 않고 나의 마음에 따라, 마음에 그렇게 여기었으면 입도 그렇게 말하는데, 이를 두고 입과 마음이 상응한 것이라고 말한 것이다. 대체로 마음도 나의 마음이고 입도 나의 입인데, 만약 마음과 입이 상응하지 않는다면 이는 내가 둘인 셈이다. 천하에 어찌 내가 둘인 사람이 있겠는가? 심하도다 세상 사람들은 내가 둘이라는 의논을 하기 좋아한다.[158]

다음으로 본론 2-②는 2-①과 연계되는데, 그렇다면 어떤 당으로 들어가야 되는지 자문自問하는 것으로 글의 포문을 열고 있다. 이에 서당은 앞서 제시한 3가지 경우 중 하나를 선택하는 것보다 중요한

158 李德壽, 「贈洪叔士能序」, 『西堂私載』 卷3, "若然者, 其將奚黨之黨而爲可哉. 亦曰, 不黨乎臧, 不黨乎穀, 不爲中之立, 不爲無是非之論, 而唯心與口之相應而已矣. 心與口不相應者, 盖滔滔於世也. 論出於穀臧之心, 未必非也, 而口則非之, 論出於臧穀之心, 未必非也, 而口則非之. 論出於臧穀之同黨, 則其心未必以爲是也, 而其口則必以爲是焉者, 臧穀又同然. 此之謂心與口不相應也. 若夫心與口相應者則不然, 是者是之, 不問臧與穀也, 非者非之, 不問臧與穀也. 其心是之, 則其口亦是之, 其心非之, 則其口亦非之, 不謀於黨而謀於心, 不聽乎黨, 而聽乎心, 心旣然矣, 而口亦然, 此之謂心與口相應之論也. 夫心是吾心, 口是吾口, 苟心與口, 不相應, 則是有二吾也. 天下豈有二吾之人哉. 甚矣. 世之人, 好爲二吾之論也."

점은 바로 마음과 입이 상응하는 것이라고 말하고 있다. 이후 마음과 입이 상응하지 않는 예를 구체적으로 서술하였는데, 특정 당에 소속되어 다른 당에서 나온 의론이 옳을지라도 그르다고 말하는 경우가 여기에 속한다고 하였다. 이에 서당은 마음과 입이 상응하는 사람이 되어야 함을 촉구하고 있다. 만일 마음과 입이 다르다면 이는 내가 둘인 셈이라고까지 논지를 이어옴으로써 세상 사람들은 자신이 둘이라고 의논하기를 좋아한다고 하며 당대의 문제에 대한 비판적인 태도를 드러냈다.

> [2]-③ 그렇기는 하나, 내 마음 속에 가린 시비가 꼭 바르다고 할 수 없으니, 내가 이른바 옳다는 것이 과연 옳은지 어떻게 알 수 있겠으며 또 내가 이른 바 그른 것이 과연 그른지 어떻게 알 수 있겠는가. 비록 마음과 입이 상응하더라고 여전히 화난을 모면하지 못할 것이다. 대체로 시비를 가리는 마음은 양심이므로 사람마다 소유하고 있으나 다만 利害에 이끌리거나 喜怒에 동요되어 양심을 상실하고 만다. 그러므로 이해에 이끌리거나 희로에 동요하지 않고 사물을 잊은 채 이치만 살펴야 한다. 그러면 시비를 가리는 이치가 정말 분명해질 것이니, 바르게 판단하지 못할까 염려할 것이 무엇이 있겠는가. 古人이 글을 읽고 학문을 강론하는 것을 귀중하게 여겼던 것은 평소 마음의 근원을 함양함으로써 그 이치를 더욱 더 밝혀 외부의 사물에 이끌리거나 동요하지 않게 하려는 것이었다. 이러하니 글을 읽고 학문을 강론하는 공부를 어찌 그만둘 수 있겠는가. 대체로 글을 읽고 학문을 강론하여 근본을 수립하고 사물을 잊고 이치를 살펴 시비를 결정하되, 또 마음과 입이 상응되어 한쪽으로 치우치거나 厚薄이 없으면 그 사람됨이 어찌 지금 세상의 사람보다 더 어질다 뿐이겠는가. 그런데 애석하게도 그런 사람을 보지 못하였다.[159]

다음으로 본론 [2]-③은 [2]-②와 또 이어지는데 마음과 입이 상응하더라도 내 마음에서 가린 시비是非가 과연 바른가에 대한 근본적인 질문을 던지고 있다. 이에 사람들은 시비를 가리는 양심을 모두 가지고 있으나 이해利害에 이끌리거나 희로喜怒에 동요되지 않아야 함을 강조하고 있다. 이어서 서당은 사물의 이치를 살펴야 하므로 글을 읽고 학문을 강론하는 공부를 그만둘 수 있겠느냐고 반문함으로써 논지를 전개하고 있다. 또한 사물의 이치를 살피고 마음과 입이 상응된 사람이 없음을 애석해하고 있다. 지금까지 살펴본 바 있듯 본문의 단락 구성은 서당이 문장 창작에 뛰어난 능력을 지니고 있었음을 단적으로 보여준다고 하겠다. 자문자답自問自答의 글쓰기 기법을 차용하면서도 각각의 질문이 개별적인 것이 아니라 연쇄적으로 이어지게 하여 단락 단락이 모두 유기적일 수 있게 배치하였다는 점이 특징적이다.

> [3] 내가 보기에는 士能 洪致中이 여기에 가까운 사람이라고 여긴다. 사능은 의론을 견지하면서 마음과 입이 상응하는 사람이고 이해에 이끌리거나 희노에 동요하지 않는 사람이다. 대체로 의논을 견지하면서 마음과 입이 상응하고 이해에 이끌리거나 희노에 동요하지 않는

159 李德壽, 「贈洪叔士能序」, 『西堂私載』 卷3, "雖然, 吾心之是非, 未必正也, 安知吾所謂是之果是, 又安知吾所謂非之果非. 若是者, 雖其心之與口相應, 猶不免有患矣. 夫是非之心, 良心也, 人皆有之, 特牽於利害, 動於喜怒, 而失其所以良者. 故不牽於利害, 不動於喜怒, 忘物而惟理之察焉, 則是非之理. 固昭昭矣, 何患乎不得其正哉. 抑古人所貴讀書講學者, 盖欲涵養本源於平日, 使此理益明. 而不爲外物所牽動焉耳. 然則讀書講學之工, 又烏可廢也. 失讀書講學, 以立其本, 忘物觀理, 以正是非, 而又能心口相應, 無適無莫, 則其爲人奚但賢於今世之人而已哉. 惜乎, 吾未見斯人也."

것은 사능이 본래 타고난 천품이 다른 사람보다 뛰어났기 때문이다. 그러나 이른바 글을 읽고 학문을 강론하여 근본을 수립하는 것에 있어서는 사능이 힘 쓸 겨를이 없었으니, 이것이 애석한 바가 아니겠는가. 사능이 지금 비록 잠시 억울하게 외직으로 나가게 되었으나 그곳에 오래 있지 않을 것이다. 그러므로 번화한 곳에 탐닉하거나 聲色의 장소에서 즐기지 말고 전에 미처 힘을 쓰지 못한 곳에 더욱 더 힘을 썼으면 한다. 그러면 뒷날 조정으로 돌아왔을 때 필시 더욱 더 볼 만한 바가 있을 것이다. 내가 감히 이 말을 해주면서 아첨하거나 독려하지 않고 칭송과 규계의 의의를 붙인 것은 또한 친구 간에 서로 아끼는 뜻에서이다.[160]

마지막으로 결론 ③은 서론과 본론에서 언급한 바 있듯, 당론黨論의 폐해에서 말미암은 여러 문제점을 극복한 인물로 피증서인인 홍치중洪致中을 들어 그의 타고난 기품을 칭송하였는데, 실제로 홍치중은 탕평파가 주도하는 노론老論·소론少論의 온건파를 중심으로 한 연합정권 구축에 크게 기여했으며, 노론은 물론 소론의 영수인 이광좌李光佐와도 친분을 맺었다는 점에서 이러한 서당의 평가는 사실을 기반으로 함을 볼 수 있다. 그러나 한편으로는 학문을 강론하여 근본을 확립하는데 부족한 부분이 있음을 이어서 언급하였는데, 서당

160 李德壽, 「贈洪叔士能序」, 『西堂私載』 卷3, "以吾所見洪叔士能氏. 其庶幾於是乎. 士能氏能持論, 而心與口相應者也, 能不牽於利害, 不動於喜怒者也. 夫持論而心與口相應, 不牽於利害, 不動於喜怒, 此固士能氏天資之過人者. 而若所謂讀書講學, 以立其本者, 則士能氏盖有所未暇用其力焉, 斯非其可惜者乎. 士能氏今雖暫屈于外, 非久于是者也. 無耽戀於繁華之地, 無敖宕於聲色之場, 益用力於前所未暇及者. 則他日在朝, 其必益有可觀者矣. 余敢贈以是言, 不敢諂不敢厲, 以附頌與規之義, 亦親舊相愛之意也."

은 서론에서부터 본론까지 자신의 견해를 논리적으로 개진하면서 그 항목들에 홍치중이 부합하는지 여부에 대해 서술하는 것으로 결론을 맺고 있다. 이는 대상 인물에 대한 단순한 칭송이라기보다는 논리적 진술에 부합하는 인물인지 아닌지를 평가했다는 점에서 특기할 만하다. 아울러 서당은 외직으로 나가게 된 홍치중이 하루빨리 조정으로 복귀하기를 희망하면서 전에 미처 힘쓰지 못했던 바를 채우라는 경계의 말을 덧붙이는 것으로 서문을 마쳤다. 이처럼 서당은 증서류 산문에서 주로 뛰어난 사고와 비판 정신을 기저로 당론黨論에 대한 의견을 개진하면서 정치 현실을 비판하는 동시에 문답법問答法과 같은 서술 기법을 사용하여 문단과 문단을 유기적으로 구성했다는 점이 특징적이다.

4. 맺음말

이 글은 당대 뛰어난 문장가 중 한 명으로 지칭된 소론少論계열 문인 서당西堂 이덕수李德壽의 증서류贈序類 산문을 논의 대상으로 삼아 다양한 글쓰기 기법과 주제 구현 양상을 재조명하기 위해 기획된 것이다. 이에 먼저 2장에서는 서발문序跋文 전체를 개관하는 작업을 거쳐 증서류贈序類 산문의 특징을 확인하였다. 서당은 서발문 46편을 창작했으며 이는 형식적 특징으로 서발류 26편과 증서류 20편으로 분류 가능하다. 전체를 개관해본 결과, 서당은 서발류보다 증서류를 창작할 때 자신의 의견을 피력하였는데, 다수의 증서류 산문을 창작하면서도 다양한 글쓰기 기법을 활용하여 자신의 생각을 자유롭게 드러냈음을 파악하였다. 따라서 이 글에서는 증서류 작품으로 연구 대상을 한정하여 논의를 전개하였는데, 이를 통해 서당의 특징적인 글쓰기 기법과 다양한 방식으로 구현된 주제 전달 양상을 밝힐 수 있었다.

증서류 개관을 토대로 필자는 서당 이덕수의 증서류 산문에서 확인되는 글쓰기 기법과 주제 구현 양상의 특징을 세 가지로 정리하였다. 첫 번째는 사적 관계를 중심으로 한 서정적 서사 전개 양상으로, 서당은 피증서인과 친밀한 경우 사적 관계에 대한 서술 및 작성 배경에 관한 내용을 개진하는 방식으로 글을 전개하였다. 이와 같은 서정적 서사 전개는 의례적인 서술 양상이라기보다 진실한 관계를 기반으로 한 기술이라는 점에서 특징적이며, 증서류 산문의 대표적인 특징을 보여주면서도 서당의 문학적 역량을 확인할 수 있다는 점에서 의미를 지닌다.

두 번째는 비유와 예시를 통한 우회적 교훈 제시 및 권면 양상을 살펴보았다. 서당은 증서류 산문을 창작하면서 비유와 예시를 통해 전달하고자 하는 의도를 우회적으로 서술했으며, 증서인인 자신과 피증서인의 관계와 당시 상황에 맞춰 교훈을 제시하거나 권면하는 내용을 개진하였다. 또한 서론, 본론, 결론까지 하나의 논지를 점층적으로 강화시키면서 교훈을 제시하고 권면하기를 촉구하였다. 이를 통해 서당이 다채로운 창작 방법을 차용해 증서류 산문을 지었음을 확인하였는데, 이는 서당의 문장가적 재능을 단적으로 드러내주고 있음을 살폈다.

세 번째는 당론黨論에 대한 직설적인 의론 개진 면모를 고찰하였다. 서당의 증서류 산문에는 직설적 의론議論을 개진한 내용이 다수 보이는데, 뛰어난 인재가 부당한 현실적 상황으로 인해 외직으로 가는 경우를 비롯해 좌천된 경우 이와 같은 양상이 확인된다. 서당은 유독 증서류 산문에서 당론에 대한 견해를 표출하였는데, 이는 노소老少 갈등이 심화된 당시 정치적 상황을 반영한 것으로 보인다. 실제로 서당은 다기多岐한 정치적 현실 속에서 김창협金昌協(1651~1708) 가문과 스승인 박세당朴世堂(1629~1703) 사이에서 고뇌하였다는 점에서[161] 당론을 주제로 한 논지 전개 면모는 서당의 내적 갈등 그 자체를 반영한다고 하겠다. 여기에서는 서당이 자문자답自問自答의 글쓰기 기법을 차용하면서도 각각의 질문이 개별적인 것이 아니라 연쇄적으로 이어지게 하여 단락 단락이 모두 유기적일 수 있게 배치하였음을 확인하였다.

이와 같은 연구는 그동안 논의된 바 없는 서당의 증서류 산문을 다루었다는 점에서 일차적인 의미를 지닌다. 나아가 서당은 선행 연구를 통해 관각문인館閣文人으로만 주목받았으나, 이 글을 통해 관각문 이외의 종류인 증서류가 연구됨에 따라 서당의 문학적 역량을 온전히 확인할 수 있었다. 또한 서발문 중에서도 증서류로 분류 가능한 작품을 통해 서당의 특징적인 글쓰기 기법을 확인하였는데, 서사·의론·서정의 다양한 기법을 구사하는 동시에 규정된 형식이 아닌 자유로운 방식으로 주제를 전달하고자 하는 서당의 글을 통해 뛰어난 문장가로서의 면모를 구체적으로 살펴볼 수 있었다.

161 이승수, 「17세기 老少 분기의 고민과 선택 - 西溪 朴世堂의 高弟子 西堂 李德壽」, 『문헌과 해석』 16, 문헌과 해석사, 2001.

V. 서당 이덕수 신도비명의 인물 형상화 양상 연구

최수완

1. 서론

이 글은 서당西堂 이덕수李德壽(1673~1744)의 비지류 산문에서 그가 인물을 형상화하는 양상을 살피는 데에 목적을 둔다.

서당 이덕수의 자는 인로仁老, 호는 벽계蘗溪·서당西堂으로 이징명李徵明(1648~1699)의 아들이다. 그는 1719년 병조좌랑이 되어 본격적인 관직 생활을 시작하였으며, 이후 대사성, 홍문관 대제학, 이조참판, 형조판서 등을 역임한 현달한 관료이다. 한편 그는 당대에 문학적 역량을 인정받았던 문인이기도 하다. 앞서 언급하였듯 문형을 잡기도 했으며, 이덕수의 졸기에서는 그의 문장이 박아하여 한 시대의 종장으로 불렸다고[162] 언급된 바 있다. 또한 이유원李裕元(1814~1888)은 글에서 정원용鄭元容(1783~1873)의 말을 인용한 뒤,

162 『英祖實錄』 卷59, 영조 20년 5월 28일 기사, "德壽以文章博雅, 稱爲一代宗匠."

그에 동의하여 이덕수의 문학적 역량을 드러내었다.[163] 이러한 서술은 이덕수의 문학적 역량이 다른 문인들에게 인정받을 정도로 뛰어났음을 보여주는 것이다.

이러한 그의 문학에 대한 평가를 바탕으로, 이덕수의 문학에 대한 연구는 시, 문학론, 산문 등 다양한 분야로 연구가 이루어졌다.[164] 이덕수의 산문에 대한 연구는 그의 산문 전체를 대상으로 한 것과 특정 문체를 중점적으로 다룬 것으로 나누어 볼 수 있다. 먼저 유정열은 이덕수의 산문 전반을 다루었다.[165] 이를 통해 그는 이덕수가 당파 간 갈등이 극심했던 상황에서 이를 해결하기 위해 힘썼던 인물

---

163 李裕元, 〈論西堂文〉, 『林下筆記』 卷32, "西堂李公, 製人墓文屢百度. 經山公嘗曰, 其祀孫玄五爲原判也, 我爲道伯, 取見其文, 乃布帛菽粟之文而便不新新, 束之高閣. 及爲文任, 做人墓道, 復爲卷舒, 則凡用筆處, 加一分不得, 減一分不得, 始知其文章之高一等也. 余墓景尤覺公言之得其蔗境也."

164 이덕수의 시 또는 문학론과 관련하여 현재까지 진행된 선행 연구는 다음과 같다. 강민구(1999), 「서당 이덕수의 문학론 연구」, 『漢文學報』 1집, 우리한문학회.; 강민구(2000), 「이덕수의 문학 비평에 대한 연구」, 『漢文學報』 2집, 우리한문학회.; 유호선(2002), 「西堂 李德壽의 佛敎觀과 詩文學 硏究」, 『한문교육논집』 18집, 한국한문교육학회.; 장유승(2010), 「이덕수(李德壽)의 시론(詩論)과 시세계(詩世界)」, 『한국한시작가연구』 14집, 한국한시학회.; 윤재환(2021), 「西堂 李德壽의 詩論과 文章論의 再檢討」, 『東洋古典硏究』 85집, 동양고전학회.; 이승용(2022), 「경도팔경시(京都八景詩)의 창작과 한양도성의 형상화 - 이덕수(李德壽), 오광운(吳光運), 홍세태(洪世泰)의 시(詩)를 중심으로 -」, 『東方漢文學』 90집, 동방한문학회.; 김효정(2022), 「西堂 李德壽의 東遊 체험과 詩的 形象化」, 『동양한문학연구』 61집, 동양한문학회.; 이황진(2022), 「서당 이덕수의 天道와 天命에 대한 인식 - 短命한 亡者를 위해 지은 시문을 중심으로 -」, 『韓民族語文學』 96집, 한민족어문학회.

165 유정열(2019), 「서당(西堂) 이덕수(李德壽) 산문 연구」, 서울대학교 박사학위논문.

이었고, 나아가 다양한 신분 계층의 사람들에게 관심을 가졌으며, 자연 속에서 마음의 수양을 실천하는 것을 중요시하였다고 보았다.

한편 이덕수의 산문 중 특정 문체에 대한 연구로는 그의 증서류 산문[166], 비지류 산문에 대한 것이 있다. 그중 그의 비지류 산문에 대한 연구가 활발히 이루어졌는데, 여기에는 이덕수의 창작 경향이 영향을 미쳤을 것으로 생각된다. 이덕수의 행장에는 그가 가장 많이 저술한 것이 비지류 산문으로 총 십 수권 분량이었고, 이외에 시詩, 서書, 기記, 잡저雜著 등을 합쳐 책으로 만들어진 것이 세상에 전해지고 있다는 기록이 있다.[167] 실제로 현전하는 그의 문집인 『서당사재西堂私載』는 총 12권 분량인데, 이 중 비지류 산문은 권5~권11에 수록되어 있어 전체 문집에서 상당한 비중을 차지한다. 이를 통해 이덕수가 다른 문체에 비해 비지류 산문의 창작에 많은 힘을 들였음을 알 수 있다. 또한 비지류 산문의 창작은 대개 문장을 잘 짓는 사람에게 작성을 부탁하는 경우가 많았다. 앞서 언급하였듯 이덕수 역시 뛰어난 문학적 능력을 바탕으로 대제학을 역임한 바 있고, 다른 문인들에게도 문학적 능력을 인정받았던 인물이었다. 물론 단정지을 수는 없으나 이처럼 그가 다수의 비지류 산문을 창작한 것은 그의 문학적 역량이 당대에도 인정받을 정도로 뛰어났음을 보여준다. 이를 종합해 보았을 때, 이덕수의 비지류 산문은 이덕수의 작품 중 다수를 차지하고 있으며, 이덕수의 문학적 역량과도 밀접한 관계가 있다는

166 김묘정(2021), 「서당(西堂) 이덕수(李德壽)의 증서류(贈序類) 산문 일고찰 : 글쓰기 기법과 주제 구현 양상을 중심으로」, 『한국민족문화』 79집, 부산대학교 한국민족문화연구소.

167 李裕元, 〈吏曹判書西堂李公行狀〉, 『嘉梧藁略』 冊19, "所著碑版誌銘最多, 爲十數卷, 其餘詩序記雜著若干卷行于世."

점에서 논의의 의미가 있다.

이를 고려하여 이덕수의 비지류 산문에 대해 많은 논의가 이루어졌다. 먼저 강성숙의 논의가 있다.[168] 그는 여성 묘주를 대상으로 한 이덕수의 비지류 산문을 다루었다. 강성숙은 사대부 남성의 관점에서 바라본 여성의 삶에 집중하였는데, 이를 통해 이덕수가 기억한 여성의 모습은 당대의 이상적인 여성의 모습과는 다른 지점들이었으며, 그들에 대한 글에서 이러한 지점들을 두드러지게 기록하였다고 보았다. 한편 장윤선은 먼저 이덕수의 문학관을 살핀 후 그의 비지류 산문 작품 중 신도비명과 묘지명을 객관적 서술과 주제의식의 관점에서 살폈다.[169] 이때 주제의식 측면에서는 '가족 · 친지를 향한 그리움', '사회비판의식 및 역사증언 의식'으로 나누어 논의하였다. 이를 통해 이덕수의 비지류 산문은 사실성을 중요시하고, 잘 알지 못하는 묘주의 경우는 관련된 사람의 언급을 인용해 글의 사실성을 높였다고 하였다. 또 자신과 가까웠던 사람과 관련한 일화를 상세히 서술하며 그리움의 정서를 표현하거나, 당대의 정치적 상황과 묘주의 행적을 관련지어 글에 담아냈다고 보았다.

이러한 연구들은 이덕수의 창작 경향을 고려해 그의 산문 세계를 밝히고자 했다는 점에서 의미가 있다. 다만 그의 비지류 산문이 활용한 글쓰기 방식에 대한 관심은 소략하다. 비지류 산문은 기본적으로 망자라는 인물을 묘사하는 데에 중점을 두는 글이다.[170] 즉 비지

---

168 강성숙(2007), 「기억을 통해 드러나는 18세기 사대부의 여성상 - 서당(西堂) 이덕수(李德壽)의 어머니, 아내, 딸을 중심으로 -」, 『겨레어문학』 38집, 겨레어문학회, 79~109쪽.

169 장윤선(2008), 「西堂 李德壽의 碑誌類 散文 硏究」, 경북대학교 교육대학원 석사학위논문.

류 산문에서 대상이 되는 묘주를 어떠한 방식으로 서술하였는가가 글의 핵심이 된다. 이러한 양상이 두드러지게 된 시점이 이덕수가 주로 활동했던 17세기이다. 조선 초기까지는 인물을 묘사하는 방식에 대한 논의가 구체적으로 이루어지지 않았다.[171] 하지만 16세기부터 우리나라에서 비지류 산문의 서술 방식이 활발하게 논의되었으며 그 형식도 변화를 겪게 된다.[172] 이전까지의 비지류 산문은 그 내용과 형식이 거의 일정하고, 대개 청탁을 받아 창작되므로 작자는 묘주에 대한 서술이 제한적일 수박에 없었다. 이에 따라 사실보다 지나치게 묘주를 칭송한다는 비판을 받았다. 이처럼 비지류 산문의 문제점을 지적하고 16세기부터 문인들은 특히 비지류 산문에서 묘주를 어떠한 방식으로 서술해내야 하는가에 많은 초점을 두기 시작하였

170 황의열은 어느 한 개인의 일생 또는 일생의 어느 한 국면을 서술하게 되는 글을 '기인문학(記人文學)'으로 보고, 그 안에 비지류, 전장류, 애제류가 포함된다고 보았다. 다만 비주의 일생을 포괄적으로 기술하며 비주를 칭송하면서도 문학성을 추구하여야 한다는 점에서 감정 표출에 중점을 두는 애제류나 사실을 충실하게 기록하는 전장류와는 차이가 있다고 보았다. (황의열(2006), 「碑誌類의 특징과 변천 양상」, 『동방한문학』 31집, 동방한문학회, 340~341쪽 참조.)

171 황의열은 조선 초기 작가들에 있어 비지류 산문은 문학의 측면에서 논의된 경우가 거의 없고, 실제 작품에서도 그러한 양상이 잘 드러나지 않는다고 하였다. 다만 대부분의 작품이 전통적인 비지의 격식에 맞으며 파격(破格)이나 신의(新意)는 잘 나타나지 않는다고 하였다. (황의열, 위의 글, 330~331쪽.)

172 서한석은 16세기에 들어서면서 문인들의 비지류 산문에 대한 인식이 변화하였고, 17세기가 되면서 양적인 면에서부터 이전과는 다른 양상이 드러난다고 보았다.(서한석(2012), 「16세기 후반 碑誌類 文章의 美意識 분화에 관한 考察」, 『동방한문학』 50, 동방한문학회, 207쪽 참조.)

다.[173] 이후 17세기에서는 비지문의 형식적 한계 내에서 어떤 구성과 서술 방식을 통해 묘주를 드러내는가가 비지문 작성에서 핵심 화두로 떠올랐으며, 이것이 곧 비지문 작성의 공졸工拙을 판단하는 지점이 되었다.[174] 이러한 17세기 문단의 분위기와 이덕수가 무관하다고 볼 수 없다. 특히 이덕수는 문형을 지내는 등 문단의 중심에 있었던 문인이자, 상당한 수의 비지류 산문을 창작했던 인물이다. 이러한 그의 관력과 창작 경향을 고려하였을 때, 그 역시 당시 비지류 산문에 대한 논의를 파악하고 있었을 것임을 짐작할 수 있다. 따라서 이덕수의 비지류 산문을 인물의 형상화 측면에서 고찰한다면 당시 이덕수의 비지류 산문 양상과 17세기 비지류 산문 양상을 확인하는 데 기여할 수 있을 것으로 생각된다.

본고에서는 이 점에 주목하여 이덕수가 비지류 산문에서 인물을 형상화하는 방식을 중심으로 글을 분석하고자 한다. 이를 위해 다음 2장에서는 그의 문학 인식을 간략히 살피고, 이덕수의 비지류 산문 중 신도비명을 중심으로 개관할 것이다. 이후 2장의 내용을 바탕으로 3장에서 그의 문학작품을 분석하고 나아가 글의 문학적 의의까지 고찰할 것이다.

---

173 이와 관련해 대표적인 문인으로 김창협(金昌協, 1651~1728)이 있다. 그는 특히 비지류 산문에서 '간엄(簡嚴)'이라는 개념을 제시하고 비지류 산문의 문체를 확립하였다. 그의 간엄에 대한 논의는 다음의 글을 참고. 송혁기(2006), 『조선후기 한문산문의 이론과 비평』 월인, 231~234쪽.; 안세현(2012), 「農巖 碑誌論의 형성 배경과 碑誌文의 특징」, 『우암논총』 6집, 충북대학교 우암연구소.; 권진옥(2018), 「도암(陶菴) 이재(李縡) 비지류(碑誌類) 문장의 일고찰 - 신도비를 중심으로」, 『溫知論叢』 54집, 온지학회.

174 권은지(2021), 「經山 鄭元容 文學 研究」, 고려대학교 박사학위논문, 199쪽 참조.

2. 이덕수의 문장론 및 신도비명 개관

이덕수의 산문 작품 분석에 앞서, 이덕수의 문장론과 그가 남긴 비지류 작품을 간략히 개관하고자 한다. 물론 이덕수의 문장론은 이미 강민구, 윤재환의 선행연구에서 밝혀진 바 있다. 다만 본고에서는 이덕수가 남긴 문장의 글쓰기 방식에 주목해 관련 내용을 간략히 살펴보고자 한다. 먼저 이덕수가 최창대崔昌大(1669~1720)에게 보낸 편지에서 그의 글쓰기 방식의 일단을 살펴볼 수 있다.

> 문자라는 것은 말을 붙이는 것이니 이치가 순하고 내용이 전달되면 됩니다. 어찌 꾸미고 화려한 것이 있겠습니까. 그러나 지금 세상은 이미 옛날과 달라져 평범한 데에 가까이해서는 안되니 편장을 정제하고 구어를 수정하여 문질이 극도로 갖추어지게 하면 선후와 본말과 같은 것들은 실로 저절로 분변될 것입니다. 문장을 논함에 여기에서 그친다면 지극하지 못한 것이 있겠습니까.
>
> 지금 사람들은 이것을 알지 못하는 자가 없는데, 스스로 문장을 짓는 데에 있어서는 거듭 이를 어기거나 거리를 두어 비록 세상에서 藝苑의 哲匠과 詞林의 고수로 칭해지는 자더라도 마음에서 唐·宋을 하찮게 여기고, 뜻을 先古에서 희구합니다. 오늘날 후생들이 따르는 것도 오히려 여기에서 벗어나지 못하니 그 이유를 얻어 궁구해 보면, 공교롭고자 하는 뜻이 늘 붓을 앞서고 재주는 뜻에 걸맞지 않기 때문입니다. 이 때문에 괴벽한 글자를 기이하게 여기지 않으면 반드시 구절을 촉급하게 하기를 간결하다고 여깁니다. 이것으로 세상에 말하기를 "나는 문장에 능하다, 나는 문장에 능하다."라고 하니 조금이라도 그 잘못을 아는 사람이 지적한다면 쉽게 성을 내고 발끈하며 노기를 얼굴에 띕니다.[175]

글에서 이덕수는 요즘 사람들이 문학을 창작하는 경향이 자신이 드러내고자 하는 뜻이나 자신의 실제 문학적 역량과는 무관하게 문장의 수식에 지나치게 힘쓰는 데에 있다고 지적한다. 그가 생각하는 문장의 기본은 화려한 수식이 아니라 이치가 순하고[이순理順] 내용이 잘 전달되는[사달思達] 것이다. 즉, 그에 따르면 글이 전달하고자 하는 뜻에 충실하지 않고 문장을 화려하게 꾸미며 난삽한 단어를 쓰는 데에 치중한 것은 좋은 글이 아니다. 이와 관련한 구체적인 내용은 아래 인용문에서도 잘 확인할 수 있다.

> 옛날 사람들은 문장을 지을 때 주제는 바른 데에 힘쓰고 말할 때에는 주제에 걸맞게 하는 데에 힘썼습니다. 생각을 골똘히 하고 붓을 움직일 때 첫째는 이치에 어긋나는 것이 없었는가 하고, 두 번째에는 화려하고 번다한 말이 없었는가 하며 그 심중에 항상 이 생각을 하여 그 사이에서 공교롭게 하려는 뜻이 싹트기를 구하려 하지 않았습니다.[176]

175 李德壽, 〈答崔孝伯書〉, 『西堂私載』 卷3, "文字者, 言之寓也, 則理順而可耳, 辭達而可耳. 烏有所謂藻繪華靡者乎? 然今之世旣異於古之世, 而不可使近於俚而已也, 則整齊其篇章, 點竄其句語, 所以使文質克備, 而若其先後本末, 則固自有辨矣. 論文而止於是, 其不盡矣乎? 今之人無有不知是者, 而及其自爲文, 則乃復違而遠之, 雖世所稱秇苑哲匠詞林高手, 心薄唐宋, 志希先古, 爲今之後生所推伏者, 猶不能免此, 則其故可得而究也, 欲工之意常在筆前, 而才不能稱志焉耳. 以是之故, 其不使僻字以爲奇者, 則必短促其句節以爲簡, 以是而號於世曰, 我能文我能文, 而一有稍知其繆者, 指評其失, 則輒復艴然怒見於色."

176 李德壽, 위의 글, "古人之爲文也, 命意務正, 屬辭務稱. 方其凝思運筆之際, 一則曰其無背於理者否, 二則其無靡辭與曼語否, 曰其心中常作是念, 而勿使求工之意萌於其間."

여기서 주목할 부분은 그가 언급한 옛사람들이 글을 쓰는 순서이다. 그에 따르면 옛사람들은 먼저 자신이 쓰고자 하는 글의 주제적인 측면을 고려하고, 이후에 문장의 수사적인 측면을 고려했다고 하였다. 이는 앞서 언급한 이순과 사달을 중요시했던 것과 같은 맥락으로, 문장을 창작할 때에 먼저 주제를 잘 드러낼 수 있도록 서술하고, 문장의 수사는 그 뒤에 고려되어야 하여야 함을 의미한다. 다만 이러한 언급은 그가 수사를 비롯한 문장의 형식적 측면을 창작에서 완전히 배제하였다는 의미는 아니다. 화려하고 번다한 말을 사용하지 않되, 자신이 드러내고자 하는 뜻을 정확하게 전달할 수 있는 문장의 형식을 갖추어야 한다는 데에 더욱 가깝다.

그렇다면 이덕수의 이러한 문장론은 실제 작품에 어떻게 반영되었을까? 문장론과 실제 작품 간의 거리를 규명하는 작업은 작가의 문학적 역량을 가늠하는 데 있어 중요한 과정 중 하나이다. 작가가 가진 문학론과 그가 실제 창작한 작품은 대부분 일정 정도 거리가 있을 수밖에 없는데, 그 거리가 가까울수록 그 작품은 작가의 진정성과 문학성을 평가할 수 있는 요소가 되기 때문이다.[177] 본고의 목적은 이덕수의 작품 분석을 통해 그의 문학적 능력을 살피는 데에 있다. 이를 고려한다면, 이덕수라는 문인의 문학성을 살피기 위해서는 그의 문학론과 실제 창작한 작품을 아울러 고찰하는 과정은 필요하다.

이러한 이덕수의 문장론은 비지류 산문에 대한 이덕수의 인식과도 맞닿아 있다. 비지류 산문의 주요 내용은 당연 대상이 되는 묘주

177 권진옥(2023), 「손와(損窩) 최석항(崔錫恒)의 문학론과 창작의 실제」, 『동양고전연구』 90집, 동양고전학회, 57~58쪽 참조.

의 삶이다. 즉, 비지류 산문의 핵심은 묘주의 삶을 얼마나 잘 그려낼 수 있는가와 밀접한 관련이 있다. 이덕수 또한 다수의 비지류 산문을 창작하면서 이 지점에 중점을 두었던 것으로 보인다. 다음의 언급은 비지류 산문에서 묘주를 설명하는 방식에 대한 이덕수의 관점을 보여준다.

> 비문은 사적의 유형이니 마땅히 내세에 보여야 한다. 그러므로 공의 행적과 사적 중에 사람들의 이목에 있는 것을 간략히 기록해 둔 것이니, 보는 자들이 여기서 법을 취하게끔 하였다.[178]

위 인용문을 보면, 그는 비지류 산문이 후세 사람들에게 전해질 것임을 알고 있었다. 다만 그는 묘주의 행적 전체가 후세에 전해져야 한다고 보지 않았다. 인용문에서 '사람들의 이목에 있는 것'이라는 말은 글의 작가인 자신이 보기에 주목할 만한 행적을 선별했음을 의미한다. 그에 따르면 비지류 산문은 사적과 같이 실제 있었던 일을 기록하는 것이다. 다만 후세에 보이는 것이기 때문에 후세 사람들에게 미칠 영향을 고려하여 망자의 삶 중 특기할 만한 행적을 선별해 서술해야 한다. 이와 유사한 내용은 다음의 인용문에서도 확인할 수 있다.

> 이에 말하기를, "후세의 비지가 옛스럽지 않음은 유독 人情에 나아가서 그러지 못할 뿐이 아니다. 문기가 더욱 하락하여 輕重과 去就를 알지 못하기 때문이다. 『史記』와 『漢書』의 장점은 사람의 전기를 쓸

178 李德壽, 〈吏曹參判李公神道碑銘〉, 『西堂私載』 卷5, "夫碑文, 史之類也, 宜垂示來世. 故略紀公事行之在人耳目者, 俾觀者取法焉."

때마다 먼저 사람의 성품과 행실을 여러 구로 드러내고, 그 아래에 수천 수백 마디의 말은 모두 여기에서 말미암게 한 것으로, 이는 화가가 傳神하는 것과 같다. 후대의 사람들은 이러한 안목도, 필력도 없는데 매 사람의 덕을 서술하려 할 때에 모든 행실을 다 갖추고자 하니 그대가 볼 만한 것이 없었던 것이다."라 하였다.[179]

이 글은 이광사李匡師(1705~1777)가 이덕수에게 비지문을 청하면서 그와 나누었던 대화 일부를 기록한 것이다. 주목할 부분은 그가 『사기史記』와 『한서漢書』에서 사람의 전기를 서술한 방식에 대해 언급한 것이다. 해당 인물의 성품과 행실을 글의 서두에 짧게 배치해야 한다는 언급은 곧 인물의 핵심을 글의 시작에 간명하게 밝혀야 함을 의미한다. 묘주의 인물됨을 밝히는 것은 묘주라는 인물을 형상화하는 방식이자 비지류 산문의 주제가 된다. 이상의 언급을 통해 보면, 이덕수는 비지류 산문에서 망자를 서술할 때 그의 행적 또는 사적 중 가장 그 인물을 잘 드러낼 수 있는 부분을 가려 글에서 활용하되, 먼저 그의 인물됨을 간명하게 서두에서 드러내는 인물 형상화 방식을 좋은 것으로 보았음을 알 수 있다.

본고에서는 이덕수의 이러한 인식에 주목하여 그의 비지류 산문을 분석해 보고자 한다. 그의 문집 『서당사재西堂私載』에 수록된 비지류 산문은 신도비명神道碑銘 11편, 묘비명墓碑銘 2편, 묘갈명墓碣銘 62편, 묘지명墓誌銘 72편, 묘표墓表 23편으로 모두 170편이다.[180] 그

179 李匡師, 〈讀南豊寄歐陽舍人書〉, 『圓嶠集』 卷8, "因曰, 後世碑誌之不古, 不獨就人情而然, 文氣益下, 不知輕重去就故也. 史漢之長, 每傳人, 先標其人性行數句, 其下數百千言, 皆由於此, 此如畫家傳神. 後人無是眼目, 無是筆力, 狀每人之德, 畢具百行, 所以委苶無可觀."

중 본고에서는 신도비명에 집중하고자 한다. 여러 문체 중 이덕수의 신도비명에 집중하고자 하는 것은 신도비명의 특성과 관련이 있다. 신도비명은 비지류 문체 중 가장 중량감 있는 문체이다. 우선 신도비를 세울 수 있는 묘주는 종2품 이상의 관직을 받은 사람이어야 하며, 신도비명의 글은 다른 비지류 문체보다 훨씬 편폭을 늘여 대문자大文字로 써야 했다. 또 비지류 문장의 규격화된 투식이 다른 문체보다 더욱 요구되었으며 묘주와 작자가 정치적·학문적 친연성을 가지고 있다는 점 등 때문에 다른 글에 비해 더욱 엄정하고 장중한 필치가 요구된다. 다만 작가들은 이러한 제재 속에서도 문학성을 성취하기 위해 노력하였는데, 이를 파악하는 지점이 곧 신도비명을 비롯해 비지류 문체를 연구하는 본질이 된다.[181] 이러한 신도비명의 성격을 고려해 보았을 때, 신도비명은 다른 비지류 산문 문체보다 작가의 문학적 역량이 가장 잘 드러날 수 있는 문체라는 점에서 주목할 만한 의미가 있다.

특히 본고에서 주목한 것은 이덕수가 신도비명에서 인물을 묘사하는 방식이다. 대개 신도비명을 비롯한 묘비명의 구성은 묘주의 생애를 서술하는 서序와 이를 요약하고 망자에 대한 감정을 서술하는 명銘으로 나누어진다. 이때 서는 대체로 선조의 계보, 망자의 이름과 자호, 그의 관력을 기술하고 사망한 시기와 장례 지낸 곳의 순서로 서술이 이루어진다. 이덕수의 신도비명 또한 이러한 내용을 빠짐없

180 『서당사재』에 수록된 묘비명 2편은 〈예조참판증좌찬성서공묘비명(禮曹判書贈左贊成徐公墓碑銘)〉과 〈병조판서윤공묘비명(兵曹判書尹公墓碑銘)〉이다. 두 편의 글은 『서당사재』에서는 신도비명으로 분류되었으나 제목에서 '묘비명(墓碑銘)'이라 명시하고 있으므로 묘비명으로 분류하였다.

181 권진옥, 위의 논문, 74~75쪽 참조.

이 담고 있다. 다만 글의 구조에 다소 변화를 주어 묘주의 인물됨을 더욱 선명하게 드러내는 모습을 보인다. 특히 『서당사재』에 수록된 그의 신도비명 11편 중 5편이 묘주를 가장 잘 드러내는 이덕수의 생각이나 그의 행적을 선조의 계보나 묘주의 생애 행적보다 앞서 제시하고 있다. 물론 5편이 이덕수의 신도비명 중 많은 수를 차지한다고 보기 어렵다. 그러나 신도비명의 서술 체재가 다른 비지류 산문에 비해 엄격한데도 이덕수가 자신의 문장론에 따라 구조를 다소 변형한 데에는 주목할 필요가 있다.

이에 이덕수의 문집에 수록된 그의 신도비명을 개관하여 정리해 보면 다음과 같다.

〈『서당사재』 소재 신도비명 개관〉

<table>
<tr><th rowspan="2">순서</th><th rowspan="2">권차</th><th rowspan="2">작품명</th><th colspan="6">묘주</th></tr>
<tr><th>성명</th><th>생몰년</th><th>자</th><th>호/봉호</th><th>본관</th><th>시호</th></tr>
<tr><td rowspan="2">1</td><td rowspan="2">卷5</td><td rowspan="2">江原道觀察使徐公神道碑銘</td><td>徐宗憲</td><td>1656~1712</td><td>致度, 致道</td><td></td><td>達城</td><td></td></tr>
<tr><td colspan="6">挽詞: 崔錫恒; 墓碣: 崔昌大</td></tr>
<tr><td rowspan="2">2</td><td rowspan="2">卷5</td><td rowspan="2">吏曹參判李公神道碑銘</td><td>李廷謙</td><td>1648~1709</td><td>景益</td><td></td><td>全義</td><td></td></tr>
<tr><td colspan="6">祭文: 鄭齊斗, 李玄祚; 挽詞: 鄭齊斗, 李健命, 趙泰億</td></tr>
<tr><td rowspan="2">3</td><td rowspan="2">卷5</td><td rowspan="2">贈吏曹判書行平安道觀察使李公神道碑銘</td><td>李濟</td><td>1654~1714</td><td>景仁</td><td></td><td>全州</td><td></td></tr>
<tr><td colspan="6">墓誌: 徐宗泰; 祭文: 宋徵殷, 趙泰億; 挽詞: 崔錫恒, 趙泰億, 南克寬, 李時恒</td></tr>
<tr><td rowspan="2">4</td><td rowspan="2">卷5</td><td rowspan="2">戶曹參判宋公神道碑銘</td><td>宋徵殷</td><td>1652~1720</td><td>質夫</td><td>約軒</td><td>礪山</td><td></td></tr>
<tr><td colspan="6">挽詞: 鄭齊斗, 崔錫恒, 李德壽, 李夏坤, 洪重聖</td></tr>
<tr><td rowspan="2">5</td><td rowspan="2">卷5</td><td rowspan="2">都承旨贈左贊成洪公神道碑銘</td><td>洪受疇</td><td>1642~1704</td><td>九言</td><td>壺隱, 葵軒</td><td>南陽</td><td></td></tr>
<tr><td colspan="6">挽詞: 崔錫鼎, 崔錫恒, 李寅燁, 崔昌大, 柳尙運, 申琓, 李畬, 徐宗泰, 趙相愚, 尹世紀, 閔鎭厚, 李墪, 嚴緝, 李健命, 趙泰耉, 閔鎭遠, 元聖兪, 李坦, 吳命峻, 趙裕壽, 金鏜, 鄭俠; 致祭文: 李人成; 祭文: 洪受瀗, 洪禹采, 洪禹鼎, 兪命咸, 趙相愚; 墓誌: 權以鎭</td></tr>
<tr><td>6</td><td>卷5</td><td>花陵君神道碑銘</td><td>李洮</td><td>1660~1733</td><td>汝浩</td><td>花陵君</td><td>全州</td><td></td></tr>
</table>

<table>
<tr><td rowspan="2">7</td><td rowspan="2">卷6</td><td rowspan="2">左議政李公神道碑銘</td><td>李台佐</td><td>1660~1739</td><td>國彦</td><td>鵝谷</td><td>慶州</td><td>忠定</td></tr>
<tr><td colspan="6">祭文: 尹淳; 壙中石標記: 申維翰; 墓誌: 李宗城; 行狀: 李宗城, 李裕元; 挽詞: 趙裕壽; 致祭文</td></tr>
<tr><td rowspan="2">8</td><td rowspan="2">卷6</td><td rowspan="2">滄溪林先生神道碑銘</td><td>林泳</td><td>1649~1696</td><td>德涵</td><td>滄溪</td><td>羅州</td><td></td></tr>
<tr><td colspan="6">挽詞: 申翼相, 吳道一, 李畬, 崔錫鼎, 朴泰尙, 申琓, 金壽增, 金昌協, 金盛迪, 趙亨期, 崔錫恒, 尹德駿, 閔鎭厚, 兪得一, 金昌翕, 朴泰初, 徐宗泰, 宋徵殷; 祭文: 吳道一, 崔錫鼎, 李喜朝, 金昌協, 趙亨期, 李喜朝, 申琓; 致祭文: 崔奎瑞; 哀辭: 申琓</td></tr>
<tr><td rowspan="2">9</td><td rowspan="2">卷6</td><td rowspan="2">東萊府使贈吏曹判書李公神道碑銘</td><td>李明浚</td><td>1658~1715</td><td>士深</td><td></td><td>韓山</td><td></td></tr>
<tr><td colspan="6">挽詞: 崔錫恒, 蔡彭胤, 趙泰億</td></tr>
<tr><td rowspan="2">10</td><td rowspan="2">卷6</td><td rowspan="2">領議政明谷崔公神道碑銘</td><td>崔錫鼎</td><td>1646~1715</td><td>汝和, 汝時</td><td>明谷, 存窩, 存所子</td><td>全州</td><td>文貞</td></tr>
<tr><td colspan="6">挽詞: 鄭齊斗, 宋徵殷, 洪世泰, 宋相琦, 趙泰億, 趙文命, 趙裕壽, 權以鎭, 洪重聖, 沈尙鼎, 曺夏望; 祭文: 崔奎瑞, 趙泰億, 李夏坤, 權絿, 李時恒; 行狀: 崔昌大; 哀詞: 李夏坤</td></tr>
<tr><td rowspan="2">11</td><td rowspan="2">卷6</td><td rowspan="2">開城府留守宋公神道碑銘</td><td>宋正明</td><td>1670~1718</td><td>子和</td><td></td><td>礪山</td><td></td></tr>
<tr><td colspan="6">祭文: 宋徵殷, 崔昌大, 趙泰億; 挽詞: 李德壽, 趙泰億, 李夏坤, 李時恒</td></tr>
</table>

이상의 표를 보면, 이덕수 신도비명의 대상은 이조李洮 (1660~1733), 후손 임익하林翊夏(?~?)가 청탁하여 신도비명을 창작한 임영林泳(1649~1696), 최석정崔錫鼎(1646~1715)을 제외하고 이덕수와 직간접적으로 교류했던 인물들이다. 박세당朴世堂(1629~1703)에게 수학했던 이제李濟(1654~1714), 박세당의 혈족인 박세채朴世采(1631~1695)의 문하에서 수학했던 송징은宋徵殷(1652~1710)과 집안 간의 교유가 있었던 달성 서씨 가문의 서종헌徐宗憲(1656~1712), 서문유徐文裕(1651~1707), 가문 간의 교유를 바탕으로 어렸을 때부터 교류한 이태좌李台佐(1660~1739)에 대한 신도비명이 있다. 이외에 가문 내 인물들인 아버지의 재종숙 이명준李明浚(1658~1715), 족조族祖 이정겸李廷謙(1648~1709)에 대한 신도비명이 있다.

총 11편의 신도비명 중 〈강원도관찰사서공신도비명江原道觀察使徐

公神道碑銘〉, 〈증이조판서행평안도관찰사이공신도비명贈吏曹判書行平安道觀察使李公神道碑銘〉, 〈호조참판송공신도비명戶曹參判宋公神道碑銘〉, 〈좌의정이공신도비명左議政李公神道碑銘〉, 〈영의정명곡최공신도비명領議政明谷崔公神道碑銘〉은 이덕수가 자신이 생각하는 묘주의 인물됨을 글의 서두에서 드러낸 작품이다. 글의 묘주는 각각 서종헌, 이제, 송징은, 이태좌, 최석정으로, 앞서 언급하였듯 최석정을 제외한 네 명의 인물들은 이덕수와 직간접적으로 연결고리가 있는 인물들이다.[182] 이 글들이 이덕수의 다른 신도비명과 다른 구조를 보이는 것은 이 지점 때문으로 생각된다. 이들은 이덕수와 가까이 지내며 이덕수에게 큰 의미를 지녔던 인물들이었다. 그러므로 이덕수가 이들의 인물됨을 글에서 드러내기가 다른 인물들에 비해 더욱 용이하였을 것이다.

본고에서는 이 5편의 글 중 〈호조참판송공신도비명〉과 〈좌의정이공신도비명〉 두 편을 다루고자 한다. 두 글에 주목한 것은 두 글의 묘주가 이덕수와 친밀한 관계에 있었고, 앞서 살펴본 비지류 산문에 대한 이덕수의 인식이 잘 드러나는 글이라 생각되기 때문이다. 〈호

182 최석정은 실제 만났던 인물이 아님에도 이덕수가 그의 신도비명을 이러한 형식으로 기술한 것은 그가 소론계 영수였다는 정치적 위상을 고려했기 때문으로 생각된다. 품성이나 행적 등 묘주의 인물됨을 다루는 네 편의 글과 달리 그의 신도비명 서두에는 그가 정치적으로 어려움이 있었음을 보여주고 있다. 해당 부분은 다음과 같다. 李德壽, 〈領議政明谷崔公神道碑銘〉, 『西堂私載』 卷6, "自古君子懷才抱術, 得君而欲有所施設也, 則輒有媢嫉之人, 居間而沮敗之, 俾不得安於朝廷之上, 此世道所以常多亂而民所以不蒙善治之澤也. 近世人材固不及於古. 然如明谷崔相公, 實希世之人物也. 其得君亦不可謂不專, 而每爲讒口所惎, 未嘗有周, 人之居位, 後之論其世者, 詎不爲之慨然而太息乎?"

조참판송공신도비명〉에서는 묘주의 세세한 행적을 다 기록할 수 없어 그 대략을 취해 썼음을 말미에 밝혔다.[183] 이는 앞서 이덕수가 인물의 행적 중 특기할 만한 것을 뽑아 기록해야 한다고 언급한 부분과 일맥상통하는 것으로, 그의 비지론이 이 글에 실제 반영되었음을 짐작할 수 있는 부분이다. 또 〈좌의정이공신도비명〉은 묘주인 이태좌의 아들 이종성(李宗城, 1692~1759)이 쓴 그의 묘지墓誌가 남아 있다. 특히 두 글은 동일한 일화를 활용하여 묘주라는 인물을 그려 내고 있다는 점에서 주목된다. 두 글을 비교해 본다면 이덕수 비지류 산문에서의 인물 형상화 양상을 더욱 잘 확인할 수 있을 것으로 생각된다.

3. 이덕수 신도비명의 인물 형상화 양상

이 장에서는 2장의 내용을 바탕으로 이덕수의 신도비명 중 〈호조참판송공신도비명〉과 〈좌의정이공신도비명〉을 중점적으로 다루고자 한다.

먼저 〈호조참판송공신도비명〉을 살펴보겠다. 송징은의 스승은 이덕수의 스승이었던 박세당朴世堂(1629~1703)의 8촌 혈족이자 소론계 인물로 명망이 높았던 박세채이다. 이러한 연결고리를 바탕으로 둘은 접점을 맺고 친분을 쌓았을 것으로 보인다. 송징은은 송광순宋光洵(1632~1682)의 아들로 1689년 증광문과에서 급제하여 정언·지평·

183 李德壽, 〈戶曹參判宋公神道碑銘〉, 『西堂私載』 卷5, "今判書兄弟以公墓文, 見托, 公之細行, 有不可盡記, 最其大畧."

동부승지·대사간 등을 역임했으며, 후에 호조참판을 지냈던 인물이다. 특히 박학하고 문명이 높았던 인물로 알려져 있는데, 이덕수 또한 그의 신도비명을 작성할 때 이 점에 주목하였다.

이 글은 이덕수가 제시하는 의론 부분을 제외하면 앞서 언급했던 비지류 산문에서 서의 정체를 그대로 따르고 있다. 작품의 구조를 간략히 제시하면 다음과 같다.

① 묘주의 학문과 품성에 대한 간략한 서술
② 선조의 계보
③ 유년기부터 과거 급제 이전 시기까지의 행적 서술
④ 역임했던 관직 기록
⑤ 말년의 행적과 사망한 날짜, 장사 지낸 곳을 기록
⑥ 묘주의 학문과 품성을 서술
⑦ 묘주의 후손을 기록
⑧ 명

글의 구조를 보면 ①과 ⑥을 제외한 부분은 계보-묘주의 삶의 행적-사망의 순서로 서술되어 일반적인 서의 형식과 다르지 않다. 다만 이 글은 ①과 ⑥ 때문에 일반적인 신도비명과는 차이를 보인다. 먼저 글의 서두에 해당하는 ① 부분은 다음과 같다.

> 덕수는 불행히도 옛사람을 보지 못하였는데, 그래도 다행히 約軒 송공을 만날 수 있었다. 세상은 외면을 지나치게 꾸미는 자를 모방하여 문식으로써 본질을 없앤다. 공만이 하늘이 내린 재능과 冲氣를 온전히 하여 조화롭게 하였으니 그 본질이 옛스럽다. 세상 사람들은 불같이 달려 뜻을 공명에 빠뜨리지만, 공만은 성현을 기대고 귀의할 곳으로 삼아 육경의 뜻을 마치 입에 맞는 芻豢같이 하였으니 그 배움이

옛스럽다. 효는 쇠하고 인은 사라져 가는 것이 마치 그물을 기울 수 없는 것 같지만, 공만은 효성과 공경을 도타이 하여 가까이서 먼 데에 미쳤으니 그 행실이 옛스럽다. 문체는 약삭빠르고 공교로우며 일률만 답습하는데, 공은 홀로 위에서 본받아 아래에 미치니 근원이 있고 말단이 있으니 그 문장이 옛스럽다. 이처럼 하는 것은 공이 다만 지금 사람의 몸이지만 그 속은 옛사람이기 때문이다. 덕수는 그래도 지금 사람들의 명은 많이 썼는데, 하물며 옛사람에 있어서는 감히 명을 쓰기를 즐거이 하지 않겠는가.[184]

글의 시작부터 이덕수는 '옛사람[고인古人]'이라는 단어를 제시하고, 이후 바로 묘주인 송징은을 언급하여 둘을 연결지었다. 이후 그는 네 가지 측면에서 송징은을 옛사람으로 부를 수 있다고 밝혔다. 첫 번째는 본질의 측면이다. 이덕수의 관점에서 요즘의 세상은 본질보다 외면에 치중하는 경향이 강하다. 이러한 경향은 지나친 외면의 문식에 집중해 본질을 사라지게 만든다. 다만 송징은은 자신이 본래 가지고 있던 재능과 기운에 집중하며 자신을 꾸미는 데에는 관심을 기울이지 않았다. 이 때문에 이덕수는 송징은의 본질이 옛스럽다고 표현하였다.

두 번째는 그의 학문의 측면이다. 이덕수에 따르면 요즘 세상의

184 李德壽, 〈戶曹參判宋公神道碑銘〉, 『西堂私載』 卷5, "德壽不幸, 不及見古人, 而猶幸及見約軒宋公. 盖世方致餙於外, 以文滅質. 公獨全其天畀冲氣以爲和, 則其質古也. 世方火馳, 溺志功名, 公獨以聖賢爲依歸, 六經之旨, 如芻豢之悅口, 則其學古也. 孝衰仁缺, 如網不補, 而公獨敦行孝悌, 由近及遠, 其行古也. 文體儇巧, 循襲一律, 而公獨上規下逮, 有源有委, 其文古也. 若然者, 公顧今人身耳, 乃其中則古人也. 德壽猶多銘今人, 况於古人, 敢不樂爲之銘?"

사람들은 자신의 뜻을 배움 자체에 두지 않고 배움을 통한 부귀와 영달에 둔다. 다만 송징은은 성현의 학문을 배우는 자체에 집중하여 육경을 즐거이 받아들였기에 요즘 세상의 사람들과는 다르다. 이를 바탕으로 이덕수는 그의 배움이 옛스럽다고 표현하였다.

세 번째와 네 번째는 각각 행실의 측면과 문학적 측면이다. 요즘 세상의 사람들은 효와 인을 등한시하지만, 송징은은 오히려 효와 인을 실천하기 때문에 그 행실 또한 옛스럽다고 하였다. 마지막 문장의 측면에서 이덕수는 요즘 세상의 사람들은 문장을 지을 때 한 면만 보고 이를 답습하는 데 급급하지만, 송징은은 옛날의 문학 작품을 읽고 이를 스승으로 삼아 현 시대의 문학에 적용하니 문학의 측면에서도 송징은은 옛사람이라 불릴 수 있다고 하였다. 이러한 서술을 통해 이덕수는 송징은의 성품이 담박하고 부귀공명만을 추구하지 않으며 학문과 문학에 힘쓰는 사람임을 간명하게 드러내었다.

이러한 송징은의 네 가지 측면은 글의 말미에서 다시 한번 부각된다. 특히 이 부분에서는 그의 행적을 자세히 논하며 네 가지 측면과 연결짓고 있다는 점이 주목된다. 논의를 위해 다소 길지만 해당 부분을 단락별로 구분하여 아래에 인용한다.

> [1] 공은 돈후하고 정중하여 그 말이 신중하여 마치 입에서 나오지 못하는 듯하였으나 그 마음은 정성스럽고 성실하였으니 한 점의 거짓도 없었다. 다른 사람을 만날 때 존귀하다 하여 공경하지 않았으며, 비천하다 하여 혹 업신여기지 않았다. 충성과 정성은 성대하며 표리는 마치 하나같았다. 그의 덕과 기를 선망하는 자들은 그에게 마음으로 따르지 않음이 없었으니 공의 타고난 자질이 이와 같았으니 옛사람이라 이르지 않을 수 있겠는가?
>
> [2] 날마다 반드시 새벽에 깨어 묘에 배알하고, 물러나서는 어머니께

문후하였으니 힘쓴 것이 이와 같았고, 밥을 먹을 때도 또한 이와 같았다. 관직에 있으면서 집무를 볼 때는 반드시 끼니를 뒤로하였으며 봉인한 뒤에야 어머니 앞에서 밥을 먹었다. 안색을 뵙고 뜻을 순순히 하였으며 무성하고 장엄하여 어머니에게 혈윤이 없는 것이 슬퍼할 만한 일이 됨을 모르게 하였다. 양어머니에게는 세 딸이 있었는데, 양어머니가 돌아가시고 구휼을 더욱 부지런히 하였으니 양어머니가 계실 때에는 말할 것도 없었다. 어린 동생은 병이 많아 배우지 못하였는데, 아끼고 교육시켜 훌륭히 성장하도록 하였다. 숙모와 季母는 과부로 나이가 들었기에 매달 반드시 관봉을 나누어 음식의 맛을 조금 더 좋아지게 하였으며 발 빠르게 귀한 음식을 드리고 말하길, "아직 식지 않았습니다."라 하였다. 궁핍한 가족이 멀리서 찾아오면 그를 위해 옷과 음식을 제공하였고, 혼례나 상제가 있으면 반드시 도왔다. 공의 행의가 이와 같았으니 옛사람이라 이르는 것이 마땅하지 않겠는가?

[3] 공은 窮格의 학문에 종사한 지가 오래되었으니 일찍이 손수 『太極圖說』의 〈通書〉와 〈仁說〉을 썼고, 차례로 선대 유생의 전해를 기록하여 '性理彙說'이라 이름하였다. 『太極圖說註解』는 공을 이은 成明이 동궁을 시강할 때에 일찍이 경묘께 진달하였던 것이다. 예학에 이르러서는 더욱 힘썼는데, 일찍이 우리 조선의 儒賢이 禮를 논한 글을 모아 '禮說輯錄'이라 이름하고, 또 고금을 참작해 家祭와 의식을 드러내어 모두 후세의 법으로 삼을 만하였다. 일찍이 말하기를 "고금의 인물을 논할 때에 그 시비를 구별함은 곧 유가에서 사물의 이치를 궁극까지 고구하는 것이니 이에 이전 시대의 유생들의 정론을 취한다."라 하고 위로는 唐虞 때부터 아래로는 송나라와 원나라 군신에 이르기까지 그 현명함과 어리석음, 득실을 논하였으니 모두 17편이고, 이름은 '歷代史論'이다. 金潛谷이 편한 『名臣錄』은 소략하여 갖추어져 있지 않으나, 공은 널리 패사와 야승, 나라가 세워진 초기부터 인묘조까지 기록을 갖추어 빠트린 것이 없었으니 글은 완성되었으나 刪正에는 이르지 못하였다. 공의 학문이 이와 같았으니 옛사람이라 이르는 것이 가

하지 않겠는가?

4 문장을 지음에 육경에 근본을 두어 넓고 흐르며 말은 그 뜻을 드러내기에 족하였고 기는 그 말을 가득 채우기에 충분하였다. 시는 陶元亮을 좋아하여 꾸밈을 일삼지 않았고, 운취는 천부적으로 갖추어 졌으니 공의 문장이 이와 같았다. 옛사람이 아닌데 지금 사람 누가 이것을 잘할 수 있겠는가?[185]

각 단락은 송징은이 가진 네 가지 측면을 그의 실제 행적과 연관지어 서술하고 있다. 먼저 1은 그의 성품과 관련하여 서술하고 있다. 앞서 이덕수가 비판한 요즘의 사람들은 외면을 꾸미는 데만 치중하기 때문에 사람의 마음과 같은 내면적 측면에는 관심이 없었다. 반면 1에서의 송징은은 말이나 행동을 신중히 하며 마음을 더욱 중

185 李德壽, 위의 글, “1公敦重祥和, 其言吶吶若不能出口, 而其中誠實, 乃無一點虛僞. 接人不以尊貴而加敬, 不以卑賤而或侮. 忠款藹然, 表裡如一. 望其德氣者, 莫不爲之心服, 公之稟質如此, 可不謂之古人乎? 2日必晨興謁廟, 退而問候於母夫人, 昏亦如之, 食時亦如之. 在官値坐衙, 必留其食, 待封印, 食於母夫人前, 承顔順志, 油油翼翼, 母夫人不自知無血胤之爲可悲也. 所後母, 有三女, 母沒而贍恤益勤, 卽母在時, 可無論也. 幼弟多病失學, 撫愛教育, 俾有所成立. 叔季母嫠而老, 月必分官俸, 遇食味稍佳, 疾足馳饋曰, 尙及其未冷也. 窮族之自遠至者, 爲之衣食之, 婚喪必有助. 公之行誼如此, 謂之古人, 不其宜乎? 3公於窮格之學, 從事久矣. 嘗手書太極圖說通書仁說, 逐段錄先儒箋解, 名曰性理彙說. 太極圖說註解, 則公之胤成明侍講東宮, 曾以進於景廟. 至禮學, 尤所致力, 嘗博採我朝儒賢論禮之書, 名曰禮說輯錄. 又參酌古今著家祭儀式, 皆可爲後法. 嘗曰, 論古今人物, 而別其是非, 卽儒家窮格事, 於是取先儒定論, 上自唐虞, 下至宋元君臣, 論其賢愚得失, 凡十七編, 名曰歷代史論. 金潛谷所編名臣錄, 畧而不備。公廣考稗史野乘。起國初。迄仁廟朝。備錄無遺。書成而未及删正。公之學如此。不謂之古人。不可也? 4爲文, 本原六經, 渾浩流轉, 辭足以發其意, 氣足以充其辭. 詩喜陶元亮, 不事雕飾, 韻格天成, 公之文如此. 自非古人, 今人疇能是哉?”

시하는 모습을 보인다. 다른 사람의 외면에 따라 그 사람 자체를 평가하지 않는 송징은의 모습 또한 사람의 외면보다는 내면에 더욱 가치를 두는 것이다. 이 역시 내면보다 외면을 중시하는 요즘 세상의 사람들과 반대된다.

[2]는 송징은의 행실에 대한 서술이다. 앞서 이덕수는 요즘 사람들이 효와 인을 등한시하는 것과 달리 송징은은 효성이 깊고 어진 인물이라 평한 바 있다. [2]에서 어머니와 양어머니에 대한 서술은 송징은의 효성을 구체적으로 보여준다. 이후 그의 동생과 숙모, 계모와 관련된 일화, 가족을 돕는 데 망설임이 없었으며 혼례나 상을 치를 때 돕기를 마다하지 않았다는 내용의 서술은 그가 어짊을 잘 보여주는 대목이다.

이후 [3]과 [4]는 각각 송징은의 학문과 문학에 대해 서술하고 있다. 이 또한 앞의 [1]과 [2]처럼 송징은이 학문적 · 문학적 측면에서 옛사람이라 불릴 수 있는 이유를 그의 행적을 나열함으로써 드러내고 있다. [3]에서는 유학儒學에 많은 관심을 가지면서도 자신이 얻은 지식을 활용해 글을 쓰는 데에 집중하는 송징은의 모습을 보여주었다. 이를 통해 송징은이 요즘의 사람들과 달리 학문 자체에 관심이 많은 인물임을 선명하게 드러내었다. [4]에서는 옛사람의 문학을 근본에 두고 자신의 문장을 창작하였다고 언급하였는데, 이는 앞서 글의 서두에서 언급한 '위에서 본받아 아래에 미치니 근원이 있고 말단이 있으니[上規下逮, 有源有委]'라는 말과 대응된다.

이러한 서술은 글의 서두와 글의 말미가 서로 짝을 이루는 수미조응首尾照應의 구조를 이루어 묘주의 인물됨을 독자에게 각인시키는 효과를 만든다. 글의 서두와 말미를 제외한 글 전반은 일반적인 신도비명의 형식과 크게 다르지 않다. 다만 이덕수는 글의 서두와 말미에 송징은의 인물됨을 간명하게 제시하고, 이를 조응시켜 자신이 드러내고자 하는 송징은의 면모를 더욱 분명하게 밝혔다. 이러한 서술은 〈호조참판송공신도비명〉이 일반적인 형식의 신도비와 차별성을 갖게 만드는 요소이다. 또한 자신이 제시한 주제에 대한 적합한 근거를 글의 말미에서 구체적인 행적을 통해 제시하고 있다는 점에서 글의 논리성 또한 강화된다.

수미조응 외에도 그는 이 글에서 다양한 수사방식을 사용하여 송징은의 인물됨을 한층 더 선명하게 드러냈다. 먼저 글의 서두에서 송징은의 인물됨을 간명하게 제시하였다. 그는 요즘 세상의 사람들이 가지는 문제를 지적하고, 이와 반대되는 송징은의 면모를 계속 대비시켰다. 이는 그의 인물됨을 더욱 두드러지게 강조하는 효과를 내는 것이다. 두 번째는 유사한 형태의 문장을 반복시킨다는 점이다. 먼저 글의 서두에서 이덕수는 '그 본질이 옛스럽다[其質古也.]', '그 배움이 옛스럽다[其學古也.]' 등으로 송징은의 인물됨을 제시하였다. 글 말미의 ①~④ 단락 또한 그 형태는 조금씩 다르나 질문의 형식으로 마무리된다. 예컨대 ①의 '可不謂之古人乎?'나 ②의 '謂之古人, 不其宜乎?' 등의 표현은 글의 서두와 연결되는 부분인 동시에 각 단락의 끝에 반복적으로 등장하여 송징은이 진정으로 옛사람이라는 점을 강조한다. 이처럼 이덕수는 수미조응 외에도 반복적으로 유사한 문장 형식을 활용하여 쉽게 단조로워질 수 있는 문장을 각인시키고, 이후에서는 질문을 활용하여 강조하는 효과를 만들어 냈다.

〈좌의정이공신도비명〉에서도 묘주인 이태좌가 어떤 사람인지가 글의 서두에서 명확하게 드러난다. 이태좌는 이덕수가 어릴 때 수학했던 인물로 그와 매우 가까운 관계의 인물이다. 글의 구조는 다음과 같다.

① 묘주의 학문과 품성에 대한 간략한 서술
② 선조의 계보
③ 역임했던 관직과 당시의 행적 기록
④ 말년의 행적과 사망한 날짜, 장사 지낸 곳을 기록
⑤ 묘주의 성품 서술
⑥ 묘주의 후손을 기록
⑦ 명

글의 구조는 일반적인 신도비명의 구조와 크게 다르지 않다. 다만 글의 시작에서 이덕수는 이태좌라는 인물에 대해 간단히 서술하여 그의 인물됨을 분명히 드러내었다.

> 옛날의 이른바 '柱石臣'이란 것은 재주를 이른 것이 아니라 덕이 포용할 만하고 다른 사람에게 취하여 선을 행한 것이 이와 같을 뿐이다. …중략… 근세에 재상의 지위에 있으며 공무를 처리하는 재주가 높이 다른 사람들보다 뛰어난 자가 어찌 없겠는가. 그러나 임금에게 충성을 다하고 나라를 근심하는 것과 같은 것은 지극한 정성에서 말미암으니 體를 알고 要를 알며 여유롭게 옛 대신의 풍모가 있어 비록 평지와 언덕이 오르락내리락하고 세도가 백 번 변하여도 덕을 온전히 하고 명성에 흠집을 내지 않아 처음부터 끝까지 더러워지지 않은 데 있어 鵝谷 李公보다 뛰어난 자는 없었다.[186]

186 李德壽, 〈左議政李公神道碑銘〉, 『西堂私載』 卷6, "古之所謂柱石臣者, 非其才之謂也, 德足以有容, 而取諸人爲善如斯而已矣. …중략… 近世居相職幹辦才具, 翹然出衆人上者, 豈無其人? 而若其忠君憂國, 由於至誠, 知體知要, 休休有古大臣風, 雖平陂往復, 世道百變, 而全德完名, 終始不滓, 則未有能先於鵝谷李公者."

글의 서두에서 그는 이태좌의 인물됨을 어느 시대에도 변하지 않는 맑은 절개에 중점을 두어 설명하고 있다. 특히 그는 이태좌가 임금에게 충성을 다하고 나라를 늘 걱정하는 충신으로서의 면모가 있음을 강조하고 있는데, 이는 글의 말미에서 다시 한번 분명하게 드러난다.

> 상께서 齊陵에 거둥하시고 관원을 시켜 공의 묘에 제사 지내라 하고 또 하교하시길, "李奉朝賀位登台府는 조용히 사직하여 국정이 문란한 때를 지나면서도 물들거나 편당되지 않았으며 욕심이 없고 독실하여 온 세상을 마음으로 따르게 하였고 松柏의 절의가 있었으니 이 재상에게 '一節'이라는 시호를 내리는 것이 좋겠다."라 하였다. …중략… 聲色이나 裘馬, 바둑이나 노리개에는 한 번도 뜻을 행한 적이 없고, 오직 국가의 일을 자신의 분수에 맞는 일로 여겼다. 일찍이 말하기를 "世臣의 의는 소원한 것과는 다르다. 나라가 있은 후에 집안이 있고 임금이 있은 후에 자신이 있다. 마음을 다해 보국하고 충성을 다해 임금을 섬김은 또한 자신과 집안을 위한 계책이다."라 하였다.[187]

이덕수는 크게 두 가지 방식을 활용해 이태좌가 맑은 절개를 지닌 인물임을 드러내었다. 먼저 임금의 말을 활용하였다. 임금은 이 글에서 제삼자의 입장이자 가장 지위가 높은 인물이다. 가까운 관계에서 바라본 이태좌의 모습은 기록의 객관성을 담보하기 어렵다. 그는

187 李德壽, 위의 글, "上幸齊陵, 遣官祭公墓, 又教曰, 李奉朝賀位登台府, 從容休致, 雖經板蕩, 不染不黨, 恬雅篤宲, 擧世心服, 松栢勁草, 可謂此相謚號一節. …중략… 凡聲色裘馬博奕玩好, 無一役志, 唯以國家事, 爲己分內事. 嘗曰, 世臣之義, 與踈逖者不同, 有國而後有家, 有君而後有身, 盡心報國, 畢忠事君, 亦所以爲身家計也."

임금 영조의 말을 인용하여 이태좌가 진실로 절개가 뛰어난 인물임을 드러내었다. 이를 통해 이덕수는 자신의 평가를 활용하지 않으면서도 이태좌가 절개가 높고 본받을 만한 인물임을 드러내었다.

두 번째는 이태좌가 했던 말을 직접 인용의 형식으로 활용하였다. 이태좌의 말을 통해 글의 독자는 그가 자신과 집안의 안위보다 나라와 임금의 안위를 우선시했던 충신이었음을 쉽게 확인할 수 있다. 그는 여기서 한층 더 나아가 나라와 임금을 위하는 것은 곧 자신과 집안을 위한 계책이라는 우국충정의 면모를 보인다. 이는 글의 서두에서 '임금에게 충성을 다하고 나라를 근심하는 것과 같은 것은 지극한 정성에서 말미암으니'라는 언급과 맞물려 그가 늘 나라를 걱정하고 임금을 위하는 충직한 신하임을 강조하는 부분이 된다.

이 두 내용은 앞에서 이덕수가 언급한 이태좌의 인물됨과 연결된다. 〈호조참판송공신도비명〉과 같이, 이 글에서도 이덕수는 글의 서두에서 이태좌라는 인물에 대해 간략한 설명을 제시했다. 이후 글의 말미에서 이에 대한 구체적인 행적을 다시 제시하여 자신이 강조하고자 하는 이태좌의 인물됨을 분명하게 밝혔다. 이러한 서술 또한 주제에 대한 적합한 근거를 구체적인 행적을 통해 제시한다는 점에서 글의 논리성을 강화하는 요소가 된다.

이러한 서술 방식은 이종성이 지은 이태좌의 묘지와 비교해보면 더욱 선명하게 그 차이를 확인해 볼 수 있다. 해당 글의 구조를 간략히 정리해 보면 다음과 같다.

① 선조의 계보
② 묘주가 역임했던 관직 서술
③ 묘주의 후손

④ 묘주의 품성 서술

이 글은 이덕수의 신도비명과 달리 선조의 계보-행적-후손 순으로 서술하여 비지류 산문에서 서의 일반적인 형태를 그대로 따르고 있다. 글에서 주목할 부분은 이태좌라는 인물을 드러내는 ④이다. 특히 이 부분에서는 앞서 이덕수가 이태좌의 인물됨을 드러내기 위해 활용했던 임금의 말을 활용하고 있어 더욱 주목된다.

> 아아, 부군께서 조정에 14년 계시어 명성과 덕이 크게 드러났으며 哀榮이 지극히 갖추어 졌으니, 우리 전하께서 추념하시고 하교하셨다. "이봉조하는 순후하고 충성스러우며 큰 덕이 있어 쇠한 세상에서 얻을 수 있는 자가 아니었다." 또 하교하시길 "이봉조하는 일편단심으로 역대 두 조정을 섬겼고, 나를 섬길 때에 지위가 태부에 올랐는데 조용히 치사하고 고요히 독실하였으며 정성스러웠고 윗사람에게 충성하였다. 비록 국정이 문란한 때를 지나면서도 한쪽에 물들거나 치우치지 않아 온 세상이 마음으로 따랐으며 송백의 절개가 있었으니 이 재상이라 이를 만하다." 칭찬하신 말씀이 대낮의 별처럼 환하였으니 역사가 기록한 것은 백세 동안 사라지지 않을 것이다. 소자는 불초하여 아버지를 알기에 부족하나 다만 선조의 계보와 관력의 개략을 기술하고 광상에 이를 묻으며 또 머리를 조아리고 삼가 성군의 은혜로운 말씀을 쓰니 후세 사람들에게 고해 후대에 보는 자들이 항상 내가 감히 나의 부친에 대해 사사로이 한 것이 아니라 이에 대해 증명한 것임을 알게 하고자 한다. 아아, 슬프구나.[188]

188 李宗城, 〈先考忠定公墓誌〉, 『梧川集』 卷11, "嗚呼, 府君立朝四十年, 名德茂著, 哀榮備至, 我殿下中朝追念教之曰, 李奉朝賀, 純忠碩德, 非衰世之可得也. 又教曰, 李奉朝賀, 一掬丹心, 歷事兩朝, 逮事于我, 位登台府, 從容休致, 恬雅篤寀, 款款忠上. 雖經板蕩之時, 不染不黨, 擧世心服, 松栢勁草, 可

위 인용문에서 전하께서 하교한 부분은 앞서 이덕수의 글에서 인용된 일화와 동일하다. 다만 이종성은 아버지가 객관적으로 훌륭한 인물이었으며 자식으로서 아버지를 과장되게 묘사하지 않았음을 강조하기 위해 이 일화를 활용하였다. 다만 이덕수의 글에서는 서두에서 이태좌가 맑은 절개를 지닌 충신이라는 점을 밝혔고, 이에 대한 근거로서 해당 일화를 제시하였다. 자신이 제시한 인물됨에 대한 근거를 글의 말미에 제시함으로써 글을 읽는 사람들이 묘주라는 인물을 간명하게 이해할 수 있도록 하고, 단락 간의 유기성을 더욱 높였다는 점에서 이종성의 글과 차이가 있다.

이상의 두 작품은 이덕수가 언급하였던 좋은 비지류 산문의 형식을 지키고 있다. 2장에서 이덕수는 묘주의 인물됨을 여러 구로 제시하고, 그에 대한 설명을 수천 수백 구로 하는 것이 좋다고 언급하였다. 실제로 3장의 작품을 보면, 그는 먼저 글의 서두에서 묘주의 인물됨을 간명하게 밝혔다. 묘주의 행적을 시간에 따라 구체적으로 나열한 뒤 그의 행적이나 성품 중 주목할 만한 부분을 서술하는 방식은 글의 주제를 빠르게 파악하기 어렵다. 그러나 이덕수는 글의 서두에서 자신이 생각하는 묘주의 핵심적인 면모를 명확하면서도 짧게 서술하였다. 이후 글의 말미에 이와 관련한 구체적인 행적을 제시해 인물됨을 강조하는 효과를 거두었다. 물론 이러한 서술은 일반적인 신도비명의 체재와 크게 다르지 않다. 묘주의 행적을 시간순으로 나열하고, 마지막에 묘주의 성품이나 특기할 만한 사항을 상세히 기록

謂此相. 褒寵之辭, 煥若日星, 國史記之, 垂百世而不沫. 小子不肖, 不足以知先君, 只記先系官歷之槩, 藏之壙上, 仍又拜稽首謹書聖主之恩言, 用告于後人, 後之觀者, 尙知余之非敢私於其親而有徵於斯焉. 嗚呼, 痛哉!"

하였기 때문이다. 그러나 글의 서두에서 자신이 드러내고 싶은 사항을 먼저 제시하여 글의 주제를 명확히 드러내었고, 묘주를 더욱 선명하게 허여하였다는 점에서 주목할 만하다.

4. 결론

이 글은 이덕수의 신도비명에서 묘주를 형상화하는 방식을 고찰하고자 하였다. 이덕수는 당대에 문학적 역량을 인정받았던 문인이었다. 실록에 수록된 이덕수의 졸기와 관력은 그의 문학적 능력이 뛰어났음을 의미한다. 이러한 문학적 능력을 바탕으로 이덕수가 가장 많은 관심을 쏟은 문체는 비지류 산문이라 할 수 있다. 이유원은 그의 행장에서 이덕수가 쓴 작품 중 비지류 산문이 가장 많았다고 언급하였고, 실제 그의 문집인 『서당사재』에는 신도비명 · 묘비명 · 묘지명 · 묘갈명 · 묘표 등을 포함해 170편의 비지류 산문이 있다. 이는 문집에 수록된 다른 문체 작품 수에 비해 그 수가 현저히 많은 것이다. 또한 그는 비지류 산문에 있어 뛰어나다는 평을 받기도 하였다. 이 때문에 선행연구에서도 이덕수의 비지류 산문에 주목하였으나, 이덕수가 묘주라는 인물을 형상화하는 방식에 대해서는 비교적 논의가 소략하였다.

비지류 산문에서 인물을 형상화하는 방식은 비지류 산문의 문학성과 밀접한 관련이 있다. 물론 비지류 산문은 기본적으로 망자라는 인물을 기록하는 데에 초점을 둔다. 조선 초기까지 비지류 산문은 주로 청탁을 통해 창작되고, 그 내용과 형식이 거의 바뀌지 않기 때문에 실용문의 성격이 강했다. 그러나 이러한 인식은 16세기부터 변화하게 되었는데, 특히 이덕수가 활동했던 17세기 조선 문단은 비지류 산문이 문학의 측면에서 다루어지면서 서술 방식에 대한 논의 또한 활발해졌다. 이덕수의 관력이나 그가 창작한 작품들로 미루어 볼 때, 당대 이러한 문단 분위기의 중심에 이덕수가 있었을 것이며, 그의 창작 또한 이러한 분위기에 영향을 받았을 것으로 생각된다.

본고에서는 이 점에 집중하여 이덕수 비지류 산문에서의 인물 형상화 방식을 주요 논의 대상으로 삼았다. 특히 본고에서는 이덕수의 신도비명에 집중하였다. 신도비명은 다른 비지류 문체에 비해 그 대상이 한정적이고 엄격한 체재를 요구한다. 그러므로 신도비명을 짓는 문인은 다른 비지류 문체보다 더욱 한정된 체재 안에서 신도비명이 다루어야 할 내용을 다루면서도 문학성을 확보하여야 한다. 이를 위해서는 작가의 문학적 역량이 중요할 수밖에 없는데, 바로 이 지점에서 이덕수의 신도비명을 통해 그의 문학적 역량을 살필 수 있을 것으로 보았다.

작품 분석에 앞서 2장에서는 이덕수의 문학론과 신도비명을 개관하였다. 먼저 문학론의 측면에서 이덕수는 글의 형식보다 뜻을 중요시한 문인이었다. 그러므로 그는 화려한 수식을 사용한 글을 좋게 여기지 않았으며, 논리성을 갖추고 이를 잘 드러낼 수 있는 형식을 활용한 글을 좋게 여겼다. 한편 그는 비지류 산문의 형식에 대해서도 짧지만 언급을 남긴 바 있다. 그는 이광사와 나눈 대화에서 인물의 행적을 서술할 때에 사람의 성품과 행실을 여러 구로 쓰고, 그 아래에 수천 수백 마디의 말이 들어가야 한다고 하였다. 이는 글의 서두에서 묘주의 인물됨을 드러내고, 그 아래에 이를 잘 보여줄 수 있는 구체적인 행적을 나열해야 한다는 의미로 볼 수 있다.

이러한 이덕수의 인식을 바탕으로 그의 신도비명 두 편을 3장에서 분석하였다. 먼저 〈호조참판송공신도비명〉을 살펴보았다. 글의 서두에서 이덕수는 성품, 행실, 문학, 학문 네 가지 측면을 짚어내어 송징은을 옛사람과 연결지었다. 이후 글의 말미에서 그는 다시 한번 그가 옛사람인 이유를 서술하였다. 또한 비슷한 문장 구조를 반복적으로 등장시켜 글에 통일성을 주고 서두와의 조응을 이루었다. 이를 통해 그는 송징은의 인물됨을 강조하여 각인시키는 효과를 이루었다. 또 다른 작품인 〈좌의정이공신도비명〉에서도 묘주의 인물됨을 글의 서두에서 간단하게 서술하고, 이후 구체적인 행적을 서술하였다. 글의 서두에서 이덕수는 묘주인 이태좌를 절개가 높고 우국충정의 마음을 지닌 신하로 묘사하였다. 이후 말미에서는 임금인 영조가 시호를 내린 일화와 그의 말을 직접 인용의 형식으로 제시하여 그가 어떤 인물인지를 구체적으로 제시하였다. 또한 이태좌가 했던 말을 직접 인용을 통해 생동감 있게 제시하여 그가 나라와 임금을 위해 힘썼던 신하임을 보여주었다. 이 역시 주제와 근거를 유기적으로 연결하여 글 전체의 논리성을 높이는 요소가 된다.

물론 두 작품이 활용한 서술 방식은 글의 서두를 제외하면 '묘주의 행적을 시간순으로 나열 - 묘주의 성품 서술'의 구조를 활용하고 있다는 점에서 일반적인 신도비명의 구조와 크게 다르지 않다고 볼 수 있다. 그러나 글의 시작에서 자신이 강조하고자 하는 인물의 면모를 제시한 것은 엄격한 서술 체재를 요구하는 신도비명에서 약간의 변주를 주어 글의 주제를 분명히 드러낸다는 점에서 의미가 있다.

17세기 비지류 산문은 실용문에 그치지 않고 하나의 문학 장르로서 그 기반을 확고히 하였다. 특히 당시 문인들은 비지류 산문에서 문학성을 확보하기 위한 방법으로 비지류 산문의 서술 방식에 집중하여 활발한 논의를 진행하였다. 당시의 문인이었던 이덕수 또한 비지류 산문에서 서술 방식에 대해 고민하였던 인물로 보인다. 그는 실제 작품에서 비지류 산문의 정체를 잃지 않으면서도 구조의 변화를 통해 글의 단조로움을 피하고 인물됨을 강조하는 효과를 이끌어냈다. 약간의 변격을 활용해 묘주의 인물됨을 드러내고 있다는 점에서 그의 신도비명은 글의 문학성을 확보하기 위해 묘주를 잘 드러내는 서술 방식에 집중했던 17세기 비지류 산문의 양상을 잘 보여준다.

참고문헌

1. 資料

金壽恒,『文谷集』
金昌協,『農巖集』
李德壽,『西堂私載』
李德壽,『西堂先生集』, 전의이씨청강공파화수회, 2000.
金道洙,『春洲遺稿』
李觀命,『屛山集』
李匡師,『圓嶠集』
李奎象,『幷世才彦錄』
李裕元,『嘉梧藁略』
李裕元,『林下筆記』
李宗誠,『梧川集』
李顯益,『正菴集』
徐宗泰,『晩靜堂集』
宋相琦,『玉吾齋集』
趙翼,『浦渚集』
崔奎瑞,『艮齋集』
蔡彭胤,『希菴集』
洪泰猷,『耐齋集』
『論語』
『史記』
『書經』
『莊子』
『春秋左傳』
『경종실록』
『숙종실록』

『영조실록』
한국고전종합 DB https://db.itkc.or.kr/

2. 單行本

송혁기, 『조선후기 한문산문의 이론과 비평』 월인, 2006.

3. 論文

강민구, 「서당 이덕수의 문학론 연구」, 『漢文學報』 1, 우리한문학회, 1999.
_____, 「이덕수의 문학 비평에 대한 연구」, 『漢文學報』 2, 우리한문학회, 2000.
구본현, 「내재 홍태유 한시 연구」, 『한국한시작가연구』 14, 한국한시학회, 2010.
강성숙, 「고전문학 : 기억을 통해 드러나는 18세기 사대부의 여성상 - 서당(西堂) 이덕수(李德壽)의 어머니, 아내, 딸을 중심으로 - 」, 『겨레어문학』 38, 겨레어문학회, 2007.
권은지, 「經山 鄭元容 文學 硏究」, 고려대학교 박사학위논문, 2021.
권진옥, 「택당 이식의 서발류 · 증서류 산문 일고」, 『동아한학연구』 5, 고려대학교 한자한문연구소, 2009.
_____, 「도암(陶菴) 이재(李縡) 비지류(碑誌類) 문장의 일고찰 - 신도비를 중심으로」, 『溫知論叢』 제54집, 온지학회, 2018.
_____, 「손와(損窩) 최석항(崔錫恒)의 문학론과 창작의 실제」, 『동양고전연구』 90집, 동양고전학회, 2023.
김묘정, 「西堂 李德壽의 贈序類 산문 일고찰 : 글쓰기 기법과 주제 구현 양상을 중심으로」, 『한국민족문화』 79, 부산대학교 한국민족문화연구소, 2021.
김효정, 「西堂 李德壽의 東遊 체험과 詩的 形象化」, 『동양한문학연구』 61집, 동양한문학회, 2022.
박은정, 「西堂 李德壽의 讀書論과 主意論的 글쓰기」, 『東方學』 11, 한서대학교 동양고전연구소, 2005.
_____, 「17C 말 18C 전기 農巖 계열 문장가들의 古文論 연구 : 金昌協 · 李宜顯 · 李德壽 · 申靖夏 · 李夏坤의 韓歐正脈論을 중심으로」, 한양대학교 대학원 국어국문학과 박사학위 논문, 2005.
백진우, 「연민 서발문의 특징과 자료적 가치」, 『淵民學志』 35, 연민학회, 2021.
서한석, 「16세기 후반 碑誌類 文章의 美意識 분화에 관한 考察」, 『동방한문학』 50집, 동방한문학회, 2012.

심경호, 「퇴계의 서발문」, 『퇴계학과 유교문화』 25, 경북대학교 퇴계학연구소, 1997.
신복호, 「18世紀 館閣文學 硏究 : 李宜顯, 李德壽, 徐命膺을 중심으로」, 고려대학교 대학원 박사학위 논문, 2003.
신진식, 「증산계 신종교와 유교, 도교의 죽음관 비교」, 『한국철학논집』 제58집, 한국철학사연구회, 2018.
안세현, 「유몽인의 증서류 산문 연구」, 『고전문학연구』 31, 한국고전문학회, 2007.
______, 「農巖 碑誌論의 형성 배경과 碑誌文의 특징」, 『우암논총』 6집, 충북대학교 우암연구소, 2012.
유정열, 「서당 이덕수의 산문 연구」, 서울대학교 대학원 박사학위논문, 2019.
유호선, 「西堂 李德壽의 佛敎觀과 詩文學 硏究」, 『한문교육연구』 18, 한국한문교육학회, 2002.
윤재환, 「겸재(謙齋) 조태억(趙泰億) 시문집(詩文集) 서문(序文)의 서술(敍述) 기법(技法) 일고(一考)」, 『한국문학과 예술』 36, 숭실대학교 한국문학과예술연구소, 2020.
______, 「西堂 李德壽의 詩論과 文章論의 再檢討」, 『東洋古典硏究』 85집, 동양고전학회, 2021.
이군선, 「한국한문학 산문의 전개와 발전 양상; 증서류의 특징과 발전 양상」, 『東方漢文學』 31, 동방한문학회, 2006.
이기순, 「고령신씨의 혼인 · 출산과 수명」, 『한국사학보』 10, 2001.
이석현, 「동양사상의 운명론 쟁점 - 유불도 삼교사상을 중심으로」, 『원불교사상과 종교문화』 제85집, 2020.
이선열, 「정암 이현익의 사단칠정론」, 『율곡학연구』 32, 율곡학회, 2016.
이상주, 「18세기 초 문인들의 우도론과 문예취향 - 김창흡과 이하곤 등을 중심으로」, 『한국한문학연구』, 한국한문학회, 1999.
이승수, 「17세기 후반 노소분기의 고민과 선택 - 서계 박세당의 고제자 서당 이덕수」, 『문헌과 해석』 16, 문헌과해석사, 2001.
______, 「서당 이덕수의 사우 관계」, 『한국고전연구』 8, 한국고전연구학회, 2002.
______, 「18세기 전반 사대부의 불교 이해」, 『佛敎學報』 39, 동국대학교 불교문화연구원, 2002.
______, 「西堂 李德壽의 對淸觀」, 『韓國思想과 文化』 20, 한국사상문화학회, 2003.
이승용, 「경도팔경시(京都八景詩)의 창작과 한양 도성의 형상화 - 이덕수(李德壽), 오광운(吳光運), 홍세태(洪世泰)의 시(詩)를 중심으로 -」, 『東方漢文學』 90집, 동방한문학회, 2022.

이황진, 「서당 이덕수의 天道와 天命에 대한 인식 - 短命한 亡者를 위해 지은 시문을 중심으로 - 」, 『韓民族語文學』 96집, 한민족어문학회, 2022.

임재완, 「浦渚 趙翼의 四書學 硏究」, 성균관대학교 대학원 박사학위논문, 2013,

장유승, 「李德壽의 詩論과 詩世界」, 『한국한시작가연구』 14, 한국한시학회, 2010.

장윤선, 「西堂 李德壽의 碑誌類 散文 硏究」, 경북대학교 교육대학원 한문교육학과 박사학위논문, 2008.

조창록, 「『파조록(罷釣錄)』과 『파조속록(罷釣續錄)』에 나타난 이덕수(李德壽)의 심학적(心學的) 경향」, 『東方漢文學』 54, 동방한문학회, 2013.

전재동, 「정암 이현익의 『논어』 해석 연구」, 『국학연구』 18, 한국국학진흥원, 2011.

정병석, 「논어와 장자에 보이는 죽음관」, 『동양철학연구』 제55집, 동양철학연구회, 2008,

정성미, 「조선 후기 묘도문 찬술 연구 - 서계 박세당 묘도문을 중심으로」, 『전북사학』 45, 전북사학회, 2014.

황의열, 「碑誌類의 특징과 변천 양상」, 『동방한문학』 31집, 동방한문학회, 2006.

저자 소개

권진옥 한국고전문학텍스트연구소 운영위원으로 단국대학교 국어국문학과 조교수이다. 고려대학교에서 「귤산 이유원의 학문 성향과 유서 · 필기 편찬에 관한 연구」로 박사학위를 취득하였다. 한문 산문, 고전 비평, 문헌학, 번역학 분야의 연구에 주력하고 있으며, 『한문산문의 이론과 비평에서 창작의 지평으로(단독)』 · 『손와 최석항 문학세계에 대한 접근의 일단(공저)』 · 『도암 이재의 사상과 문학적 성과(공저)』 등의 저서와 『오천집(단독)』 · 『어우집(공역)』 · 『도암집(공역)』 · 『한비자집해(공역)』 · 『춘추좌전정의(공역)』 · 『고정일기(공역)』 등의 역서가 있다.

김묘정 한국고전문학텍스트연구소 운영위원으로 단국대학교 일본연구소 HK조교수이다. 단국대학교에서 「17세기 小北八文章의 시세계 연구」로 박사학위를 취득했으며, 논문으로 「小北 문인집단의 지식 공간 양상과 그 의미 - 別墅 詩會를 중심으로」, 「학문적 계보와 지식권력의 상관관계 고찰을 위한 試論 - 北人계열 문인들의 학문적 계보 연구 방법론을 중심으로」, 「小北계열 雪峯 姜栢年이 머문 공간, 충청도」 등이 있다.

김효정 강원대학교 강원문화연구소 학술연구교수로 전 한국고전문학텍스트연구소 연구교수 겸 인문사회연구소지원사업 전임연구원을 지냈다. 단국대학교에서 「17세기 전반 北人系 南人 시문학 연구」로 박사학위를 취득하였다. 논문으로 「松谷 李瑞雨의 『靑巖錄』 고찰 - 비일상의 체험에서 지식생산으로의 전환」 · 「18세기 전반 근기 남인계열 詩社 '湖社' 연구」 · 「謙齋 趙泰億의 시세계 一考: 의주 접반 시기를 중심으로」 등이 있다.

윤재환 단국대학교 문과대학 국어국문학과 교수, 동양학연구원의 연구실장과 번역실장 그리고 한국고전문학텍스트연구소의 소장을 맡고 있다. 성호星湖와 순암順菴, 다산茶山 등을 중심으로 한 조선 중 · 후기 근기 남인들의 문학세계 연구에 주력하고 있으며, 2015년 이후에 들어서서는 소론 계열로 관심의 폭을 넓히고 있다. 저서로 『매산 이하진의 삶과 문학 그리고 성호학의 형성』 · 『조선 후기 근기 남인 시맥의 형성과 전개』·『상소와 비답』·『옥동 이서의 삶과 시세계 그리고 성호학』 등과 남인 및 소론 계열 문인을 대상으로 한 다수의 공저서가 있으며, 역서로 『창선감의록』·『춘추번로의증』·『성호선생언행록』·『백언해』 등이 있다.

이황진 한국고전문학텍스트연구소 운영위원으로 단국대학교 국어국문학과 연구교수이다. 중국 廣西師範大學에서 박사학위를 취득하였다. 논문으로 「顧雲이 최치원에게 준 송별시 〈고운편〉에 대한 진위 고증」, 「중[僧] 관련 한·중 속담 비교 연구」, 「조선시대 제석 풍속과 除夕詩 속 제석 풍석의 虛 - '守歲'와 '바보팔기[賣癡獃]'를 중심으로」 등이 있으며, 저서로는 『고운 최치원의 생애와 시문학 세계』가 있다.

최수완 한국고전문학텍스트연구소 인문사회연구소지원사업 연구보조원으로 단국대학교 국어국문학과 박사 과정 중에 있다. 석사 논문인 「晉菴 李天輔 散文 硏究」를 시작으로 17~18세기 문인들의 산문을 연구하고 있다. 논문으로 「서당(西堂) 이덕수(李德壽) 신도비명의 인물 형상화 양상 일고」가 있다.

한국고전문학텍스트연구소기획연구총서 6

서당 이덕수 문학세계에 대한 접근의 일단

2024년 12월 31일 초판 1쇄 발행

기 획 : 한국고전문학텍스트연구소
지은이 : 권진옥 · 김묘정 · 김효정
윤재환 · 이황진 · 최수완
펴낸이 : 김병환
펴낸곳 : 학자원
주 소 : 서울시 강동구 천호대로 1121
전 화 : 02) 6403-1000
팩 스 : 02) 6338-1001
E-mail : hakjaone@daum.net
등 록 : 2011년 3월 24일 제2011-14호

ISBN 979-11-6247-340-5 94810
979-11-6247-165-4 (세트)

값 22,000원